钱瑛

中共一枝梅

杨力仁 著

人民出版社

钱瑛同志

光明磊落

坚贞不屈

纪念钱瑛同志逝世十周年

李先念

一九八五年三月一日

1985 年 3 月 31 日，中华人民共和国主席李先念为钱瑛题词。

錚錚鐵骨
耿耿丹心

王漢斌
二〇一九年三月

2019 年 3 月，全国人大常委会原副委员长王汉斌为钱瑛题词。

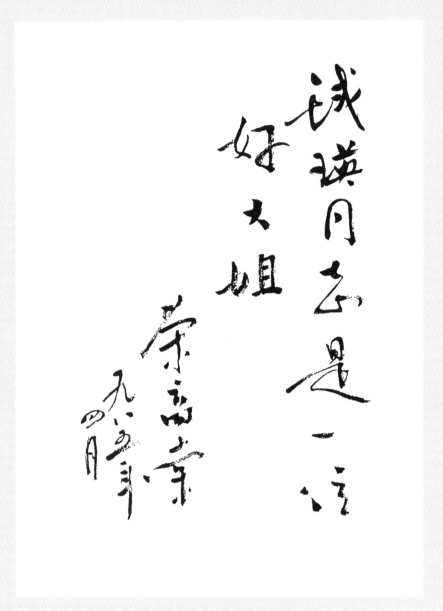

1985 年 4 月，中共中央顾问委员会秘书长荣高棠为钱瑛题词。

序

　　《中共一枝梅——钱瑛》是由杨力仁同志撰写，人民出版社出版发行，真实记录了久经考验的忠诚的无产阶级革命家钱瑛光辉人生的专著。人民出版社领导和作者请我作序，虽然自己已是耄耋老人，能力有限，但仍欣然接受。

　　钱瑛大姐是我早年革命道路上，给予我教育、帮助最大，留下印象最深、最难忘的老领导之一。1945 年 12 月，我受中共云南省工委及一二·一运动领导小组的委派，到中共中央南方局汇报昆明学生运动的现状以及请示运动下一步应当如何发展。我按要求在指定的时间来到重庆红岩村，在一间会议室里，第一次见到了时任南方局组织部部长的钱瑛大姐。此前，我曾听过钱瑛大姐艰辛求学、组织农运、狱中斗争的传奇故事。我当时就读西南联大历史系，年纪不满 20 岁，党龄仅仅 4 年多，面对慕名已久的钱瑛大姐以及满屋子比我年长的同志们，心里有些紧张。身着深蓝色旗袍的钱大姐端庄大方，面容虽然严肃，语气却非常平和地嘱咐："别紧张，喝口水，慢慢讲。"于是我安下心，顺利完成了汇报任务。此后 3 年间，我在南京、上海、香港等地数次奉命向钱瑛大姐汇报工作，听取她的指示。每一次会面，对我而言都是一次心灵的净化、精神的升华，是对地下斗争水平的提高、斗争艺术的进步，她的教诲与指导使我终身受益。她是一位严格，甚至有些苛求的领导，同时又是一位和蔼可亲、体贴入微的大姐，她对我从住所的安全，到爱情、婚姻，无不关怀备至。解放战争后期，北平的南北两系地下党组织合并，原晋察冀边区城工部部长刘仁成为我的新领导。

新中国成立以后，我在北京市委工作，钱瑛大姐担任中央监察委员会副书记、监察部部长等职，各自忙碌，基本没有往来。到了"文革"期间，钱瑛大姐和我都受到"四人帮"的残酷迫害，真是"十年生死两茫茫，不思量，自难忘"。直到 1978 年夏天，获得平反解放的马识途（原西南联大中共第二支部负责人）、洪季凯（原西南联大中共第一支部负责人）在我的"斗室"聚会，钱瑛大姐的命运是我们谈话的主要内容之一。在近半个世纪的革命生涯中，不论革命力量多么弱小、白色恐怖多么残酷、对敌斗争多么激烈、个人处境多么困难，钱瑛大姐都始终坚信共产主义，矢志不渝、铁骨铮铮、愈挫愈勇，她的光辉形象永远印在我的脑海中。

杨力仁同志长期从事政治、政法和理论研究工作，他致力于研究钱瑛大姐生平十余年，先后发表了多篇相关文章，引起人民出版社总编辑辛广伟同志的重视。根据辛广伟同志的意见，杨力仁同志查阅了大量的文史资料，数十次奔赴钱瑛大姐曾经生活、战斗和工作过的地方考察和调研，于是才有了摆在我面前的这部介绍钱瑛大姐生平的专著——《中共一枝梅——钱瑛》。为此，我和许多老战友、老同事心里非常高兴，因为这件我们多年以来想办但却心有余而力不足的事，今天终于完成了！同时我还要为我们的子子孙孙向你们道谢。因为你们为我们的子孙后代提供了一份不忘初心、薪火相传的优秀革命历史教材。我认为《中共一枝梅——钱瑛》是对钱瑛大姐最好的纪念，一份最好的祭礼！

王汉斌

2019 年 11 月 19 日

目 录

第一章

历经千辛万苦　铁心追求真理

一、从包办婚姻的叛逆者到革命者

湖北省潜江县位于江汉平原腹地，历史悠久，人杰地灵。境内河渠纵横交错，湖泊星罗棋布，素有"鱼米之乡"的美誉。

1903 年 5 月 14 日（农历四月十八），钱瑛出生于潜江县周矶镇钱家庄，乳名有生，族名生桂，学名钱瑛，号镜霞，又号寒松。后因长期从事党的地下工作，曾化名陈秀英、陈海萍、彭友姑、黄淑云、陈萍、钱秀瑛、钱季瑛等。早年留学莫斯科中国劳动者共产主义大学（莫斯科中山大学）时，还有一个俄文名字叫塔拉索娃。

钱瑛的祖籍在湖北省咸宁县马桥镇力稼庄。祖父钱兰田先为小贩，后在潜江县开杂货铺成为富商，因遭火灾破产，之后家境贫寒。父亲钱

钱瑛幼年时生活在湖北省咸宁县马桥镇力稼庄

训臣和母亲彭正元在潜江县周矶镇开了一家小药店。钱瑛出生前，恰逢钱训臣买彩票中了头彩，全家人都认为这个孩子会给家族带来好运，所以钱瑛出生后格外受宠。钱训臣和彭正元夫妇生有一子三女，钱瑛排行老四。她虽为女儿身，却在家族中享有与男子同样的待遇，被称为"四叔""四爷"。

钱训臣将中彩票的大部分钱用来赈灾和救济亲友，剩余的钱用来建房买地，仅分给家人数千元，结果引起兄弟等人的不满，整日争吵，全家不得安宁。钱训臣一气之下远走他乡，先到广东，后远渡日本，在东京参加了孙中山组织的同盟会，最后病死异国他乡。

因药店生意不好，家中生活困难，在钱瑛刚满一周岁时，母亲彭正元携儿带女回到咸宁县马桥镇力稼庄，依靠祖传的几亩薄田度日。钱瑛7岁入私塾念书，熟读四书五经和唐诗宋词，酷爱吟诗作文，深得塾师称赞。因为祖父和父亲经商，钱瑛有更多的机会接受外界的新事物和新思想。她初谙世事后，渴望人格独立，具有鲜明的叛逆精神，对封建陋习深恶痛绝，说服母亲不再给自己缠足裹脚。

1922年，钱瑛考入潜江县职业女校，学习成绩优秀，毕业后留校任教。19岁的她已经出落成一个亭亭玉立的大姑娘，慕名提亲的人络绎不绝。彭正元经过挑选，收下一个大户人家的聘礼，为女儿订了婚。钱瑛既痛恨包办婚姻导致的种种悲剧，又为求知求学的前途即将被断送而深感痛苦，因而坚决要求退掉这门婚事，结果遭到长辈们的严厉训斥。钱瑛再三向母亲苦苦哀求，仍然得不到理解，便下决心以死抗争。她写好遗书，摸起一把剪刀，朝着自己的颈部猛刺下去，顿时血流如注。母亲听到异响后赶来，从女儿手中夺下剪刀，幸亏抢救及时才保住了她的性命。抗争的结果迫使母亲为她退了婚，但却在她的颈部留下一道深深的疤痕。1923年初夏，经过不懈争取，钱瑛最终说服母亲，负笈远行到武汉求学，投奔族叔钱亦石。

钱亦石，1889 年出生于湖北省咸宁县马桥镇一个世代书香家庭，1909 年到汉口商业学校求学，半年后回到咸宁从事乡村教学。1916 年考入国立武昌高等师范预科，一年后转入博物部学习。1920 年毕业后被湖北省教育厅录用为科员。钱亦石推崇教育救国思想，致力普及和革新教育。他与董必武、陈潭秋等人交往密切，董必武等人创办武汉中学时，邀请他担任生理卫生课教员。董必武任湖北一师训育主任时，聘请他担任湖北一师教员。钱亦石与陈潭秋等人组织湖北新教

钱亦石、王德训夫妇

育社，出版《湖北新教育》。由于刊物思想激进，遭到保守势力围攻，后在官府的压力下被迫停刊。湖北职业教育研究社、湖北平民教育促进会成立后，董必武任董事长，陈潭秋、钱亦石、恽代英等人任董事。钱亦石担任武昌高等师范附小教务主任后，积极改革该校教育，鼓励学生参加社会活动。由于军阀混战、民不聊生，他的教育救国梦想很快被无情的现实打碎，在失败与苦闷之际，钱亦石重新寻找救国之路。

钱亦石非常喜爱和器重钱瑛这个反对封建礼教、追求独立人格的族侄女，热情鼓励她报考湖北省女子师范学校，除了提供住宿外，还帮助她补习外语、地理、历史和自然等科目。在钱亦石的支持下，钱瑛参加了湖北女师的入学考试，成绩名列前茅。但是在入学体检时，学校发现她的脚因曾经缠足已显畸形，便以其不便参加体育课程为由将她拒之门外。钱瑛闻讯后处于极度痛苦之中，多次流露出自杀的念头。钱亦石深知钱瑛是一个性格刚烈的女子，首次投考遭受如此打击，担心她一时想不开，便再三交代儿子钱远铎说："一定要看好你大姐，如果你大姐出了事，你也不要回来了！"钱远铎严遵父命，钱瑛走到哪里，他就跟到

哪里。钱瑛站在江边想投江,刚一抬脚就被钱远铎一把拉住。钱瑛在井边徘徊,钱远铎见状紧紧拉住她的衣服不放,钱瑛只好苦笑着跟钱远铎回家。

钱亦石在担任湖北一师教员时,曾与湖北女师有过合作。他到湖北女师调阅钱瑛的考卷,了解到钱瑛的成绩在考生中名列前茅,便亲自出面与校方进行交涉。钱亦石诚恳地指出,钱瑛的全部成绩均属优等,比已录取的优等生成绩还好,如果对咸宁县第一个出县投考湖北女师、成绩又如此优异的考生都不予录取,将影响今后咸宁女子的学业前途,也影响湖北女师的声誉。最后他终于说服了校方,钱瑛如愿以偿地跨进湖北女师的大门。[1]

湖北女师是一所富有光荣革命传统的学校。陈潭秋曾以教师身份为掩护,到该校组织发动学生反对封建式的管教,主张剪发、读新书。在钱瑛入校的前一年,该校爆发了著名的"女师学潮",震惊武汉三镇,涌现出徐全直(陈潭秋夫人)、夏之栩(赵世炎夫人)、杨子烈(张国焘夫人)、袁溥之(陈郁夫人)、袁震之(吴晗夫人)、庄有义、陈碧兰7名学生领袖,她们不断掀起学潮,反对"三从四德"的封建礼教,要求民主解放。钱瑛在进步学生的影响下,很快投入湖北女师的学生运动中。

十月革命一声炮响,给中国送来了马克思列宁主义。社会主义在俄国由理想变成现实的客观事实,给不断探索革命道路的中国先进分子以极大鼓舞。武汉自1861年被迫开埠,到洋务官僚张之洞主政湖北,经历近半个世纪的开放和发展,成为仅次于上海、广州的最为发达的工商业城

陈潭秋

市，为马克思列宁主义在武汉的传播创造了条件。1920 年 8 月，董必武和陈潭秋等 7 人聚集于武昌抚院街 97 号，宣告武汉共产党早期组织成立。1921 年 7 月，董必武和陈潭秋作为湖北地区的代表，出席在上海举行的中国共产党第一次全国代表大会，当时全国仅有的 50 多名共产党员中就有 12 名是湖北人。

中国共产党第一次全国代表大会会址

中共党组织在湖北建立后，马列主义得到迅速传播。在董必武和陈潭秋的帮助下，钱亦石逐渐冲破教育救国的藩篱，广泛阅读各类政治书籍，积极宣传民主和科学，开始接受马列主义。1924 年 4 月，经董必武、陈潭秋介绍，钱亦石加入了中国共产党。钱瑛通过钱亦石的介绍，先后认识了董必武、陈潭秋，深受他们革命思想的熏陶，这 3 人成为她走上革命道路的引路人，董必武更是她终身的良师益友。

在刻苦学习和追求真理的同时，钱瑛还注重加强文学修养，锤炼

董必武

品格，陶冶情操，向往陶渊明在《桃花源记》中所描写的那种男耕女织、平等和睦的美好社会，常说自己要为实现这种社会探索一条道路。她酷爱古体诗词，曾和同学吴瑞芝、张叙敬、李华琼等人组织小诗社，自称"爱梅轩主人"，常以梅花傲严寒、斗冰雪的品格激励自己，并终身与梅花结缘。[2]

1923年年底至1924年年初，发生了日本人在武汉洋行逼死华人、华商事件，激起了武汉人民大规模反日抗暴斗争。钱瑛剪去长辫，留着短发，利用课余时间，到大街上宣传抵制日货，活跃在群众之中。1924年1月，国共两党实现第一次合作，推动了反帝反封建群众运动的蓬勃发展，钱瑛积极参加支援上海五卅运动和反对吴佩孚的学生运动。

1927年3月，钱瑛在湖北女师由吴瑞芝介绍参加中国共产主义青年团。一个月后，蒋介石发动四一二反革命政变，疯狂屠杀共产党人，年幼的中国共产党面临生死存亡的严峻考验。在大浪淘沙的历史关头，入团才两个月的钱瑛，毅然转为中国共产党党员，逐渐从一名反抗包办婚姻的叛逆者成长为一名革命者。

同年夏天，钱瑛从湖北女师毕业，在汉口劳动代表训练班受训后，被派往江西九江总工会组织部担任干事，负责纱厂及火柴厂工会工作。1927年7月15日，汪精卫在武汉召开"分共"会议，公开背叛革命，白色恐怖日益严重，九江的地下党组织危在旦夕。为了保存革命力量，市委书记王尔煦通知钱瑛赶快转移，钱瑛因留恋刚刚开辟的工作，迟迟不愿意离开，直到敌人从前门闯进后，才在工友们的掩护下跳窗逃走。

根据党组织的安排，钱瑛和马玉香准备赶赴南昌参加武装起义，人还没有动身，南昌起义已经受挫。她和马玉香便转赴广州，找到叶剑英领导的教导团军医处，通过王侃予接上了党的关系。

1927年11月，中共广东省委根据中共中央的指示，决定于12月12日晚举行广州起义。后发现起义计划被汪精卫、张发奎察觉，遂决定提前一天举行起义。12月11日凌晨，经过几个小时的激战，起义军占领广州的绝大部分市区，成立了广州苏维埃政府。在英、美、日、法等帝国主义的军舰和陆战队的支援下，国民党军队迅速向起义军反扑，两天后起义军余部被迫撤出广州。钱瑛所在的营团没有得到提前举行武装起义的通知，营长苏生仍按原计划行动，当他们步行到广州近郊时，才得知起义已经失败。根据起义部队从广州撤退的路线，钱瑛等人急忙奔赴白云山脚下，但没有追赶上部队。

此后一个多月，钱瑛在寻找党组织的路途中险象环生，先后4次历险。为了躲避敌人的追捕，她借宿在一名寡妇家的柴楼上。寡妇见她年轻貌美，想强迫她嫁给当地民团团长做小老婆，遭到钱瑛的强烈反抗。钱瑛恳求寡妇看在大家都是女人的分上，放自己一条生路，并把仅有的一枚金戒指送给对方。寡妇这才给她换了一套衣服，送了一包薯粉，让她扮作乞丐赶紧离开。

钱瑛来到广州街上，只见天空乌云密布，地上血迹斑斑，她找不到组织，又无其他熟人，遂决定到香港去找党组织。没想到在广九车站检查时，士兵发现她额头上有戴军帽的压痕，马上严加盘查。钱瑛听出士兵的湖

1927年4月12日，蒋介石发动四一二反革命政变，疯狂捕杀共产党人。

南口音，谎称自己也是湖南人，给一位国民党团长太太当丫头，这位太太到香港去了，把她丢下来不管，生活没有着落，只好沿街讨饭。几个湖南籍士兵听后深表同情，凑了十几元钱，又请连长给她开了一张路条，劝她赶快回湖南老家。

钱瑛来到江边，看到有一条停泊在岸边的船，便急忙跳了上去。只见舱内都是女人，一个个低头不语、愁眉苦脸，钱瑛马上警惕起来，悄悄询问身边的女人，这才明白自己是上了人贩子的贼船，心里暗暗叫苦。为了尽快脱身，她不动声色，慢慢走到船边，一头扎入波涛汹涌的江水里。由于水性不佳，她在水中很快失去了知觉。苏醒后才发现自己已经躺在另外一条渔船上，原来是附近的渔民救了她，并劝她不要再寻短见。

告别了好心的渔民，钱瑛投宿到一家小旅店，隔壁房间的两个男人见她颇有几分姿色，先是心生邪念，继而又怀疑她是赤色分子，想拿她去报官请赏。为了逃脱险境，钱瑛急中生智连夜在手帕上写了一首仿《木兰辞》，大意是未婚夫夭亡，立志守节，和父亲外出投亲，路遇土匪，父亲被打死，随身财物也被抢光，虽然处境艰难，但是其志不移。

第二天，钱瑛混上火车，那两个男人一直尾随跟踪。车上的乘警发现她无票乘车，特别是看到她前额有戴过军帽的压痕，怀疑她是共产党，搜身检查时发现那块写有仿《木兰辞》的手帕。他们把钱瑛带到站长室，车站站长和印花税局局长对这首仿《木兰辞》赞赏有加，认为这样一位"节孝双全"的女子不会是共产党，就把她放走了。

钱瑛脱险后，几经周折终于在香港找到了党组织，被分配到恽代英领导的中共广东省委宣传部工作。一个月后，党组织安排钱瑛到上海工作。

二、莫斯科中山大学的"塔拉索娃"

1928 年 7 月，钱瑛第一次来到上海，被分配到全国总工会秘书处担任秘书及内部交通员，在常务委员刘少奇和秘书长谭寿林的直接领导下工作。

谭寿林，1896 年 4 月 29 日出生于广西贵县一个农民家庭，1917 年考入贵县中学。五四运动爆发后，担任贵县学生联合会会长并出席广西省学生代表大会，积极领导抵制日货的斗争。1921 年 9 月，谭寿林考入北京大学乙部预科英文一班。在北京共产党支部成员黄日葵和陈居玺等人的影响下，他参加非宗教大同盟和民权运动等社会活动，是第二批加入北大马克思学说研究会的成员之一，受到李大钊的直接教诲。1922 年加入中国社会主义青年团，1923 年秋升入北京大学国文系。1924 年由黄日葵、陈居玺介绍加入中国共产党，在李大钊领导的中共北方区委和中国劳动组合书记部北方分部工作，同时在《工人周刊》做编辑，经常与王尽美等人到工人子弟学校上课。

广西梧州地处两广咽喉要地，是华南地区三个繁华的商埠之一，战略地位十分重要，中共两广区委为了打开广西地区的工作局面，决定在梧州建立党组织。1925 年秋，中共两广区委常委兼军事部部长周恩来从广州秘密来到梧州，指导广西的革命运动和建党工作。中共两广区委通过中共北方区委，将谭寿林从北京调到梧州。1925 年 12 月，广西第一个党的领导机构——中共梧州地方执行委员会成立，谭寿林担任书记，兼任梧州《民国日报》编辑部主任、广西省党部驻梧登记员、广西宣传员养成所讲师、省立二中国文教员等职务。白天，他到报社、养成所、二中等单位工作，参加筹办苍梧书社，到梧州女师教唱革命歌曲。

1925 年，广西梧州《民国日报》编辑部人员合影，前排左二为谭寿林。

晚上，他在地委机关秘密召开会议，研究党的工作，撰写梧州《民国日报》社论和重要文章，指导梧州的革命运动。

在谭寿林的领导下，梧州工农革命运动蓬勃发展。1926 年春成立共青团梧州地方组织。1926 年 6 月，梧州工人代表大会召开，到会代表 193 名，代表 21 个工会和 9650 名工人。梧州妇女联合会也积极开展工作，组织妇女宣传队，到市区和西江沿岸城镇演出反帝反封建内容的节目，出版期刊《妇女之光》，创办妇女工读学校。农民运动也逐渐开展起来，在农运骨干分子会议上，谭寿林往一碗清水里放入一点朱砂，碗里的水逐渐变成朱红色，他满怀信心地说："我们要积极开展农民运动，像朱砂这样把水染红！"1926 年 11 月，广西省农民部苍梧道办事处在容县成立，中共梧州地委通过苍梧道办事处领导苍梧、岑溪、藤县、容县、平南、桂平等 15 个县的农民运动，先后成立了 523 个乡农民协会，入会会员达 4.3 万人。随着工农革命运动的发展，党组织也从梧州发展到广西各地。1926 年春，容县、桂平、南宁、玉林、桂林、柳州、东兰、贵县、武宣、田东、怀集等地相继建立党的基层组织，领导当地的反帝反封建斗争。1926年10月，中共广西省委筹备小组成立，谭寿林、黄日葵、陈勉恕3人为领导成员。

1926年12月上旬，谭寿林和地委其他领导成员召开会议，提出"废除苛捐杂税，减轻人民负担"的口号，并领导了梧州人民的抗捐运动。12月19日，在抗捐大会召开前夕，梧州警备司令王应瑜派出大批荷枪实弹的军警，分头包围市党部、梧州民国日报社、工代联合会等单位，非法逮捕了梧州地委书记谭寿林、工代联合会委员长钟山、轮船二分会委员长胡奕卿和民船工会委员长蔡美利4人，后又逮捕了揭露军警罪行的共青团员李锡彤。梧州警备司令部捏造所谓"勾通刘震寰、私运枪械、图谋暴乱"等罪名，妄图杀害谭寿林等人，将他们戴上手铐脚镣，关进死牢，百般虐待。侥幸脱险的地委委员周济、甘立申到广州政治分会和武汉国民党中央，控告梧州反动派的罪行。梧州各革命团体发表紧急联合宣言，各界派出代表到广州等地揭露反动派的罪行。1927年3月，在国民党中央的过问下，梧州反动当局不得不将谭寿林等5人解送到广州后释放。

1927年年底广州起义爆发后，谭寿林加入起义军的战斗行列。起义失败后，他匿居在广州市郊大石街陈勉恕家中。12月下旬，谭寿林经佛山、中山到香港，因香港地下党组织被破坏，又转赴上海，化名覃树立。1928年2月7日，黄日葵、谭寿林等8人联名给中共中央写了《广西的组织情况、工农革命运动及对今后工作意见》的报告，全面汇报了广西党的工作情况，总结经验教训，提出6点建议，希望"有一个发展广西党和工作的具体计划，加紧进行"，"早日派人潜入东兰及鹏化一带切实调查，为恢复广西今后的党和建设工作计划之基础"。1928年上半年，上级党组织先后派了几批党员领导干部潜回广西开展工作。6月，在贵县召开中共广西特委扩大会议，使受到严重摧残的广西党组织

谭寿林

得到恢复和发展。1928年春，谭寿林参加中华全国总工会工作，随后调任全国海员总工会秘书长。1931年1月，担任中华全国总工会秘书长。[3]

钱瑛娇小秀丽，聪颖勤快，很快得到谭寿林的信任。谭寿林阅历丰富、才华横溢，让钱瑛深感敬佩。他俩在工作中逐渐萌生了爱情，在刘少奇等人热心撮合下，1928年12月，钱瑛和谭寿林举行了简朴的婚礼，这一年钱瑛25岁，谭寿林32岁。婚后不到百日，钱瑛接到中共中央组织部的通知：到莫斯科中山大学去"学革命"。几天后，中共中央组织部派人带着孔原到钱瑛家中，向他们详细交代赴苏路线、接头地点、联络人员和注意事项。

莫斯科中山大学是联共（布）中央、中国国民党和中国共产党三方合作的产物。1924年1月，在广州召开的国民党"一大"上，孙中山提出了"联俄、联共、扶助农工"三大政策。此后，在苏联的援助下，孙中山对国民党进行改造，吸纳大量中国共产党人，很快在广州站稳脚跟。1925年3月12日，孙中山在北京病逝。苏联在中国失去一位最亲密的朋友，联共（布）中央政治局很快作出决定，除了加大枪炮支援外，还将在苏联建立一所专门为中国国民党培训干部的学校，以孙中山的旗帜招徕中国先进青年，莫斯科中山大学就是在这样的背景下应运而生的。1925年10月7日，鲍罗廷在国民党中央政治会议第六十六次会议上正式宣布莫斯科中山大学（Университет трудящихся Китая им.Сунь—Ятсена）成立。

1925年至1930年，莫斯科中山大学招收4期中国留学生，共计859名。[4] 毕业生多数在国共两党担任要职，如中共一方的邓小平、张闻天、杨尚昆、叶剑英、乌兰夫、林伯渠、董必武、伍修权、王明、秦邦宪、王稼祥等，国民党一方的蒋经国、郑介民、邓文仪、张镇、谷正纲、谷正鼎等，他们的留苏经历对其日后的政治活动产生了深远影响。

十月革命后，苏联成了中国热血青年无限向往的革命圣地。钱瑛一直渴望能到莫斯科中山大学深造，现在终于梦想成真，令她非常兴奋。谭寿林虽然对新婚的妻子恋恋不舍，但仍以革命为重，积极协助钱瑛做好出国前的各项准备工作，多次叮嘱钱瑛在苏联学习时要注意联系国内斗争实际。为了能使钱瑛集中精力学习，两人商定由谭寿林定期给钱瑛写信介绍国内斗争形势，没有重要的事情钱瑛不需要每信必回。他俩上街选购两支同样的钢笔，每人保管一支，钱瑛还选购了一批信纸留给谭寿林，以此寄托思念之情。

西伯利亚铁路修建于 1891 年到 1916 年，总长 9332 公里，起点莫斯科，终点符拉迪沃斯托克（海参崴）。20 世纪 20 年代，中共早期领导人和留苏学生大多乘火车经这条铁路线到莫斯科。

1929 年 3 月初，钱瑛、孔原等一行 4 人踏上赴苏之路，先从上海乘船到大连，再改乘火车到哈尔滨。按照事先约定的联络办法，他们在寻找接头地点时遇到了麻烦。中共中央组织部交代接头地点在哈尔滨正阳大街的东紫阳果品店，他们在道外正阳大街找了两天都没有找到。钱瑛急中生智，建议扩大查找范围，最后终于在道里中央大街找到东紫阳果品店——共产国际哈尔滨秘密交通联络站。虚惊一场的原因是口音问题，他们误将中央大街听成了正阳大街。交通联络站的负责人告诉他们到满洲里的接头地点和暗号，并将情况迅速通知满洲里秘密联络点。[5]

满洲里是中苏边境上的一个口岸城市，位于中东铁路的西端，距苏联边境小城 86 号小站只有 9 公里。钱瑛一行乘火车从哈尔滨来到满洲里，很快找到秘密联络点。两名苏联交通员已经接到哈尔滨交通联络站的通知，提前准备好两副爬犁，每副爬犁套两匹马。虽然已是 3 月，满洲里仍然冷得出奇，气温达零下 30 多摄氏度。这一天风雪交加，正是偷越国境的最好时机。钱瑛等人坐上爬犁后，交通员一边驾驶爬犁一边提醒说：“国境线上有奉系的边防军站岗，碰到以后千万不要慌，否则十分危险，轻则被抓走严刑拷打，重则要被枪毙。”气氛顿时紧张起来，大家紧张地凝视着前方。

满洲里有一条通向苏联边境的土路，爬犁在雪地上飞速行驶，很快来到国境线。通过国境线时因哨兵怕冷，不愿走出哨所，没有认真盘查就放行了。进入苏联境内后，一行人很快就被苏联红军边防部队发现，4 名战士骑马赶来，与交通员用俄语简单交流几句就放行了。到达 86 号小站后，交通员给钱瑛等人买好火车票，送他们上了去莫斯科的火车。

第一次走出国门，来到向往已久的苏联，钱瑛对眼前的一切都感到新鲜和好奇。86 号小站距莫斯科有 6500 多公里，由于缺乏煤炭，火车靠烧木材获得动力，开几站就要停下来补充木材，行驶速度非常缓慢。

莫斯科中山大学

第三天早上，已经远远望见贝加尔湖，碧波荡漾、水天一色。晌午开始接近湖滨，火车接连穿过几十个隧道，隧道虽多但都很短，车行其中犹如游龙穿洞、蜿蜒曲折、景色绝佳。火车停靠在贝加尔湖的南端，大家一拥而下，争相欣赏世界第一深水的内陆大湖……经过 11 天的颠簸，钱瑛一行于 1929 年 3 月 27 日到达莫斯科中山大学。

莫斯科中山大学位于莫斯科河西岸的沃尔洪卡大街（улица Волхонка）16 号。这座古建筑在十月革命前是俄国贵族的庄园，主建筑是一栋四层长方形大楼，室内浮雕华美，富丽堂皇。大楼左边是排球场，后边是篮球场，冬天泼水之后便成了溜冰场。整座庄园被改建成相当规模的学校，对面就是著名的莫斯科皇家大教堂和彼得大帝塑像，金碧辉煌、美轮美奂。

今天的俄罗斯国家社会政治历史档案馆位于莫斯科大德米特罗夫卡大街 15 号，该馆历史悠久，馆藏档案丰富，前身可以追溯到 1920 年创建的联共（布）中央党务档案馆，从那时起开始专门收集和研究十月革命历史、联共（布）历史和国际共产主义运动历史资料，馆藏文件与实物不仅涉及俄国历史（18—21 世纪初），而且涉及世界历史（17—20 世纪）。该馆藏有 3600 余名莫斯科中山大学、莫斯科东方大学、列宁学院等中国留学生和当年中国赴苏人员的档案。莫斯科中山大学（1929—1930 学年度）460 名学生花名册（馆藏档案 530-1-73-2208 号）记录了钱瑛入校之初的简况：

> 序号：406；学生证号码：1252；入学时间：1929 年 3 月 27 日；俄文姓氏：Тарасова（塔拉索娃）；俄语拼音中文名：Цянь Ин；中文姓名：钱瑛；籍贯：湖北；社会出身：商人；个人职业：学生；加入中共时间：1927 年。

钱瑛入校前，莫斯科中山大学发生了重大变化。1927 年，中国国内形势剧变，国共两党合作最终破裂，中苏关系几近断绝。1927 年 7 月 26 日，国民党中央执行委员会发表声明："莫斯科中山大学非法使用国民党领袖的名义作为掩护，从事策划反对本党的阴谋活动。为此理应予以取缔，各级组织都不得再派学生去莫斯科。"此后，在校的 170 余名国民党留学生陆续被遣送回国。莫斯科中山大学的办学宗旨随之发生了重大变化，由为国民党培训干部改为给共产党培养干部。招生标准也进行了相应的调整：招生对象完全面向中共党员和共青团员，要求学生中拥有革命斗争经验的共产党员至少应占 50%，共青团员应占 30%，其余为非党员；新党员中产业工人必须占半数以上，其余为农民、城市贫民和知识分子。[6]

鉴于莫斯科中山大学的性质和任务已经发生了变化，因此不能再用孙中山的名字作为校名。1928 年 7 月 21 日，莫斯科中山大学校长米夫致信联共（布）中央宣传鼓动部，建议将莫斯科中山大学更名为中国劳动者共产主义大学。1928 年 9 月 17 日，联共（布）中央组织局通过决议，同意将莫斯科中山大学正式更名为中国劳动者共产主义大学（Коммунистический университет трудящихся Китая）。[7] 准确地说，钱瑛是到莫斯科中国劳动者共产主义大学学习，但是此后人们还是习惯地将该校称为莫斯科中山大学。

莫斯科中山大学的学制为两年，1925 年入学的为第一期；1926 年下半年入学的为第二期；1927 年下半年入学的为第三期；1928 年入学的为第四期。1929 年入学的钱瑛、孔原、刘英、夏之栩、危拱之和袁策夷等人，因为人数太少，没有重新编班，全部插入第四期。

第三、四期中国留学生绝大多数经过国内革命斗争的锻炼，但是文化程度差异很大，有的只上过初中、小学，甚至是文盲，学校便依据文化程度将学生编为普通班和工人预备班，普通班又分为高级班和初级班。钱瑛和夏之栩毕业于湖北女师，在留学生中属于文化程度比较高的，她俩被编在高级班第四组，同在一组的还有果明秋、傅维钰、孙树成、郭一平、张金玺、袁策夷、高洪光、郑杰、施斌、肖彤华、周叔琴、张清仙、陈铁铮、顾祝万、任炳煌、吴立基、叶致远、宋绍贞、陈长寿、赵逸凡、于以振、夏遽周、史汉桢、孙洪祥等 25 人。

入校不久，钱瑛发现自己怀孕了，她担心影响学习，一时十分焦急，千方百计想人工流产，但苦于找不到良策，于是就拼命地蹦跳，甚至站在桌子上往下跳，结果造成孩子早产。在校方的关心和帮助下，钱瑛在妇产医院顺利生下一个女婴，这是她和谭寿林的爱情结晶。为了不影响学习，她不得已将女儿交给苏联保育院代为抚养。

中国留学生绝大多数不懂俄语，解决俄语听说难题是新生入校后要过的第一关。校方每周安排 6 天，每天安排 4 个小时，采取教师授课、俄文读报、名著阅读等方法进行强化训练。钱瑛深知自己入校晚，又是插班生，更觉得时间宝贵，她暗暗告诫自己：国内的同志们正在出生入死地战斗，现在苏联提供这么好的学习条件，一定要珍惜在莫斯科中山大学的每一分钟，每天用在睡眠上的时间尽可能少一点，用在学习上的时间尽可能多一点。白天，她在课堂认真听课；晚上，为了不影响他人，她把学校配备的小课桌搬到寝室外宽大的走廊里，认真阅读俄文理论书籍；清晨又到校园的小树林里练习俄语发音，甚至去食堂的路上都在背诵俄语单词。功夫不负有心人，到第一学期结束时，钱瑛已经可以较为流利地用俄语会话了。

第一学期适应期过去后，特别是攻克俄语难关后，钱瑛的学习信心大增。第二学期转入理论学习和政治教育，必修课程主要有马克思主义哲学、政治经济学、历史、世界经济地理、列宁主义。最有特色的教学内容是"读报"和"参观"：读报课每星期两次，由辅导员对每周的国际时事、各国政治状况的变化加以讲解和分析；参观课每周安排一次，主要参观莫斯科、列宁格勒的博物馆、图书馆、历史陈列馆等，了解人类进化和苏联革

图为莫斯科中国劳动者共产主义大学（莫斯科中山大学）一年级（4）班大学生1929—1930学年上学期综合学习鉴定。1930年1月1日全体班会讨论通过。

序号12译文为：塔拉索娃（钱瑛）个人发展和普通教育素养优良，出勤率高，懂政治，学业成绩优良，积极性一般。（见俄罗斯国家社会政治历史档案馆馆藏档案，档案号：530-1-63-35。）

命演进的过程。学校还经常组织到各地参观一些"样板企业""样板农庄",恢宏壮阔的生产建设场面和人间仙境一般的生活环境给钱瑛留下了深刻的印象,她渴望自己的祖国能早一天实现苏联式的社会主义,并愿意为实现这个伟大理想而奋斗终生。

此外,莫斯科中山大学还开设了军事课,这是区别于其他大学的一个显著特点。根据中国国内形势的变化,校方更加重视军事课,除了学习基本军事知识外,军事教研室有供学生训练使用的各种武器和器械,如步枪、手榴弹、机关枪、大炮、坦克和沙盘等。1929年暑假,钱瑛和同学们穿上军装、荷枪实弹、全副武装,到莫斯科附近的工农红军无产阶级模范步兵师驻地进行为期两个月的野战训练,参加团一级的实战演习,团、营、连、排指挥员全部由苏联军官担任。钱瑛从大革命失败的惨痛教训中深感掌握军事知识的重要性,刻苦参加训练,被评为优秀射手。

钱瑛与谭寿林感情甚笃,在苏联学习的两年中,谭寿林先后给她写了130多封信,平均每周一封信,都是通过中苏两党的地下交通员来传递,信中除了介绍国内的情况外,更多的是关心和鼓励。钱瑛每次收到信后都和同学们共同阅读,研究国内的革命动态。

莫斯科中山大学内部派系斗争复杂,一方面是多数中国留学生与以王明为首的学校支部局之间的斗争,王明利用党务教务纷争和"江浙同乡会"事件,最终进入中国留学生领导层,借助苏联和共产国际的权威打击异己,引起多数中国留学生的反感;另一方面是中国留学生中的托洛茨基反对派和苏联领导层之间的斗争,他们开展活动,发展成员,与苏联的托派地下组织保持联系,为国内的托派组织提供资金和思想理论上的支持,将斗争的矛头指向联共(布)领导层。

尽管一时难以搞清这些复杂情况,但是钱瑛有自己的原则立场和判断是非的标准,她支持大多数人的意见,坚决反对托派,反对王明等人打击持不同意见的同学,表现出了政治上的敏锐性和坚定性。莫斯科中山大学

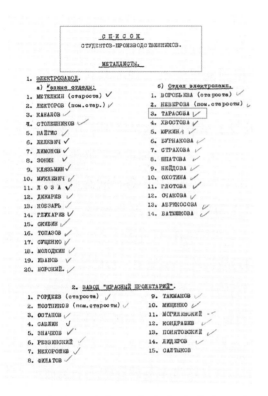

图为莫斯科中国劳动者共产主义大学（莫斯科中山大学）学生参加生产劳动的名单，方框内序号3为塔拉索娃（钱瑛），她被分配在电灯泡组。（见俄罗斯国家社会政治历史档案馆馆藏档案，档案号：530-1-79-2。）

对钱瑛在这场斗争中的表现给予了较高评价：她是被考验过的。在无原则组织清除不忠诚分子的过程中，她被认为是不忠诚的，并被给予警告处分，发配到工厂劳动改造。钱瑛无辜挨整后毫不气馁，仍然利用一切机会抓紧学习。晚上熄灯后，为了不影响别人，她打着手电筒在被窝里看书，反复阅读列宁的《进一步，退两步》《两个策略》等著作，主要章节都能够背诵。

由于中国留学生的生源无法解决，留学生内部矛盾冲突难以彻底解决，加之中苏关系持续恶化等原因，1930 年 2 月 25 日，联共（布）中央政治局会议决定关闭中国劳动者共产主义大学。1930 年暑假，中国劳动者共产主义大学正式停办，中国留学生全部转入列宁学院中国部。[8] 为了使中国留学生回国后能够尽快投入革命工作，列宁学院特设了若干专业培训班，钱瑛和夏之栩参加了为期 3 个多月的"农村工作培训班"。

1930 年 7 月 5 日，周恩来应邀出席在莫斯科召开的联共（布）第十六次代表大会，参会期间与中国留学生见面。这时红三军团在湖南平江反攻作战胜利的态势下，于7月27日攻占长沙，国内革命形势发展很快，周恩来号召中国留学生回国参加革命。有一部分早期到苏联学习的同学害怕艰苦不愿意回国，受到大家的鄙视。钱瑛虽然希望能够继续留在苏联深造，但想到国内革命斗争的需要，毅然报名要求回国。但是，年幼的女儿怎么办？此事令钱瑛愁肠百结。回国路途遥远，国内斗争形势异常严峻，她最后不得不狠心将不到两岁的女儿留在苏联保育院。

1931年春，钱瑛从苏联返回中国。归国之旅由学校安排，从莫斯科乘火车沿西伯利亚铁路到达赤塔，住进指定的旅馆，紧张地做好回国准备。在一个没有月亮的夜晚，她与一道归国的同学化装成商人来到边境，登上一辆带有车厢的马车，驭手一言不发、策马扬鞭，马车飞驰20多分钟后就顺利穿越了国境线。在满洲里乘火车到哈尔滨，再转车前往大连，直到登上开往上海的轮船，钱瑛这才深深地舒了一口气说："终于回到祖国了！"

在莫斯科中山大学留学的两年，是钱瑛革命生涯中的一段重要经历，通过马列主义理论的熏陶和实际斗争的锻炼，她坚信马列主义是科学真理，坚信共产主义是最高理想，坚信在中国共产党的领导下中国革命一定能够取得成功，从而完成了从年轻的共产党员到坚定的布尔什维克的重要转变。

联共（布）中央和共产国际在中国共产党成立不久，及时创办了莫斯科中山大学，承担起为中国共产党培养干部的重任，这是一段不应该忘却的历史。

三、与丈夫谭寿林的生离死别

钱瑛与谭寿林在上海久别重逢后，党组织决定派他们夫妇到湘鄂西革命根据地工作，钱瑛沉浸在夫妻团聚和返回家乡闹革命的喜悦之中。启程前夕，中华全国总工会突遭敌人破坏，谭寿林决定留下来善后。与丈夫刚刚团聚又要分离，钱瑛依依不舍，临别时一再叮嘱谭寿林千万要注意安全，事毕后尽快赶赴湘鄂西革命根据地。

钱瑛刚到湘鄂西革命根据地，中华全国总工会秘书处负责技术工作的黄大霖被捕叛变，出卖了谭寿林等人。1931 年 4 月 22 日清晨，国民党上海市警察局会同老闸捕房将谭寿林逮捕，并在其家中搜出中华全国总工会组织系统表和附注说明书一份，以及包东西的红布一块。敌人将红布认定为共产党的红旗，并以此作为谭寿林的"犯罪证据"。

谭寿林被羁押在上海老闸捕房拘留所，关在临街的一个大铁笼子里，四周罩着铁丝网。同一天被捕的中华全国总工会秘书章夷白等人也被关在这个大铁笼子里，他们佯装互不认识。傍晚，谭寿林趁敌人不注意的时候悄悄告诉章夷白："组织上发现黄大霖有叛变嫌疑，所以通知你立即离开机关，现在我们两人都被捕，肯定是黄大霖出卖的。"夜晚寒气袭人，他们睡在冰冷的水泥地上，每人只发一条破毯子，根本无法御寒。谭寿林对章夷白说："明天什么情况实难预测，今晚我们挨着睡，互相取暖吧！"

因为案情重大，老闸捕房第二天就应国民政府的要求将谭寿林移交给江苏省高等法院第三分院，关押在上海市警察局看守所 2 号牢房。章夷白等人也被引渡到这个看守所，关押在 1 号牢房。通过砖墙上的缝隙，谭寿林鼓励章夷白等人："不要怕，至多皮肉受点苦，没什么了不起。我们为革命不怕牺牲，必须保持共产党员的气节，我已经把我们被捕的情况转告外面的党组织。"

敌人从叛徒黄大霖处了解到谭寿林的情况，知道谭寿林是共产党的大官，企图撬开谭寿林的嘴巴获取更多的秘密。4月27日，上海市警察局侦缉队第一次提审谭寿林，开始欺骗利诱，继而施以严刑，将谭寿林"反上吊"两个小时，用烧红的铁条将他的胸部和腹部烙出一道道血印，直到他痛极昏死过去才将他解下，一个小时后人才逐渐苏醒。敌人累得满头大汗，却未问到半点口供。第二次被提审时，谭寿林在候审室里看见章夷白等人，因为彼此不能交流，他趁敌人不备之时，偷偷用脚在地上写了一个"不"字，用这种特殊的方法告诫章夷白等人：不要叛变，不要出卖同志，不要出卖党的秘密。

4月30日上午，敌人在审讯时改用酷刑"老虎凳"，将谭寿林强行按到老虎凳上，把他的上身和双手捆绑在老虎凳的木桩上，双脚也用绳子捆绑住，然后开始往他的脚下垫砖头。当垫到第三块砖头时，谭寿林已经痛得大汗淋漓，这时敌人故意停下来，对他进行威吓和诱供，谭寿林仍然坚持咬紧牙关。敌人气急败坏地将他的双脚死命抬起，往脚下垫进去第四块砖头，随着一声惨叫，谭寿林昏厥过去，很快又被冷水泼醒。尽管敌人把谭寿林折磨得死去活来，仍然得不到他们想要的口供。

一计不成再生一计。敌人将审讯改在阴森黑暗的土地庙里，妄图借助鬼神的力量使谭寿林屈服。敌人问："在菩萨面前你还敢不讲真话吗？"谭寿林机智地回答："我在菩萨面前不讲假话，以上所讲均属事实。"敌人仍然得不到一句有用的口供。无奈之下，上海市警察局电报请示国民党中央党部，在没有得到明确答复前，先将谭寿林押送到上海龙华警备司令部，约两个小时后又押回市警察局。谭寿林自知难逃一死，想在死前痛饮三杯，然而身上少得可怜的一点零用钱都被敌人搜刮干净，后来在其他难友的帮助下方获一醉。

5月23日，谭寿林被单独押解到南京首都宪兵司令部。南京首都宪兵司令部位于南京中华门内的瞻园路126号，这条街全长不足200米，东邻夫子庙，西通中华路。国民政府建都南京后，这条街上的明代开国元勋徐达的中山王府正屋由内政部占用，西边的花园（瞻园）后来成为中统的特工总部，东边的花园（适园）由宪兵司令部占用，看守所便设在其中。

南京首都宪兵司令部大门

旧的看守所只有三四间平房，仅能关押50余人。因中统特务大肆搜捕中共地下人员，并将他们一批批押往南京首都宪兵司令部看守所，该所实在无法容纳，遂由中统与宪兵司令部共同将旧看守所拆除重建。他们在这座古典园林的南半部，伐树砑石、拆亭填池，先后修建起甲、乙、丙3座看守所。看守所顾名思义是临时羁押犯人的地方，因为都是待结的案子，所以政治犯在这里经受的折磨比判刑入狱后要严重得多。

谭寿林在首都宪兵司令部虽经再三审讯，始终坚贞不屈，7 天后被判处死刑。在生命的最后一刻，谭寿林思念自己的妻子和从未见面的女儿，他在给钱瑛的诀别信中写道："亲爱的：我们未竟的事业，我们满心憧憬的未来，还有我们的孩子，只有靠你一人去奋斗了！但请相信，在看得见你的地方，我的眼睛和你在一起。在看不见你的地方，我的心和你在一起。"1931 年 5 月 30 日，谭寿林在南京雨花台慷慨就义，年仅35 岁。

钱瑛与谭寿林结婚 3 年多，"相处仅百日"，甚至没有留下一张夫妻合影，令人扼腕叹息。钱瑛获悉噩耗悲痛欲绝，立志要完成丈夫未竟的事业。钱瑛与谭寿林的婚姻是她一生中唯一的一次婚姻，谭寿林英勇就义后，钱瑛心中爱情的火焰随之熄灭，此后有热心人给钱瑛介绍对象，也有爱慕者当面向她表白，都被她一口回绝，终身没有再嫁。1950 年 7 月 7 日，钱瑛撰文《忆寿林》，记述了谭寿林被捕和英勇就义的经过。

谭寿林生前著有自传体小说《俘虏的生还》《狱中生活》和政论、诗歌多篇。1961 年，为了纪念谭寿林英勇就义 30 周年，董必武指示中国青年出版社重新出版《俘虏的生还》。钱瑛取出多年来一直珍藏在身边的 1929 年上海泰东书局出版的《俘虏的生还》，交给中国青年出版社。该书封面上部书有"俘虏的生还"5 个手写体草书，下部印有黄蓝两种色调、版画风格的正方形图案。董必武为再版书题写了书名，并赋诗一首：

热情如火吼如雷，俘虏生还气不隳。

恨病折磨难杀敌，回家探问亦招灾。

穗城喋血乌云堕，沪渎逢春旧雨来。

两卷遗编容我读，怅然怀念惜英才。

钱瑛也赋诗一首，题为《再读〈俘虏的生还〉》：

"生还"何处寄萍踪，骤雨狂风肆逞凶。
几度铁窗坚壮志，千番苦战表精忠。
丹心贯日情如海，碧血"雨花"气若虹。
三十一年生死别，遗篇再读忆初逢。

中国青年出版社再版的《俘虏的生还》刚刚装订成册，正赶上批判小说《刘志丹》，政治气氛紧张，新书尚未来得及面世，便被统统送到造纸厂化浆。1993 年 5 月，广西人民出版社结集出版《谭寿林文集》，将《俘虏的生还》收录其中。

《谭寿林文集》

红骨埋在雨花台，烈士英名传万代。南京市的雨花台，古称玛瑙岗和聚宝山，是一座美丽的山冈。然而，从 1927 年到 1949 年中华人民共和国成立前夕，雨花台变成了国民党反动派的刑场，约有 10 万名共产党人和爱国人士在这里惨遭杀害，其中有姓名可考的革命烈士仅有 1519 位。1988 年 7 月 1 日，南京雨花台烈士纪念馆正式对外开放，邓小平同志题写的"雨花台烈士纪念馆"馆名镌刻在门额上方。著名雨花英烈谭寿林的事迹陈列在馆内第一展厅的醒目位置，供后人瞻仰和学习。

四、"贺英已死钱瑛在"

1929 年 1 月至 1930 年 4 月，在贺龙、
周逸群等人领导下，经过艰苦斗争，先后创
建了湘鄂边革命根据地和洪湖革命根据地。
1930 年 7 月，红四军、红六军合编为红二军
团。9 月，中共湘鄂西特委和湘鄂西苏维埃政
府成立，标志着湘鄂西革命根据地正式形成。

夏曦

1931 年 3 月，中共湘鄂西中央分局在湖
北监利桥市镇成立，夏曦任书记，贺龙、关
向应、徐锡根、段德昌、宋盘铭任委员。湘
鄂西中央分局领导湘鄂西特委、湘鄂西省
委、鄂豫边特委、鄂豫边临时省委，并指导湘鄂赣省委。湘鄂西革命根
据地是仅次于中央苏区和鄂豫皖苏区的革命根据地。

1931 年春，钱瑛到达湘鄂西革命根据地，先后担任湘鄂西中央分
局职工委员会委员、常委兼秘书长等职，她把组织发动群众、建立雇
农工会及贫农团作为工作重点。1931 年 3 月 10 日，钱瑛在《论怎样
建立乡村工会》一文中指出："加紧建立和发展群众的组织，是我们目
前刻不容缓的任务，特别注意最受压迫、生活最痛苦的乡村工人"，应
"即刻地建立乡村工人的阶级工会"。文章分析了中国半殖民地半封建
社会的经济特点，是"造成乡村工人的社会成分及其被雇佣形式的复
杂，文化方面也是异常的落后"的原因，改变这一状态"要动员最觉
悟最有经验的城市工人竭力地去帮助他们这些最薄弱的兄弟，并且要
普遍的［地］提高乡村工人自己的文化程度，打破他们的一切封建思

贺龙

想与宗教迷信，发展他们的阶级觉悟和政治认识"。文章最后强调要吸收乡村工人中的积极分子参加各项革命活动，"经常地加紧训练工作，以造就工会的干部，只有这样才能建立乡村无产阶级的阶级工会"。在钱瑛的积极努力下，湘鄂西革命根据地的雇农工会逐步建立和发展起来。1931年5月6日，钱瑛、张敬之在《自湘鄂西致全总信》中汇报说："监利已有雇农工会的组织，会员约八百余人，沔阳、汉川的雇农工会才刚开始组织。"[9]

钱瑛担任潜江县委组织部部长和县委书记后，领导农村普遍发展苏维埃及农民协会等群众组织，掀起了打土豪、分田地运动，很快打开城镇工作的新局面。当时王明"左"倾错误已经影响到湘鄂西革命根据地，如在土地革命中，地主不分田，富农分坏田、远田；侵犯中农利益，没收资本家财产等，加上国民党对苏区的经济封锁和造谣，曾一度使潜江县城许多店铺关门不做生意，市面冷冷清清，进城的农民连食盐也买不到。钱瑛根据贺龙的指示，检查研究了对中小商人的政策执行情况，提出了纠正的办法。她一面召集工会干部开会，对大家进行政策观念的教育；一面派人去做关店停业、举家逃到张港的商人吴贤仁的思想工作，动员他回潜江县继续营业。在吴贤仁恢复营业的影响下，其他一些中小商人也陆续回城，"左"的错误影响才得以肃清，市场逐渐恢复正常。

同年7月，国民党军队集结24个团的兵力向湘鄂西革命根据地发动第三次"围剿"。与此同时，长江中下游发生百年未遇的特大洪水，洪湖地区受涝面积达80%。7月下旬，敌军枪击监利上车湾修堤抢险的群众，并掘开江堤，水淹根据地，致使"监利、沔阳、汉川、江陵苏区（江左全部苏区）95%被水淹没，一片汪洋，如困大海，灾民百万"。钱瑛始终站在防汛第一线，积极组织群众抢险救灾。8月底，洪水开始退落，钱瑛领导群众生产自救，提出"水下一寸插（秧）一寸，水下一尺插（秧）一尺"的口号，掀起"赶秋运动"。为了解决种子、耕牛和农具等方面的困难，他们采取筹集资金，发放贷款，赶制锄头、犁耙，创办合作社和武装到白区购买紧缺物资等措施，取得了抗灾斗争的胜利。

湘鄂西中央分局、湘鄂西省总工会等机构所在地——洪湖瞿家湾。

钱瑛深知建立工农武装的重要性，经过艰苦努力，在潜江县建立了一支由几百人组成的游击队，通过加强政治教育和军事训练，很快形成了较强的战斗力。这支游击队曾3次阻击敌军的窜犯，配合红军4次进占潜江县城，沉重打击了地主武装白极会。

1932年6月，国民政府军事委员会集中10万兵力，在鄂豫皖三省"剿匪"总司令部之下组成左路军，任命湖北省政府主席何成濬为司令官，第十军军长徐源泉为副司令官兼总指挥，对湘鄂西革命根据地进行第四次"围剿"。第二十一军5个团从北面占领了浩子口和潜江一线。范绍增的第四师从沙市向苏区进犯，气势汹汹地直扑老新口、龙湾、张金河一带，直奔湘鄂西中央分局所在地周老咀。范绍增狂妄地扬言："三天以内要在周老咀会师，踏平苏区老巢，消灭共产党。"范绍增根据一名红军叛徒的情报，获悉主力红军在外，遂率部直扑新沟嘴。敌段毅率领二十一军独立师的 4 个团也从南面进占了陈舵子口和徐埠。

当时，红三军只有一个警卫团在根据地留守，形势十分危急。钱瑛闻讯后，立即率领 300 多名游击队员，连夜赶到数十里外的路河地区，绕到敌人的背后，突然发起袭击，紧紧咬住敌人的尾巴，大大减轻了警卫团正面作战的压力。敌人遭到前堵后截，一时惊慌失措，不敢前进。红三军主力闻讯后从襄北昼夜兼程赶回来，与警卫团和游击队关起门来打狗，一举将敌人全部歼灭。

在担任中共湘鄂西临时省委巡视员期间，钱瑛经常深入沔阳、潜江、监利等地检查工作。当时，在苏区与白区交界的地方，双方群众的对立情绪异常严重，凡是来自对方的人被抓住后立即杀害。钱瑛多次教育苏区的干部，要善于分清敌我，捉到来自白区的群众后，不能乱杀，要放回去，要设法消除交界地区群众之间的对立，这样才有利于革命工作的展开。

1932 年 9 月，红军主力被迫撤出洪湖苏区。夏曦、杨光华命令钱瑛到沔阳沙湖区，寻找潜江县委书记带领的独立团。因形势险恶，区委已经决定撤退，连夜赶到沙湖的钱瑛在与区委一道撤退的途中与其他人走散。

孤身一人的钱瑛化名陈秀英，装扮成农村妇女，身穿蓝印花布褂，头戴草帽，混在群众之中。在沔阳通海口镇，敌人发现她是外地人，便将她扣留并严加审讯。钱瑛身上有一块谭寿林留给她的怀表，如果被搜出必将带来更大麻烦，她只好借上厕所之机，忍痛把怀表埋掉。

敌人将钱瑛关在老百姓家里进行审问，钱瑛谎称二姐夫童勉之从汉口贩药材来此做买卖，很久未回家，二姐钱轩不放心，特地要她到这里来找姐夫。有一位农村老大娘挺身而出为她作证。钱瑛又通过童勉之的关系，请当地王福记药铺出面作保才获释。脱离虎口后，她化装成一个跛足农妇，提着个破篮子，沿途乞讨到汉口童万泰药铺。为了避免引起敌人的注意，钱轩给钱瑛在汉阳租了一间房子，让家里人陪她同住。自从钱瑛参加革命后，全家人整天为她提心吊胆。在汉阳隐蔽期间，钱轩等人苦苦劝她放弃革命，都被她拒绝了。两个多月后，钱瑛赶到上海寻找党组织。

敌人对钱瑛恨之入骨，多次造谣宣称已经将她抓住处决。1933年1月25日，敌人在《社会新闻》上刊登一篇题为《匪中一贞姑，誓抱独身志》的文章："著名共产党员钱秀英，年仅二十三岁"，"不知何时，忽加入共产党，不久派赴俄国留学。返国后，即任共党重要工作，常骑马率共匪冲锋陷阵，与剿匪军作殊死战，在保卫局长任内，杀人亦甚多。但彼仍坚守贞操，誓抱独身主义，凛然不可犯，此为最可异处。匪首贺龙甚尊敬之，常呼之为钱先生，外传系贺龙之妹者误也。后在周家咀被义勇队所杀"。

钱瑛在湘鄂西革命根据地的战斗经历一直被当地群众广为传颂。1961年，歌剧《洪湖赤卫队》在北京上演，几乎是在一夜之间，以钱瑛、贺英为原型的赤卫队队长韩英和主题曲《洪湖水，浪打浪》红遍全国。贺龙观看歌剧《洪湖赤卫队》后，高兴地拍着中共中央统战部副部长张执一的肩膀说："这个剧编得好，演得也好，台上的韩英典型地再现了当年的钱瑛同志。"1961年7月29日，张执一在《人民日报》发表《观〈洪湖赤卫队〉歌剧忆江汉湖区》一诗，给予钱瑛高度评价：

电影《洪湖赤卫队》海报

汉江儿女曲翻新，一片乡音处处闻。

> 争唱洪湖赤卫队，街头巷尾说韩英。
>
> 一面红旗向日升，几多血汗染将成！
>
> 贺英已死钱英［瑛］在，留得英雄儿女型。

钱瑛也观看了歌剧《洪湖赤卫队》，亲切接见了演职人员，并心潮澎湃地赋诗一首：

> 回首湖滨三十秋，几番风雨几多愁。
>
> 狂飙蒋匪同为敌，鱼米家园两不留。
>
> 杀敌抗洪双苦战，红军义士血争流。
>
> 英雄智勇贯古今，一曲名扬震五洲。

第二章
狱中顽强抗争　方显英雄本色

一、遭叛徒出卖在上海被捕

　　1932 年年底，钱瑛来到上海，根据亲朋们提供的地址，找到公共租界赫德路正明里，敲响已经举家搬迁到上海的钱亦石家大门。钱远铎开门看到钱瑛顿时惊呆了，半晌说不出话来。钱瑛见状笑着问钱远铎："你不认识我了吗?"钱远铎这才说明事情的缘由:原来，数月前上海《申报》曾刊登一条消息:"潜江女匪钱瑛落网，就地正法，枭首示众。"钱瑛一听高兴地说:"这就好了，敌人说我死了，我就可以活动了，这样我在上海工作就没有后顾之忧了。"钱亦石在上海除了从事翻译工作外，还与地下党保持密切联系，在他的帮助下，半个月后钱瑛与党组织取得了联系。

　　1931 年至 1934 年，中国共产党的城市工作遭遇灭顶之灾。1931年 4 月，中央政治局候补委员顾顺章在武汉被捕叛变；6 月，中央政治局常务委员会主席向忠发在上海被捕叛变。国民党特务机关积极推行"自首政策"，利用叛徒进行追捕、指认、诱降、迫降等活动，致使地下党组织遭受日趋严重的破

钱远铎（左）、钱远镜（右）

坏。1932 年，曾在中共中央、团中央、中华全国总工会和中共江苏省委担任领导职务的徐锡根、黄平、余飞、徐炳根、袁炳辉等人相继被捕叛变，严重危及中共中央和江苏省委的安全。1933 年 1 月，以秦邦宪为主要负责人的中共临时中央政治局被迫迁入中央革命根据地，上海笼

罩在白色恐怖之中。[1] 钱瑛在这个时候来到上海，注定要经历人生最严峻的考验。

1932 年 11 月，中共临时中央政治局调整江苏省委领导班子，章汉夫任书记，陈潭秋任秘书长，黄励任组织部部长，江盛荻任宣传部部长，陶铸任军委负责人，周超英任妇女部部长。[2] 不久，根据江苏省委的安排，钱瑛担任周超英的秘书。周超英是一个没有文化的女工，曾任县委书记和省委巡视员的钱瑛不计较个人得失，尽心尽职地做好秘书工作。为了躲避敌人的追捕，出于安全考虑，钱瑛化名彭友姑，隐瞒了在湘鄂西革命根据地闹革命的经历，就是这样一个简单的防范措施，后来救了她一命。

1933 年 4 月，周超英被捕叛变，带领国民党特工总部上海行动区的特务去抓捕钱瑛。面对敌人黑洞洞的枪口，钱瑛愤怒地冲上去打了周超英一个耳光，结果遭到特务们的毒打。

钱瑛被羁押在国民党上海市警察局看守所，一进门先是例行审讯，交代姓名、年龄、籍贯、住址、职业等，接着就是搜身，特务们不仅将钱瑛身上的钢笔、钞票、钥匙等零星用品全部没收，连裤带也搜走。从审讯室到牢房要经过两间刑讯室，这里光线阴暗、寒气袭人，摆放着老虎凳、钉板、电椅等多种刑具，空气中弥漫着一股血腥味，仿佛回荡着受刑者的抽泣、呻吟和惨叫。一跨进牢房，钱瑛就发现了被关押在此的夏之栩。因为看守就在身旁，她俩只能佯装互不相识。

夏之栩，1906 年出生于浙江海宁，1923 年加入中国共产党，先后任北方区团委委员、中共中央秘书处秘书等职，与中国共产党早期领导人赵世炎结婚后，1929 年赴莫斯科中山大学学习，1932 年被分配到中华全国总工会女工部工作，1933 年因叛徒出卖在上海被捕。

等到夜深人静时，钱瑛悄悄告诉夏之栩：自己从洪湖到上海不久，现在化名彭友姑，自称是湖南人，没有暴露身份。夏之栩也将自己的情况告诉钱瑛，她俩相互勉励，决心与敌人斗争到底。

第二天一早，钱瑛被带到二楼的审讯室。只见房间正中放了一张大餐桌，上面铺着蓝色桌布，放有一只花瓶，正面墙壁上贴着蒋介石的戎装像，两边挂着孙中山的一副对联："革命尚未成功；同志仍须努力。"

特务命令钱瑛坐在桌前的一张木椅上，一个身着笔挺灰色中山装、戴着宽边大眼镜的特务"笃笃"地走了进来，在餐桌正中的高背椅子上落座，随即开始询问钱瑛的姓名、年龄和被捕前的职业。钱瑛按照以前编好的口供复述一遍，话还没有说完就被这个特务打断了："你不要再胡扯了，你是中共江苏省委妇女部部长周超英的秘书，你的顶头上司周超英已经向我们交代了。现在的问题不是你承不承认，而是自新不自新。我看你也是个人才，只要你悔过自新，政府是会从宽处理，并且量才录用的。"钱瑛一口咬定自己叫彭友姑，是湖南人，经朋友介绍给周超英跑跑腿。主审特务费了半天口舌未见成效，只好以威胁的口吻说："你的案情重大，又不肯自首，我们只好送你到南京去解决了。"

钱瑛回到牢房后，混杂在犯人中的叛徒们故作窃窃私语："上海的官司好打，南京的官司难挨啊！""听说南京方面派人到德国、意大利考察，单是买回来剥人皮的机器就有几十种呢！"钱瑛对敌人的凶残早有思想准备，此刻佯装听不见。很快，敌人将钱瑛和夏之栩从上海押送到南京首都宪兵司令部看守所，与被捕的江苏省委组织部部长黄励关押在同一间牢房里。

黄励，女，1905 年 3 月出生于湖南益阳的一个贫民家庭，1924 年考入武昌中华大学文科，1925 年加入中国共产党，当时湖北全省共产党员仅有 99 人，女性共产党员更是屈指可数。1925 年 10 月，黄励作为湖北选派生赴莫斯科中山大学学习，1926 年与同学杨放之在莫斯科中山大学结婚。

1927 年夏，黄励以优异成绩毕业，被分配到莫斯科中山大学党的

黄励与丈夫杨放之在莫斯科郊外的合影

建设教研室工作，杨放之则留校担任经济地理教员。1928年秋，黄励跟随中共中央驻共产国际代表团团长瞿秋白赴柏林，参加世界反帝大同盟代表大会，帮助瞿秋白搜集材料，准备发言提纲，夜以继日地工作，圆满完成了任务。

1929年9月，第二次太平洋地区职工代表会议在符拉迪沃斯托克（海参崴）举行，黄励与杨放之跟随中共中央驻共产国际代表团成员邓中夏参加会议。与会的美、日、中、朝等国代表一致认为，由于蒋介石叛变革命，制造白色恐怖，太平洋职工书记处无法在中国继续工作，决定由汉口迁往符拉迪沃斯托克，创办《太平洋工人》月刊，用日、中、朝三国文字出版。会后，黄励和杨放之留在符拉迪沃斯托克，负责《太平洋工人》月刊中文版的编辑工作。他们编辑的刊物在符拉迪沃斯托克和中国东北几省流传，鼓舞了当地人民的斗争热情。

1931年9月，黄励和杨放之结束在苏联6年的学习和工作，回到中共中央领导机关所在地——上海。根据规定的联络办法，他们先到康脑脱路（今康定路）一个出租小人书的书摊，把真实姓名、所住旅馆、接头暗号等写在纸条上，夹在小人书里，交给看书摊的一位朱姓同志。地下交通员晚上到朱姓同志处取走纸条，第二天到旅馆与黄励夫妇接头，再将情况报告中共中央组织部。

在党组织的安排下，黄励担任上海互济总会主任兼中共党团书记，杨放之担任江苏省委党报委员会委员。黄励积极组织互济总会会员寻找可靠的社会关系，动员被捕人员的家属或者亲属出面，用群众的力量迫使国民政府释放被捕人员，必要时聘请律师辩护，尽量减少刑期，千方百计地开展营救工作。1932 年 4 月，杨放之在上海英租界被捕，被关押在上海提篮桥监狱。提篮桥监狱由英国管辖，时称华德路监狱，坊间又称"外国监狱""西牢"。黄励一方面积极组织营救，另一方面更加忘我地投入工作。1932 年 11 月，黄励任江苏省委组织部部长，在极端困难的条件下，积极发展党的组织，加强党的支部建设。

1926 年，黄励与莫斯科中山大学部分师生合影，第二排右二为黄励。

1933 年 4 月，黄励的秘书周光亚被捕叛变。4 月 25 日，周光亚带领国民党军警和法国巡捕将黄励逮捕。法租界巡捕房当天就应国民政府的要求，将黄励移交给江苏省高等法院第三分院。法院第二天开庭审理，草草走过场，审判官宣布："根据本法庭审理结果，被告张秀兰原名黄励，系中共江苏省委组织部部长，有廖平凡(即周光亚) 等人供认。依据《危害民国紧急治罪法》第七条，本庭决定将被告张秀兰交由上海市警察局移提归案讯办。"随后，黄励被押送到南京首都宪兵司令部看守所，与钱瑛、夏之栩关押在同一间牢房。

钱瑛与黄励的经历有很多相似之处。她们都是早年加入中国共产党，黄励是莫斯科中山大学一期生，钱瑛是莫斯科中山大学四期生。她们在莫斯科中山大学相识后，黄励向钱瑛介绍苏联和中山大学的情况，帮助她提高俄语听说能力。1931年两人分别回国，1933年4月又先后在上海被捕。在南京首都宪兵司令部看守所，钱瑛目睹了黄励与敌人英勇斗争的全过程。

看守所内的情况异常复杂，叛徒混杂在犯人之中，几乎每天都有革命志士被押送进来。为了把这些情况及时报告给江苏省委，黄励与狱友陈赓等人一道在看守所里开展策反工作。看守张良诚是安徽人，从小失去父母，青年时流浪到南京，先被国民党抓去当兵，后调入看守所。张良诚为人正直，对叛变投敌的人十分鄙视，对宁死不屈的人十分敬重。黄励认为把张良诚争取过来的可能性很大，便不断找机会与他接触，进行宣传教育，终于感化了张良诚。张良诚同意做狱中的"红色信使"，帮助黄励捎口信、递条子，甚至告知有关叛徒的情况。

经过几次试探性的考察，在确认张良诚忠实可靠的情况下，黄励一连用了几个晚上写了一封长信，将狱中叛徒的情况向狱外的党组织作了详细汇报。当她把这封信交给张良诚时，紧紧握住张良诚的手说："事关重大，你……"张良诚毫不犹豫地说："黄姐，你放心。赴汤蹈火在所不惜，你说过的话，也就是我现在要做的事。"张良诚把信安全带到狱外，完成了黄励交给的任务。

一次，张良诚在为黄励传递消息时，不慎被与黄励同囚一室的胡小妹发现。胡的丈夫是叛徒，她本人又临近分娩，急着要保释出去生孩子，就将此事报告给看守长姚慕儒。胡小妹很快被释放，张良诚则被捕。

在戒备森严的首都宪兵司令部看守所发生看守通敌大案，令国民党当局上上下下深感震惊，首都宪兵司令谷正伦更是恼羞成怒。此案由江苏省高等法院第三分院审理，拟判张良诚6个月有期徒刑，首都宪兵司令部军法处主任贺伟峰担心判得太轻，改报5年有期徒刑。此案报送谷正伦审批时，引起谷正伦勃然大怒，他叫嚷道："我的司令部里竟然出了为共产党办事的人，这还了得！为了杀一儆百，必须将张良诚处以死刑。"首都宪兵司令部和国民党特工总部认定黄励是策反张良诚的"罪魁祸首"，国民党中央党部作出迅速处决黄励的决定。

南京首都宪兵司令部看守所。谭寿林、钱瑛夫妇曾先后被关押于此。

黄励预感到自己剩下的时间不多了，在牢房墙上写下"雨花台，雨花台，红骨都在那里埋"的豪言壮语。每当难友们关心地询问时，她总是拍拍后脑勺幽默地说："快了，快了，快到雨花台了！"看守们背后议论说："共产党真厉害，黄励就像水一样，哪里都流得进去。咱们这里是什么地方？哪天不杀人，可她就是不在乎，照样唱歌谈笑，照样宣传共产主义。"

在黄励英勇就义的前夜，钱瑛、夏之栩含泪为她准备了一套干净衣服，狱友们把外面送来的小菜凑在一起，以水代酒给她"送行"。在生命的最后时刻，黄励回忆起自己20多年的人生历程，更加思念仍在狱中的丈夫杨放之，她剪下自己的一缕青丝交给钱瑛说："头发受之父母，我剪下一绺，请你出狱后交给老杨。他这时也正在西牢里，受着敌人的折磨，他也在斗争……"说完眼带泪花，凝视着铁窗外，心情久久不能平静。

1933 年 7 月 5 日，女看守敲打着牢门，大声地喊道："黄励，黄励……"夏之栩听到叫声，伤心地推了推正在安睡的黄励说："黄励，黄励，醒醒，看守叫你。"黄励把同志们送给她的衣服穿好，把自己的衣服留给钱瑛、夏之栩做纪念，然后从容地走出牢房，一面走一面高呼："打倒国民党反动派！""中国共产党万岁！"接着又唱起《国际歌》，歌声震动了看守所，难友们从睡梦中惊醒，纷纷从门窗缝里往外探望，含泪送别黄励。

在囚车上，黄励向行刑的士兵们进行最后一次宣传，她说："你们大家都是穷苦人，穷苦人都有爱国心的。我们为了爱国，为了争取收复东北失地，反对国民党投降政策，反动派要杀我们，但中国的革命者是杀不完的。一个政府到了靠杀人来维持政权的地步，它还会长久吗？国民党快完了，大家起来斗争吧！中国一定会建成一个没有人压迫人的富强国家……"士兵们从来还没见过一个年轻女子面对死亡如此从容镇定、毫无惧色，个个震惊不已。

在雨花台刑场上，执行官催逼着士兵们立即行刑。士兵们端起步枪，但是一触及黄励的目光，他们的手在颤抖，心在战栗。在执行官的一再威逼下，士兵们手中的枪响了。中国共产党的优秀女儿、年仅 28 岁的黄励倒在血泊之中。20 天后，张良诚也在南京首都宪兵司令部遭到秘密杀害。临刑前，这位国民党士兵也像共产党人一样高呼："打倒蒋介石！""打倒谷正伦！"[3]

黄励英勇就义后，国民党中央党部指示尽快审理钱瑛、夏之栩等人的案件。按照国民政府颁布的《临时约法》，判处人犯必须经过公开审判，并且允许上诉。但国民党反动派大肆屠杀和监禁共产党人，干的是见不得人的勾当，为了逃避舆论谴责，他们依据《危害民国紧急治罪法》，将所有共产党要犯交给特种刑事法庭秘密审判。

在人生最艰难的日子里，谭寿林和黄励的英雄形象日夜萦绕在钱瑛的脑海里，她决心以他们为榜样，抱定必死的信念，在法庭上公开与法官进行辩论。法官诬蔑共产党杀人放火，钱瑛斥责道："你们国民党丧权辱国，自己不去抗日，还不允许别人去抗日，真是岂有此理！"弄得法官张口结舌，给当时担任法庭书记官的年轻人留下了深刻印象，他暗暗惊叹共产党人真了不起。1933 年 7 月 12 日，钱瑛被判处 15 年有期徒刑，夏之栩被判处无期徒刑，移送江苏第一监狱服刑。

钱瑛终身将黄励视为良师益友，经常用黄励的英雄事迹激励自己并教育身边的同志，写过很多纪念黄励的诗词。黄励喜欢菊花，钱瑛每年都亲手栽培菊花，尤其喜欢黄色和白色两种。新中国成立后，她在家中一直悬挂着谭寿林和黄励两位烈士的遗像。

二、四次组织狱中绝食斗争

江苏第一监狱监舍，钱瑛曾被关押于此。

江苏第一监狱位于南京老虎桥 32 号，创建于 1905 年。清朝光绪年间称"江宁罪犯习艺所"，宣统即位后称"江南模范监狱"，北洋时期称"江苏第一监狱"，抗战胜利后改称"首都监狱"，坊间又称"老虎桥监狱"。民国时期，这所监狱因关押过陈独秀、何宝珍、帅孟奇、钱瑛、杨放之、黄静汶、夏之栩、耿建华、宋涟、萧明、彭镜秋、熊天荆、纪钧、陶茅谷、丁惠、刘小浦、林玉娟、朱凝、薛迅、黄海明、黄隽、杨克冰、谭国辅、王根英等革命志士而臭名昭著。

从全国各地押解到南京的女政治犯、女军事犯判刑后全部被关押在江苏第一监狱。1932 年以后，上海、北平等地的中共地下组织陆续遭到破坏，被关进江苏第一监狱的女政治犯越来越多。监狱的条件非常恶劣，牢房密不透风，几个人挤在一间号子里，马桶臭气熏天，晚上蚊子成群来袭，臭虫跳蚤四面出击，令人根本无法入睡。犯人名义上每月有 4 元伙食费，但是经过层层贪污克扣，吃到的只能是掺有很多稗子、沙粒且霉味刺鼻的米饭，干瘪的青菜里很难找到一滴油花。政治犯因为不能到监狱的工场劳动，每天只能吃两顿饭，再健壮的犯人进来后也会被折磨得形销骨立，甚至丢掉性命。钱瑛意识到今后的主要任务就是为生存而斗争了。

钱瑛入狱后，江苏第一监狱的女政治犯已有 28 人，钱瑛、帅孟奇、夏之栩都是担任过重要领导职务的共产党员，很快形成了监狱斗争的领导核心。遇到问题先由她们 3 人商量，然后将意见告诉熊天荆、薛迅等人，再分头传达到其他狱友。

帅孟奇，1897 年出生于湖南汉寿，1926 年加入中国共产党，曾任中共汉寿县委委员，大革命失败后赴苏联莫斯科中山大学学习，回国后担任武汉长江局秘书、江苏省委妇女部部长等职，1932 年因叛徒出卖在上海被捕，被判处无期徒刑。

监狱管理十分严格，女政治犯每天只有放风和晚上倒马桶的时间可以见面，其余时间都被关在牢房里。为了保持各牢房之间的联系，钱瑛等人在狱中发展了两名年龄较小、刑期较短的"小交通员"，以便及时传递消息。一个月后，"小交通员"报告，被关押在狱中的共产国际远东局联络员牛兰夫妇正在进行绝食斗争，牛兰的夫人汪德利曾已经绝食 5 天，随时有生命危险。

牛兰原名雅各布·马特耶维奇·鲁德尼克，1894 年出生于乌克兰，1917 年加入布尔什维克。1927 年中国大革命失败后，共产国际让他携带大量现金以经商为由到欧洲"漂白"身份，1929 年在上海定居，公开身份是泛太平洋产业同盟驻上海办事处的秘书，秘密身份是共产国际远东局联络员。牛兰夫人原名达吉亚娜·尼克莱维亚·玛依仙珂，出生于圣彼得堡一个显赫的贵族世家，1917 年加入布尔什维克，1930 年来到上海，化名汪德利曾，协助丈夫工作。

牛兰夫妇当时的权力非常大，一方面要协调共产国际远东局与中国共产党以及亚洲各国共产党的联系，为去苏联的各国共产党重要领导人办理手续；另一方面还掌控着共产国际从柏林转来的巨额资金，分发给包括中国共产党在内的亚洲各国共产党。

1931年6月1日，英国警察在新加坡逮捕共产国际信使约瑟夫，从他携带的文件中发现了一个上海的信箱号——"邮政信箱205号，海伦诺尔"，便立即把这一情况通报给上海公共租界的英国警方。上海公共租界巡捕据此将牛兰夫妇抓获，同时还带走了他们的儿子吉米和保姆赵杨氏，在他们的几处住宅里搜出600多份文件，尤为重要的是发现了"中共方面的几乎一切文件，包括政治局会议记录，都要通过这个机构报送给莫斯科"，还有共产国际远东局1930年至1931年的账册，以及在上海各银行的数十本存折，存款总额为47000多美元。国民党当局确认牛兰就是共产国际远东局的最高负责人。

牛兰、汪德利曾夫妇

牛兰夫妇被捕后，租界警方进行了多次审讯，牛兰具有丰富的反审讯经验，只承认自己是泛太平洋产业同盟驻上海办事机构的秘书，其他一概拒绝回答。8月10日，牛兰夫妇被引渡给淞沪警备司令部。8月14日深夜，他俩被军警秘密押解到南京江苏第一监狱。不管宋庆龄、爱因斯坦、高尔基、蔡特金、史沫特莱等国际知名人士发起成立的"国际营救牛兰委员会"如何呼吁，不管国际红色救济会如何抗议，国民党有关部门都一概不予理睬。

为了搞清牛兰夫妇的生死，苏联派王牌间谍左尔格出面，通过关系找到负责牛兰案件的国民党特务头子张冲，左尔格提出要看到牛兰的亲笔纸条，张冲提出必须支付2万美元。2万美元在当时是一笔巨款，共产国际支付给中共一个月的开销也只有25000美元。在支付了2万美元后，一张宽2厘米、长六七厘米的纸条送到左尔格手里。左尔格迅速送给熟悉牛兰笔迹的人鉴定，这才确信牛兰夫妇还活着，随即在全世界掀起营救牛兰夫妇的活动。

在强大的舆论压力下，国民党军事法庭不得不在1932年5月对牛兰夫妇进行公开审判。8月19日，以触犯《危害民国紧急治罪法》的罪名，判处牛兰夫妇死刑，同时援引大赦条例，改判无期徒刑。牛兰夫妇强烈要求无罪释放，遭到拒绝后进行绝食斗争。

为了声援牛兰夫妇的绝食斗争，同时也为了改善政治犯的生活条件，钱瑛、帅孟奇和夏之栩等人商量，在动员和征得狱友们同意后，决定立即组织绝食斗争，并向狱方提出5条要求，前4条要求改善物质生活和精神生活，第5条明确提出支援牛兰夫妇的绝食斗争。

钱瑛担心体弱多病的狱友身体挺不住，想让她们迟一点加入绝食队伍，但是大家心很齐，坚持要一道参加绝食斗争。绝食开始前，钱瑛把姐姐钱轩寄来的半支人参分成两份，一份送给年长体弱的帅孟奇，一份送给年幼多病的朱凝，她把生的希望留给狱友，把死的决心留给自己。

阴险狡猾的典狱长对女政治犯采取分化瓦解的办法，先让看守把几个判无期徒刑的拉出去毒打，再对刑期短一些的女政治犯说："你们这些人闹什么？留得青山在，不怕没柴烧。你们判的时间短，关几年就可以出去了，不要跟那几个判无期徒刑的闹，她们是没有指望的，你们还有希望，不要再闹了，赶快吃饭吧！"尽管如此，仍没有一个人动摇。

7天后，女政治犯已经气息奄奄，狱方害怕闹出人命，被迫答应每天早晨增加1顿米粥，每月吃3次肉和1次咸蛋，每月可以购买1次吃、用的东西，允许向外写信借阅除《水浒传》《红楼梦》以外的书籍。考虑到狱方基本接受了5条要求，改善生活条件的目的已经达到，牛兰夫妇也被送到医院抢救，钱瑛等人决定恢复进食，第一次狱中绝食斗争取得了重大胜利。

一个多月后，为了支持何宝珍，钱瑛等人又组织了第二次绝食斗争。

何宝珍，1902年出生于湖南道县，1918年考入衡阳省立第三女子

何宝珍

师范学校。五四运动爆发后，何宝珍作为第三女子师范学校进步学生爱国活动的组织者，被推选为湖南学生联合会负责人之一，1922 年加入中国社会主义青年团，因积极组织学生声援各地的工人运动，揭露军阀、政府和学校的腐败，被学校开除。在中共地下党负责人张秋人的帮助下，何宝珍住到长沙清水塘毛泽东和杨开慧的家里，杨开慧介绍她与刘少奇相识，毛泽东将她的名字"宝珍"改为"葆贞"。[4]

1923 年春，何宝珍加入中国共产党，同年 4 月与刘少奇结婚，先后在长沙、安源、广州、天津、武汉等地从事革命活动。大革命失败后，随刘少奇辗转于华北、东北、上海等地。1932 年，刘少奇离开上海前往中央苏区，何宝珍带着 3 岁的小儿子毛毛（刘允若）在上海坚持地下斗争，化名王芬芳，以教师身份作掩护，继续担任全国互济总会领导兼营救部部长。

1933 年 3 月，中华全国海员工会党团书记廖承志被捕。何宝珍立即通过各种关系开展营救，她多次与张琼、贺树夫妇一道去做廖承志母亲何香凝和有影响的社会人士的工作，很快将廖承志保释出狱，因此引起国民党特务的注意。3 月底，何宝珍在家中被捕，被羁押在国民党上海市警察局。敌人威逼她交代自己的真实身份，她坚持说自己是教师，敌人一口咬定"你不是教师是政治犯"，她装着听不懂说："我只会煮饭，不会蒸饭。"敌人多次对她严刑拷打，始终没有搞清她的真实身份，就把她押送到南京首都宪兵司令部看守所。经过多次审讯，何宝珍仍然未暴露身份，最后被判处 15 年有期徒刑，移送江苏第一监狱服刑。

何宝珍被关在 3 号牢房，同牢房的狱友相互间都有昵称：耿建华年龄最大，又是小脚，被称为"小脚大姐"；帅孟奇年龄居二，因为受刑时眼睛和腿受伤，行动缓慢，被称为"区区"；夏之栩年龄居三，人称"老三"；何宝珍年龄略小，人称"小大姐"。

"小大姐"是个乐天派，会唱戏和唱歌，而且擅长表演，她把京剧《骂毛延寿》的名段换成自己编的新词唱道："骂一声蒋介石你卖国的奸臣，你祖先食君禄应该把忠尽，为什么投番邦你丧尽了良心。"丰富的表情、诙谐的动作，常常逗得大家捧腹大笑。在饭后小放风时，钱瑛等人要"小大姐"表演节目，她也痛痛快快、大大方方地站在门口来上一段，给狱友们带来几分欢乐。

廖承志在租界被捕

1933 年 3 月，廖承志在上海被捕。图为上海《申报》刊登关于廖承志等人被捕的消息。

"小大姐"也有忧伤的时候，每当她呆呆地坐着发愣的时候，大家都知道她是在思念自己的亲人。但"小大姐"毕竟是一个坚强开朗的人，不一会儿就抹去眼角的泪水说："干革命哪顾得了这些，人民不解放，我的孩子也得不到幸福，但愿小宝贝们能在艰苦的环境下挣扎着活下来。"

第一次绝食斗争后，全国互济总会派人给何宝珍送饼干，狱方违背政治犯可以接受监外食品的承诺，未经何宝珍同意就把饼干退回去了。为了维护第一次绝食斗争的成果，钱瑛与何宝珍等人商量后决定找狱方说理。当第二科科长来查监时，何宝珍敲着门质问道："你们答应可以让外面送东西来，现在为什么把我的东西退回去?"第二科科长恼羞成怒，把何宝珍拉出牢房，喝令她跪下后毒打。

在牢房里目睹这一切后，钱瑛挺身而出，大声喊道:"政治犯不受辱! 不许罚跪! 不许打人! 要打就一起打吧!"其他牢房的政治犯也大声喊了起来。第二科科长慌了，赶紧找来几名男看守，每个人手上都拿着竹板子，这时政治犯一齐喊道:"坚决斗争! 绝不屈服!"看守们见此情景，不再让何宝珍下跪，却把7个牢门打开，把政治犯全部叫出来逐个毒打。为了抗议第二科科长等人的暴行，钱瑛等人决定再次绝食。当绝食斗争进行到第四天，狱方被迫同意第一次绝食斗争后答复的条件。

1934年秋，首都宪兵司令部突然又来提审何宝珍。狱友们后来才知道她是被狱中的叛徒出卖了。叛徒也是互济会的会员，曾被关在江苏第一监狱，在其丈夫叛变自首后一度思想动摇。何宝珍发现后利用放风的机会对她进行劝导，帮助她分析情况:"你有孕在身，你丈夫绝不会供出你的，只要你一口咬定自己是个家庭妇女，生孩子时是可以取保释放的。"后来正如何宝珍的判断，她的丈夫没有出卖她，而且在她临产前被保释出狱。

等孩子出生后，她又回到互济会工作，也曾到监狱探望过何宝珍。再次被捕后，经不住严刑逼供，把何宝珍教她的话全部供了出来。敌人断定何宝珍不是一名普通的政治犯，一再追问她的真实身份和她丈夫的情况。何宝珍经受了各种毒刑，仍然拒不供认。无计可施的审判官最后宣布:"是死是活两条路由你自决，如要活命就老实招来，如顽抗则死路一条。"何宝珍坚定地回答:"要口供没有，要命有一条，革命者是杀不尽的!"

1934年深秋的一天，何宝珍带着对丈夫的思念、带着对3个年幼儿女的牵挂，更是带着对党的赤胆忠心，毅然走上雨花台刑场，牺牲时

1958年9月28日，刘少奇和王光美瞻仰南京雨花台烈士墓。

年仅32岁。何宝珍永远也不可能知道，此时她的丈夫刘少奇正率领中央红军第八军团艰难跋涉在两万五千里长征途中；她的3个儿女有的在农村忍饥挨饿，有的被卖给人家当童养媳，有的沦落街头拾破烂，吃尽了苦头；她远在湖南道县的父母何瑞蓉、丁贞娥因不堪生活所迫，在债主的威逼之下双双自缢身亡。

1935年1月，钱瑛在放风时突然发现黄埔军校的战友彭镜秋带着一个幼小的孩子出现在狱中，这才知道她也被捕了。彭镜秋，1900年出生于湖南宜章，1926年考入黄埔军校武汉分校，大革命失败后，经香港转至上海从事地下工作，1928年加入中国共产党。担任过文书、交通员、保管员。1934年在上海因叛徒出卖被捕，被判处5年有期徒刑。

彭镜秋看见钱瑛十分激动，恨不得立即跑上去与钱瑛握手问好，因为身陷囹圄，只能佯装互不相识。几天后，钱瑛与彭镜秋在放风时再次相逢，钱瑛悄悄问彭镜秋："你承认自己是共产党员没有？"彭镜秋说："没有！"钱瑛鼓励她说："我们在第一线同敌人战斗，就要站稳立场！"

隆冬时节，北风呼啸，牢房里四面透风，彭镜秋刚刚入狱，又带着幼小的孩子，衣单被薄，怎么过冬？钱瑛暗暗着急，托熟悉的看守给彭镜秋捎去一床厚被子，并再三叮嘱一定要注意保密。孰料这名看守竟然贪图小利，用狱中的棉被替换了这床棉被。几天后，另一名看守查监时发现彭镜秋多了一床棉被，细看又发现被里是用黑线缝合的，这是监狱棉被特有的标志。

看守认定是有人偷了狱中的棉被送给彭镜秋，就把她带到第二科科长那里审问，问不出结果就气急败坏地打手板，打 10 下问一次，不说就再打 10 下，打了左手再打右手，彭镜秋的手掌被打得又红又肿，但她忍着钻心的疼痛，还是不说一句话，第二科科长没办法，只好下令把她铐起来带回牢房。

钱瑛看见后对第二科科长说："棉被是我送的，天气这么冷，她带着孩子，谁能没有恻隐之心？"第二科科长恼羞成怒地把钱瑛的双手也铐了起来。钱瑛大义凛然地把被铐的双手举到第二科科长眼前说："这本不应该是我受的，给你一点面子。"回到牢房后，钱瑛宣布绝食。此事激起全体女政治犯的怒火，大家立即宣布同时绝食。两天后，狱方被迫让步，去掉钱瑛和彭镜秋的手铐，狱友们胜利复食。

三次绝食斗争令狱方十分恼火，一直在伺机报复。当一名狱友与看守发生争执后，第二科科长当即下令今后除规定的放风时间外，不许政治犯走出牢房，连洗衣服、倒马桶都由普通犯代做。为了维护前三次绝食斗争的成果，同时考虑到狱方的态度，钱瑛、帅孟奇和夏之栩等人决定进行绝食绝水斗争。

在规定的时间里，7个号子的女政治犯全部躺下，交出饭盒和水杯。一个人如果只绝食不绝水，生命可以维持10天左右；如果同时绝食绝水，则最多只能维持7天左右。前两天，大家靠毅力支撑；到第三天一个个头晕眼花，皮肤干燥，全身脱皮；到第四天全身骤冷骤热，肌肉痉挛；到第五天年纪较大的耿建华、帅孟奇等人开始呕吐，吐完胃液吐胆

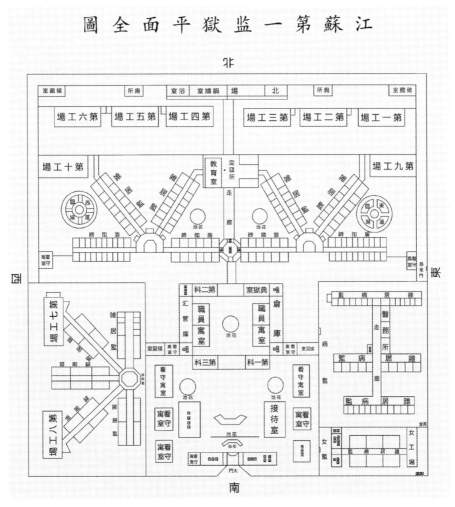

江苏第一监狱平面图，参见1913年出版的《江苏政治年鉴》。

汁，好像五脏六腑都在腹腔里翻滚；到第六天尽管起不来了，说话也没有力气了，但是大家纷纷表示宁肯饿死也不向敌人屈服。狱方担心真出了问题不好向上面交代，第七天一早，典狱长亲自出面找钱瑛等人谈判，钱瑛当面揭露狱方的不人道行为，据理力争合理的生活待遇。典狱长假惺惺地说，有些事情他本人不知道，当即宣布一切恢复原状。这次绝食绝水斗争在钱瑛等人领导下，最终迫使狱方让步。

三、周恩来亲自营救出狱

为了打击迫害共产党人，国民党政府于 1929 年 12 月颁布《反省院条例》；1931 年 3 月颁布《首都反省院组织条例》；1933 年 4 月颁布《修正反省院条例》。1936 年 1 月，成立首都反省院，租用南京党公巷 31 号作为临时院址，财政部拨款 20 万元作为建设费用，在南京和平门外晓庄附近的吉祥村筹建首都反省院。9 月，首都反省院建成，配备院长1 人，下设总务、管理、训育 3 个科和 1 个评判委员会。该院行政上隶属司法行政部，政治上和组织上直属国民党中央执行委员会。

首都反省院关押的人员分为三类：一为被认为叛变共产党不彻底分子；二为坚决不承认自己是共产党的人；三为被认为有共产党嫌疑的人

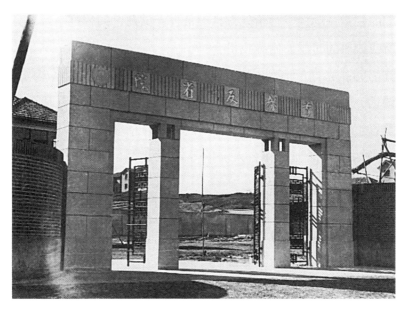

首都反省院大门，钱瑛曾被关押于此。

和思想左倾的人，还有一些原属中统，后被认为对组织不忠、违反特务纪律的人。

首都反省院建好后，首都宪兵司令部将江苏第一监狱的30多名女政治犯全部转移到该院，妄图对她们从思想上进行感化、从生活上进行软化，进一步动摇她们的革命意志。首都反省院根据文化程度将反省人分别编为甲组、乙组、丙组、研究组。甲组是高中以上文化程度的，其中不少是大学生；乙组是中学文化程度的；丙组是小学文化程度和不识字的；研究组的成员均系大学教授、著名作家等。夏之栩等人被分在甲组；钱瑛、薛迅、张越霞、汪淑敏、黄隽、罗静松、郭英、纪钧、萧明等人被分在乙组。这样一来，以钱瑛、夏之栩和帅孟奇为首的狱中斗争核心就被拆散了。[5]

首都反省院的管理办法与江苏第一监狱不同。从表面上看，生活条件有所改善，两人住一间房，每日吃三餐，午饭四菜一汤，两荤两素。但实际上管理很严，吃饭有看守监视，女看守中有一个是叛徒，监视着狱友们的一举一动，经常给院方打小报告。狱友之间很难联系，只能在上厕所或放风的时候偷偷寻找机会。

首都反省院的"训育"方法有授课、讲演、讨论、测验、个别谈话、类别谈话、集合训话、自由阅书以及"反省录"、"党义"研究、笔记、作业及思想行动之考察等项；集合训话又分"总理纪念周"训话、革命纪念会训话、精神训话和名人训话等；"党义"研究又分为个别研究、研究会、讨论会和讲演会等。

钱瑛在首都反省院带领乙组利用一切机会与敌人进行面对面的斗争。院方规定每周要向孙中山遗嘱、国民党党旗三鞠躬，要唱国民党党歌，钱瑛对这些规定一概不予理睬。起初还有人小声唱歌，后来在钱瑛的影响下也都不唱了。

首都反省院规定每天上午上课，下午自习和写日记。学习内容有

《三民主义》《五权宪法》《公民》，重点是学习戴季陶的《孙文主义之哲学的基础》、胡汉民的《三民主义的连环性》、陈立夫的《唯生论》。特务教官在课堂上骂共产党杀人放火、共产共妻。钱瑛站起来毫不畏惧地说："我们不是共产党，也不知道共产党，谁看到共产党在杀人放火，谁看到共产党在共产共妻？"特务教官宣扬三民主义，攻击马列主义，钱瑛当场提出："你说三民主义好，马列主义不好，可以把马列主义的书拿出来比较比较嘛！"常常弄得特务教官十分尴尬。

首都反省院要求政治犯写日记，钱瑛和狱友们商量，利用敌人提供的文具进行斗争。大家在首都反省院发的封面印有"反省日记"的笔记本里，每天书写斗争日记，批驳敌人的诬蔑。1936年11月，绥远抗战爆发后，钱瑛建议狱友们利用这个机会，提出释放政治犯和开赴前线支援抗日的要求。第二天，敌人把钱瑛和另一个狱友关起来，随后又关起来好几位狱友。首都反省院的训育科科长把被关的人员单独叫去训话，软硬兼施，耍尽花招，但始终枉费心机。首都反省院终于撕下伪装，把钱瑛、薛迅等7人关进小号子。

小号子远离女监，是专门关押重犯的牢房。小号子斗室四壁，暗无天日，铁门紧闭，不让走出牢门一步，吃喝拉撒都在号子里，一日两餐，每餐一碗饭、一碗洗锅水。钱瑛绝不妥协，她用头发和拆下来的袜线在衣服上绣梅、兰、竹、菊，用指甲和发卡在墙壁上刻下自己喜爱的诗词，对着牢门上碗口大的通气孔做深呼吸，在斗室里原地跳跃、踏步、做操，坚持不懈地锻炼身体。3个月过去了，院方无计可施，只好把钱瑛等人又送回女监。

国民党规定首都反省院的犯人不论刑期长短，一律以6个月为一期，"反省"好的期满即可释放，否则继续留下"反省"。如果连续3期不能"毕业"，就加判刑期，重新投入监狱。高压之下有人自首后走出首都反省院，还有个别人走上讲堂为反动派效劳，但是绝大多数女政治犯经受住了严峻的考验。

首都反省院保存下来的档案真实记录了钱瑛在狱中的表现，在反省人员一览表中，彭友姑（钱瑛）的名字下面注明"隔别训管"，"从十一月起个别训话"，结论是"思想顽固，言行不良，继续留院反省"。

钱瑛等人在首都反省院顽强抗争之际，国际国内形势发生了深刻而重大的变化。1936 年年底到 1937 年年初，首都反省院里气氛异常，岗哨林立，监管严密，钱瑛意识到国内肯定发生了什么大事。不久，一位保外就医的女政治犯回到首都反省院，带来了西安事变的消息，钱瑛等人这才明白过来，纷纷兴奋地偷偷传递着这一惊人的喜讯。

1937 年 7 月 7 日，卢沟桥事变爆发。7 月中旬，中共中央派周恩来、秦邦宪、林伯渠再上庐山，同国民党谈判发表国共合作宣言、红军改编、苏区改制等问题，并将《中共中央为公布国共合作宣言》送交蒋介石。7 月 17 日，蒋介石在庐山发表谈话指出："卢沟桥事变已到了退让的最后关头"，"如果战端一开，就是地无分南北，年无分老幼，无论何人，皆有守土抗战之责任，皆应抱定牺牲一切之决心……"波澜壮阔的全民族抗战随之全面展开。

1937 年 8 月 14 日夜，钱瑛躺在牢房的床上，忽然听到飞机掠过头顶的呼啸声和轰鸣声，接着爆炸声此起彼伏，探照灯交叉形成的光柱格外刺眼，紧接着就听到高射炮对空射击声。大家纷纷披衣而起，惊疑不定。这时看守们在监舍外高叫着："趴在窗口干什么？赶快躺下，躺下！"

日军飞机投下的炸弹打破了首都反省院的严密封锁，看守们心慌意乱，管理上也松懈了一些。一个小勤杂工偷偷告诉张越霞："国共真的合作了。"张越霞马上将此事告诉钱瑛，她俩又分头告诉更多的人，大家预感时局将会发生重大变化，渴望着早日获得自由。

8 月 9 日，周恩来、朱德、叶剑英飞抵南京，参加国民政府军事委

1937 年 8 月，参加国民政府军事委员会国防会议的国共两党谈判代表在南京黄琪翔庭院合影。右起：朱德、周恩来、黄琪翔、郭秀仪、叶剑英、张群。

员会国防会议，商谈国共合作具体事项。周恩来此行还肩负着一项重大使命，即解救被关押在各地反省院和监狱的大量政治犯，他利用与国民党谈判合作之机，多次提出释放一切政治犯的要求。国民党当局迫于形势，于 8 月 16 日发布了《战时监犯服军役办法》。根据这个办法，蒋介石不得不同意周恩来到首都反省院看望和营救被关押的政治犯。

8 月 18 日，国防会议结束的第二天上午，周恩来和叶剑英乘车沿着南京东北太平门外晓庄附近的公路，来到位于吉祥村 1 号的首都反省院，首都反省院院长廖家楠等人在大门口迎接。走进院长办公室，周恩来开门见山地说："我们这次来京的目的，想必廖院长已有所耳闻，国共第二次合作抗日的局面已经形成，两党捐弃前嫌，一致对外。所以我想看看你院的政治犯名册，了解一下关押了多少人，以便呈请中央党部全部释放这些政治犯。"

廖家楠把反省人员花名册交给周恩来后说："全部人员名单就在这里。"周恩来看了花名册后说："偌大的首都反省院，难道就关押不到200人？"廖家楠解释道："去年1月我院正式成立，直到9月新院建成后，反省人员才迁到这里。原定能接纳反省人员500人，但是从民国二十四年起入院反省人员只有91人，从去年9月间迁到这里后也不过数十人。"周恩来翻阅花名册后告诉廖家楠："我要见王根英、夏之栩、张琴秋3人。"

王根英，1907年出生于上海浦东，1925年加入中国共产党，曾任中华全国总工会委员、女工部部长、江苏省委妇女部部长。在周恩来的直接领导下，她与丈夫陈赓一起负责中央特科的情报工作，1933年因叛徒出卖在上海被捕，被判处8年有期徒刑。

张琴秋，1904年出生于浙江桐乡，1924年加入中国共产党，1925年赴莫斯科中山大学学习，曾任红军西路军政治部组织部部长，是红军著名的女将领，也是红四方面军总政委陈昌浩的夫人。西路军失败后被俘，由于叛徒出卖，在身份暴露后于1937年8月被押解到南京。

王根英、夏之栩、张琴秋3人随后被带到办公室，与周恩来、叶剑英见面。惊喜过后，周恩来对廖家楠说："我今天要把她们3人带走。"廖家楠回答："王根英和夏之栩今天可以带走，但是张琴

王根英

张琴秋

秋不行。"周恩来问:"为什么?"廖家楠解释说:"张琴秋不是政治犯,而是战俘,是西安行营顾长官祝同寄押在这里的,如要保释必须经他批准,不然兄弟我就要受处分!"

熊天荆

周恩来说:"那就换一个吧。顾祝同就在南京,担任三战区副司令长官,我去找他交涉,反正早晚要出来,不差这一两天。"夏之栩趁机提出用熊天荆调换,理由是熊天荆患有肺病,每天咳血不止,不带走会死在首都反省院。

熊天荆,1902年出生于江苏青浦,1926年加入中国共产党,曾任上海区委部委委员,参加上海工人第三次武装起义,1927年赴莫斯科中山大学学习,1929年被派到符拉迪沃斯托克(海参崴),任煤矿和轻纱业指导员,1932年回国后任宋庆龄领导的国民御侮自救会党团书记,同年5月因叛徒出卖在上海被捕,被判处10年有期徒刑,在狱中身患重病仍坚持参加绝食斗争。

廖家楠同意调换熊天荆,在一旁的管理科科长拿出首都反省院出院保状说:"人要走可以,但必须有保人填写具保状。"周恩来接过具保状,只见上面写着:"今保得反省人某某某,自出院之日起,愿负随时监视之责,被保人如有反动情事,不予事先报告或经传唤而不到者,甘受连坐处分。"

周恩来幽默地对廖家楠说:"你看,我和叶剑英担保可以吗?"廖家楠连连点头说:"行,行!周先生要保还能不行吗!"周恩来填写保单后,接着提出要和所有的反省人员见面,廖家楠立即派人把全体反省人都叫到礼堂集合。

当周恩来和叶剑英出现在礼堂主席台上时,大家瞬间惊呆了,掌声

1937年9月，出狱后的钱瑛（中）与狱友夏之栩（左）、张越霞（右）合影。（童小鹏摄）

和欢呼声顿时淹没了整个礼堂，钱瑛的眼泪像开闸的洪水夺眶而出。周恩来通报了西安事变、卢沟桥事变、国共两党第二次合作，红军及南方八省游击队将改编为国民革命军第八路军、陆军新编第四军，并在南京、重庆、西安、武汉等地成立八路军办事处等重要情况。钱瑛等人听了热血沸腾，恨不得立即出狱奔赴抗日前线。

根据周恩来的指示，八路军驻京办事处机要科科长童小鹏当天下午带车到首都反省院，将王根英、夏之栩、熊天荆接到八路军办事处。她们立即向周恩来、叶剑英汇报了首都反省院的情况和钱瑛等人所用的化名，叶剑英亲自向国民政府军政部部长何应钦点名要人。首都反省院对钱瑛在狱中带头闹事恨之入骨，千方百计阻止她出狱，每天叫她为前方抗日将士做服装和被褥，一直拖到9月份还不放人。钱瑛质问廖家楠："我们是为了抗日反帝才坐的牢，而今既然是对日作战、国共合作了，为什么还不释放我们？把我们留在这里，岂不是减少了抗日的力量？"首都反省院先是把她转移到别的监舍严加"管教"，接着又送来带有"自首书"3个字的油印纸，让她"随便写"，遭到钱瑛的严词拒绝。有的女政治犯把"自首书"涂掉，改写为"抗日书"，然后写上到抗日前线杀敌的要求。[6]

　　经过激烈斗争和反复交涉，在日军飞机轰炸最厉害的 9 月 25 日，钱瑛带领首都反省院里最后 13 名政治犯终于跨出这座炼狱之门。从 1933 年 4 月被捕，到 1937 年 9 月获释，钱瑛在国民党江苏第一监狱和首都反省院一共被关押了 4 年零 5 个月。

四、在秦邦宪的领导下审查政治犯

1937年9月,南京傅厚岗66号八路军驻京办事处。(童小鹏摄)

卢沟桥事变后,中华民族面临亡国的严重危险。中国共产党秉持民族大义,担负救亡重任,高举团结抗战旗帜,经过多次谈判,与国民党达成了共同抗日的协议。1937年9月22日,国民党中央通讯社发表《中共中央为公布国共合作宣言》。次日,蒋介石发表实际上承认中国共产党在全国合法地位的谈话。中国工农红军主力被改编为国民革命军第八路军,南方八省游击队被改编为国民革命军陆军新编第四军,国共两党开始了第二次合作,抗日民族统一战线正式形成。为了加强国共两党的联系,经双方协商同意,中共中央在南京傅厚岗66号设立八路军驻京办事处,对外简称"八办"。

钱瑛出狱的当天,即由"八办"工作人员接到傅厚岗66号,受到中共中央书记处书记秦邦宪的亲切接见。秦邦宪是中国共产党早期领导人,1907年出生于江苏无锡,1925年10月加入中国共产党,1926年11月赴莫斯科中山大学学习,俄文名叫"博古诺夫","博古"一名由此而来。在校学习期间,秦邦宪结识了比他高一届的王明,形成一个以王明为核心的28个中国留学生组成的小宗派,号称"二十八个半布尔什维克"。1930年5月秦邦宪回国，先后担任共产主义青年团中央总书记、临时中央政治局总负责人。1934年1月，党的六届五中全会选举产生了中共中央书记处，秦邦宪为中央主要领导人。1935年1月，在遵义会议上被解除中共最高领导职务。1936年12月，协助周恩来和平解决西安事变。1937年任中共中央组织部部长。

钱瑛向秦邦宪简要汇报了自己被捕的经过，并递上首都宪兵司令部军法处的判决书。此前，秦邦宪已经通过张越霞、夏之栩、熊天荆等人了解到钱瑛在狱中的表现，十分钦佩自己的这位校友，他微笑着说："你的情况我们都知道了，可以立即恢复党籍，在这里帮助工作。你对江苏第一监狱和首都反省院的情况比较熟悉，请你参加政治犯审查小组工作，负责审查从各地监狱释放出来的党员干部，凡是没有问题的，可以送到延安去，也可以到长江中下游重建各省的党组织，现在各方面都需要干部啊！"钱瑛刚出狱就受到党的信任和重用，一股暖流涌上心头。

1937年，秦邦宪（中）、叶剑英（左）、李克农（右）在南京傅厚岗66号八路军驻京办事处合影。（童小鹏摄）

童小鹏在其回忆录《风雨四十年》中记载了这一段历史："8月到10月，从南京、苏州、上海、杭州等地监狱、反省院先后释放的政治犯，经过八路军驻京办事处接待的共约千人。其中重要的干部有黄文杰、刘顺元、李世农、王凯、郑绍文、王鹤寿、陶铸、方毅、石磊、钱瑛、张琴秋、刘宁一、萧桂昌、喻屏、林理明、张恺帆、顾玉良、曹获秋、彭康、邓垦等。秦邦宪、叶剑英和李克农商量，指定有组织工作经验和了解狱中情况的黄文杰、刘顺元、王鹤寿、李世农、刘宁一、钱瑛、夏之栩、方毅等负责出狱人员的登记、审查和接待工作。"[7]

"八办"主楼是一栋两层高并带有阁楼的西式洋房，上下仅有6间住房，无法容纳更多的人在里面办公。负责办事处日常工作的李克农到附近的西流湾1号租了5间平房，让政治犯审查小组的同志们住进去。这里条件艰苦，没有床铺，大家就睡在地板上；被子不够，就两个人合盖一床。从中央军人监狱释放出来的王范，是1926年入党的老同志，文化水平较低，便自告奋勇地承担起一切杂务，并帮助雇来的厨娘买菜烧饭。审查出狱政治犯的工作，就在这种极其简陋的条件下、在极其融洽的氛围中开展起来。

大批从各地监狱释放出来的政治犯拥入"八办"，这些人有的身体有病，有的衣衫褴褛，有的无家可归，李克农在鼓楼租下一家旅馆专门用来接待他们。钱瑛和审查小组成员满腔热情地做好接待工作，先是给予登记，然后安排住处，再发零用钱给他们洗澡、看病、购买换洗衣服，尽快把他们安顿下来。

审查工作进展得比较顺利，因为审查小组成员对各个监狱的情况比较熟悉，对政治犯在狱中的表现也比较了解。前来报到的政治犯，大多带了判决书，上面写明了被捕后有没有向国民党自首的情况。审查小组先找他们个别谈话，请他们撰写出狱报告，帮助查找证明人，然后提交审查小组集体讨论，作出结论后报叶剑英审批。

个别人的情况比较复杂。当审查到陶铸时，有人提出这样的疑问：陶铸与王善堂在1933年同时被捕，王善堂供出陶铸是中共福州中心市委书记，后来被敌人枪毙了。陶铸没有自首，为什么只被判无期徒刑，没有被枪毙？刘顺元等人分析认为，王善堂曾经两次被捕，每次被捕自首以后，又混进共产党内，被派到国民党军队里搞策反，国民党对他十分恼火。陶铸是黄埔军校五期生，国民党对他还抱有幻想，国民党军法处的个别法官也有正义感，他们看到陶铸坚贞不屈，从内心感到钦佩，不忍心加以杀害。这样入情入理的分析，很快统一了大家的思想。

审查小组的成员都有被叛徒出卖的经历，所以非常憎恨叛徒，审查中也有偏严之处。有一段时间，国民党允许一些刑期未满的政治犯取保释放，但规定本人必须写出保证书，表示拥护三民主义，今后不再参加政治活动。审查小组认为，如果只是在敌人印刷好的表格上签字，可以不认定为自首；如果是自己动手写，则认定为自首。对自首分子也没有采取任何极端措施，只是不再恢复党籍，发放路费后动员回乡参加抗日战争。

经过一个多月的紧张工作，审查小组先后审查了 1000 多名干部，其中 700 多人被认定没有问题，分批送赴延安和长江中下游各省。这一次审查政治犯工作在秦邦宪、叶剑英直接领导下，没有出现一起冤假错案，绝大多数被审查的干部心情愉快地走上新的工作岗位，后来成为开辟抗日根据地的领导骨干、创建中华人民共和国的有功之臣。审查政治犯工作告一段落后，秦邦宪即找审查小组成员个别谈话，分配他们到长江中下游各省去工作，钱瑛被分配到湖北省。

第三章

公开转入隐蔽　领导地下斗争

一、重建和发展湖北党组织

全国抗战全面爆发后不久，中共中央就根据包括湖北在内的中国南部中共党组织力量十分薄弱和武汉政治地位日益提高的状况，在与国民党谈判中提出在武汉设立八路军办事处。1937年9月上旬，中共中央代表、长江沿岸委员会委员董必武从延安到武汉，着手全面恢复和重建鄂、皖、湘、赣地区的党组织以及筹建八路军武汉办事处，开展统一战线工作。日军侵占上海的当天，中共中央又根据时局的变化及时发出指示，指出国统区抗日救国运动的"中心将转移至武汉"，党和革命群众团体的干部应作相应的配置。

10月，在董必武的领导下，郭述申、陶铸和钱瑛3人组成中共湖北省工作委员会，机关设在汉口富源里。10月下旬，为了适应工作需要，湖北省工委的工作机构除组织部、宣传部外，增设了工人、农民、妇女、文化4个工作委员会，郭述申任书记，负责组织和工委工作，陶铸负责宣传和文委工作，钱瑛负责农委和妇委工作。

郭述申

11月20日，国民政府宣布迁都重庆。在此前后，国民党中央党部和国民政府的外交、财政、内政等部门与经济、建设、侨务、军事等委员会，以及蒋介石、汪精卫、孔祥熙、冯玉祥、何应钦、陈诚、白崇禧、陈立夫等军政要人均移驻武汉，武汉实际上成为国民政府的"战时首都"。

12月，中共中央根据战局发展变化趋势，决定在武汉设立派出机构——中共中央长江局，统一领导南方各省党的工作，发展长江流域和南方各省的抗日运动，王明、周恩来、项英、秦邦宪、董必武、叶剑英、林伯渠为成员，王明任书记，周恩来任副书记。

12月24日，根据长江局的指示，湖北省工委举行扩大会议，成立中共湖北省临时委员会，郭述申任书记，陶铸任副书记。省临委下设的工人、农民、青年、妇女等工作委员会得到进一步加强。1938年1月13日，根据长江局的指示，湖北省临委举行扩大会议，成立中共湖北省委，郭述申任书记，钱瑛任组织部部长，何伟任宣传部部长，王亦清任工人部部长，方毅任农民部部长，杨学诚任青年部部长，陶铸任合作社党团书记。会后不久又增设军事部、妇女部，郭述申兼军事部部长，钱瑛兼妇女部部长。

大革命时期，中共湖北地方组织如雨后春笋般地蓬勃发展起来。湖北曾是全国共产党员人数最多的省份之一。1926年8月，全省拥有党员1000名，湖北省成为全国党员人数增加最快的省份之一。1927年4月，党组织发展到全省69个县中的50多个县市，全省党员13000名。全国党员57967名，湖北党员约占全国党员的四分之一。1927年5月，全省党员17000名。

然而，从大革命失败到全面抗战爆发前夕的10年间，由于国民党反动当局的残酷屠杀和血腥镇压，中共湖北地方组织遭到严重破坏，除鄂豫皖、湘鄂赣两个游击区外，武汉地区仅剩30余名党员，绝大多数地区党组织已被破坏殆尽。为此，迅速重建中共湖北地方组织，成为抗日战争初期党在湖北开展一切工作的基础和首要任务。

湖北省工委成立后，郭述申和钱瑛抓紧审查中共武汉地方工委移交的30余名党员，淘汰其中不合格者，寻找过去隐蔽下来而失掉组织关系的党员，审查要求恢复组织关系的同志，营救仍被羁押在国民党湖北监狱和反省院中的100余名共产党员和革命分子。钱瑛从敌人的监狱里出来仅两个多月，面黄肌瘦、十分憔悴，走路都很吃力。丈夫牺牲了，女儿在苏联杳无音信、生死未卜，是党把她从国民党首都反省院营救出来，现在又委以重任，她唯一的想法就是尽可能地为党多做一些工作，弥补几年来损失的时光。

1937 年 12 月，在中共中央政治局会议上，张闻天提出对南方党的旧组织和老党员要进行审查，并要吸收新党员和建立新组织，"着重于建立地方党部和支部，着重于加强党的工人成分"。郭述申和钱瑛等人认真贯彻这一指示精神，进一步加大工作力度，想方设法扩大党的组织，工作很快收到成效。中共武汉大学支部的党员增至 30 余人，新建立的中共汉阳兵工厂支部有党员 32 人，江汉路支部和几个纱厂党小组、中国银行堆

张闻天

栈和码头工人中以及商业中等学校中的党员也有发展。建立了中共鄂西筹备委员会、黄冈中心县委、鄂中特支、沔阳特支、崇阳特支、武昌临时工委和鄂北特支。省委辖有 240 余名党员，其中武汉地区 150 余名。

1938 年 3 月 15 日，中共中央发出《关于大量发展党员的决议》，指出："目前党的组织力量，还远落在党的政治影响之后，甚至许多重要的地区尚无党的组织，或非常狭小"，"因此大量地、十百倍地发展党员，成为党目前迫切与严重的任务"。长江局也发出了"大量发展党员，不要搞关门主义"的指示。根据这些指示精神，郭述申和钱瑛等人在扩大和巩固武汉地区党组织的同时，组织大批干部分赴广大农村，考察和改造原有的党组织，整理和重建鄂西、鄂中、鄂南、鄂北的党组织。

钱瑛亲自发展进步青年入党。中央大学学生马千木和恋人刘惠馨由董必武介绍到黄安七里坪游击干部培训班学习，结业后由方毅介绍到汤

池农村合作人员训练班。训练班负责人陶铸一见面就告诉马千木："我刚接到省委组织部部长钱瑛的来信，要调你到武汉去做工人工作。你可以先在这里休息几天，等找到去武汉的便车，你就搭车走。"1938年3月的一天傍晚，马千木赶到武汉，找到湖北省委组织部办公室，将陶铸写的介绍信交给钱瑛。钱瑛说："哦，你就是马千木。以后不要叫我钱部长，大家都叫我钱大姐，你也叫我钱大姐吧。一切明天再说，今晚你就住在这里，不过是打地铺哟。"第二天上午，钱瑛来到办公室，告诉马千木说："我到七里坪时，方毅就说过你的情况，现在可以给你举行入党宣誓仪式，不过你要先填一张表。"马千木接过一份油印的入党申请表，很快就填好了，最后在签名处签上三个字：马识途。钱瑛看后问道："你不是叫马千木吗？怎么签的是马识途？"马识途回答道："从今天起我改名了，我认为我已经找到自己的道路，老马识途了。"钱瑛说："你在南京就已经加入了党的外围组织，经受过考察，候补期可以免去，这一栏就不填了。"接着，钱瑛在介绍人一栏签上自己的名字，在上级批准人一栏签上"组织部部长钱瑛"。

入党宣誓仪式简单而神圣，只有钱瑛和马识途两人。钱瑛从她带来的一本马克思著作里翻出马克思的照片，又从另一本书里找出中国共产党党旗图案，把两本书立在桌子上，将入党誓词交给马识途。23岁的马识途热血沸腾，庄严地举起自己的右拳，一句一字地宣誓道："我志愿加入中国共产党，坚决执行党的决议，遵守党的纪律，不怕困难，不怕牺牲，为共产主义事业奋斗到底！"宣誓完毕，钱瑛紧紧地握住他的手说："祝贺你成为我们的同志！"马识途激动地流下了眼泪。

入党宣誓仪式结束后，钱瑛告诉马识途："现在你是正式党员了，而且要把你当作干部来使用，你马上就要担负工作任务。可能你不知道，湖北省的党组织，在抗战以前的白色恐怖中，几乎被破坏光了，只有极少数幸存的党员还在进行个别活动……把你调回到武汉来，就是要你在武汉做工人工作，工人工作是我们党最根本的工作。现在交给你的第一个任务，就是要你在汽车司机工人中发展一个党员，政治上要绝对可靠，驾驶技术要十分精良，因为是准备调去给周副主席开小车的。国民党给周副主席配备了一部小车，必须换一个可靠的党员司机。"钱瑛强调说："这是一项紧迫的任务，你必须争取在一个月内完成。我马上把你的党员关系转到武汉职工区委书记王致中那里去，他是一个上海的老工人，也坐过牢，做工人工作很有经验，以后就由他和你联系。"

钱瑛通过进步分子廖大姐的关系，将马识途介绍到武汉司机工会当文书。马识途没有辜负钱瑛的信任，很快物色了一个名叫祝华的年轻司机。通过一段时间的接触，祝华猜出马识途不是一个普通的工会文书，马识途也弄清楚了祝华的家庭和历史情况。祝华向马识途流露出想加入中国共产党的愿望，马识途把情况向王致中作了汇报，王致中批准了祝华的入党要求。马识途在祝华的家里为他举行了入党宣誓仪式。3天后，马识途通知祝华到长江局报到，担任周恩来的小车司机。此后，祝华跟随周恩来转战南北，直到新中国成立。

1938年4月，钱瑛到荆门、沙市、宜昌地区考察党的组织。土地革命战争时期，红二军团曾在沙市建立了一个地下党支部，发展了40多名党员。红二军团领导指示该支部要长期埋伏，以待时机。红二军团长征后，这个支部在与上级党组织失去联系的情况下，仍然在极其艰苦的环境中坚持斗争，绝大多数同志表现得非常勇敢和坚定。钱瑛与中共荆沙区委对这个支部的成员进行了认真审查，肯定这是红军长征前留下来的一支革命力量，决定立即恢复该支部的活动。

在宜昌，钱瑛了解到从鄂西监狱和反省院出来的人，未经上级党组织批准擅自成立了一个"自发党"，尽管其中有的人表现不错，但也混进了一些叛徒，决定立即停止"自发党"的活动。经过认真审查，钱瑛将其中符合条件的人重新吸收入党，并亲自为他们主持入党宣誓仪式，批准成立中共宜昌特别支部。

在郭述申和钱瑛的坚强领导下，武汉和全省各地的党组织有了很大发展。到 1938 年 4 月，湖北省委辖有中共武昌、硚（口）（汉）阳、汉口 3 个区委，黄冈、鄂南、鄂中 3 个中心县委，鄂西、鄂北 2 个工委，沔阳、崇阳 2 个特支，还在青年救国会总团部、青年救亡协会、抗战教育研究会、社会科学座谈会、孩子剧团、妇女战时工作团总团、乡村工作促进会、航空训练班 8 个群众团体中建立了党团组织，全省共有党员 1122 名，其中武汉地区党员 457 名，各县农村党员 665 名，初步改变了党的组织力量城乡发展极不平衡的状况，湖北省委也基本完成了对全省各大区域指挥机构的部署。

1938 年 6 月，中共湖北省委举行扩大会议，选举产生了由 15 人组成的新省委，郭述申任书记兼军事部部长，钱瑛任组织部部长兼妇女部部长，何伟任宣传部部长，方毅任农民部部长，杨学诚任青年部部长，雍文涛任工人部部长，王翰任秘书长，郑位三、王致中、何功伟（何

1938 年，中共湖北省委领导参加抗日游行集会，右二为董必武。

彬）、刘清、孙世实、左觉农任委员。湖北省委坚决贯彻积极而又慎重的发展方针，既反对关门主义，又防止出现"拉夫"现象。到 10 月武汉失守前夕，全省共有党员 3330 名，并向陕北和其他省区输送了 460 名党员干部。这一时期湖北党组织的重建和发展，不仅为抗日救国运动的发展和敌后人民游击战争的发动奠定了基础，而且培养了大批领导干部。

在此前后，根据董必武的指示，湖北省委先后在黄安七里坪、应城汤池、武汉、鄂豫边界鸡公山、襄阳、随县的均川和长岗店、谷城茨河等地开办各类训练班。1937 年 10 月，由方毅主持的游击干部训练班在黄安七里坪开办。12 月，由陶铸主持的湖北省农村合作人员训练班在应城汤池开办。训练班以马列主义基本问题、政治形势、统一战线、游击战术、党的建设、工作方法为主要课程，同时组织必要的军事训练。培训对象包括党员干部和国统区的进步青年学生。钱瑛负责参训对象的审查与分配，开训前找每一名参训对象谈话，结业后再一个个谈话，把他们分配到急需的工作岗位上。

1938 年春至 9 月，根据湖北省委的决定，钱瑛在武汉举办党员训练班。为了提高培训质量，她多次邀请董必武、吴玉章、凯丰、何长工、潘梓年、郭述申、叶剑英、郑位三、刘顺元等领导人讲课。钱瑛主讲党的建设，注重革命气节教育，重点介绍黄励、何宝珍等革命先烈在敌人法庭和刑场上英勇斗争的事迹。她经常提出这样的问题："一个党员被捕后，敌人为了扩大反动的政治影响，搭起台来'欢迎'他，把他推上台去，要他发表演说，这个党员应该怎么办？""一个党员被捕后，他自己是坚定的，敌人为了制造假象，用他的名字在报上发表反共启事，他知道后应该怎么办？"这些教育内容生动深刻，提出的问题发人深省，在学员的脑海里打下了深刻的烙印。经过不懈努力，在不到一年的时间内，湖北省委共培训党组织和群众团体的各类干部 2230 余人，这批干部后来成为发展江北新四军和创建鄂豫边区抗日根据地的重要力量。

武汉会战时的中国军队

1938年5月，日军攻占徐州后，为实现胁迫中国政府投降、尽快结束中国战争的企图，投入包括航空兵团、骑兵团、海军陆战队、机械化兵团在内的立体作战兵种近40万人，飞机300架，各型舰艇120艘，发动进攻武汉的大会战。国民政府投入包括第九战区、第五战区在内共计100余万军队参战。6月12日，日军占领安庆，向西发动对武汉的水路和陆路攻击，揭开了武汉会战的序幕。

因郭述申到延安参加党的六届六中全会，钱瑛代理湖北省委书记。武汉失守前夕，9月25日中共中央书记处致电长江局，要求立即布置武汉地区的撤退转移工作，再次要求湖北省委将大部分干部派往鄂东等敌后方向，少数人员前往宜昌、襄樊等国统区继续坚持斗争。10月1日，周恩来由延安返回武汉，亲自向钱瑛布置转移任务。钱瑛把湖北省委领导的干部和从上海、华北等地撤退来武汉的干部组织起来，将他们一部分安排到西南去开辟工作；另一部分安排到湖北各县战地文化服务站工作，到农村去发动群众，建立武装，开展敌后游击战争，并派部分同志到郭沫若领导的国民政府军事委员会政治部第三厅工作。钱瑛自己仅带少数干部留在武汉坚持工作，随八路军驻武汉办事处行动。

10月24日，在日军占领武汉的前一天，周恩来决定长江局、八路军驻武汉办事处、湖北省委和新华日报社最后一批人员立即乘租来的新升隆号轮船向重庆撤退。钱瑛和湖北省委秘书长王翰、湖北省委委员王致中等人与李克农率领的边章五、张唯一、夏之栩、龙飞虎、王炳南、王安娜以及加拿大女护士简·尤恩等数十人；新华日报社社长潘梓年率领的数十名工作人员，以及印刷机器和纸张等物资一齐上了船，把船舱装得满满的。码头上许多逃离武汉的难民也纷纷要求上船。周恩来指示只要有可能，尽量让一些难民上船，于是几十名拖儿带女的难民也上了船。周恩来亲自到码头上送别。

第二天，新升隆号轮船行驶到嘉鱼县燕子窝。李克农通知大家离船去附近村庄躲避日军飞机，只留下少数人在船上看管物资。上午9时许，新升隆号轮船被日军飞机投弹炸沉，留在船上的新华日报社的潘美年、李密林、项泰等16名同志和八路军办事处的孙世实、徐挺荣、张海清等9名同志遇难，新华日报社的印刷机器和纸张也都随船沉没。李克农在岸边清点人数，发现钱瑛不在，吓了一大跳，急忙派人寻找。当找到已经浑身湿透了的钱瑛时才知道，她为了照顾生病的部下没有上岸，新升隆号轮船中弹后，她抱着一块木板跳江方才死里逃生。

湖北省委转移到宜昌后，钱瑛明确提出："由于国民党实行片面抗战路线，日寇已占领了武汉和鄂东、鄂中广大地区，还可能渡过汉江西犯鄂西。省委决定不再随国民党党部、省政府行动，而是要把我们的工作重点转向农村，着手创建荆门、当阳、远安工作据点。"[1]钱瑛向派往这些地区工作的干部传达董必武的指示：鄂西北各县要加速建党，准备在敌后开展抗日游击战争，不要理会国民党的阻挠，大胆放手地干，这就是我们的基本方针。钱瑛说："当阳在大革命时期和土地革命时期是鄂西农民运动发展好的地方，有光荣的革命传统，要尽快地使党在农村扎下根。"她鼓励一些学生出身的党员说："学生要去打仗，便要决心和农民生活在一起，紧紧依靠农民群众，困难是可以克服的。"

为了加强对全省党组织的领导，钱瑛派王翰到鄂北，王致中到鄂西，她自己先去鄂中再转至鄂北，及时指导各地工作。根据湖北分为敌后、战区、临战区、国统区的特点，湖北省委确立了党在湖北工作的重心由城市转向农村、由国统区转向敌后和战区的方针，迅速完成了对发动敌后、战区抗日武装斗争和组织国统区人民抗日救国运动两条战线工作的部署。

二、武汉失守后重组湖北党组织

1938年9月29日至11月6日，中共中央在延安召开六届六中全会，总结全国抗战以来的经验教训，确定中国共产党在抗战新阶段的基本方针和任务。会议决定撤销中共中央长江局，设立中共中央南方局和中共中央中原局。11月9日，中共中央发出关于中原局组成及其管辖区域的通知。

1939年1月28日，中原局书记刘少奇由延安抵达河南省确山县竹沟镇。竹沟镇是中原地区的革命摇篮，1926年中国共产党在这里建立了基层组织，土地革命战争后期创建了红军游击队。抗日战争爆发后，红军游击队改编为新四军第四支队第八团。1938年2月，中共中央派遣彭雪枫到竹沟镇主持工作。同年6月，中共河南省委由开封迁到竹沟镇。竹沟镇也是延安通向华中地区的交通枢纽。

刘少奇

钱瑛在湖北襄阳接到中原局数次急电，立即带领湖北省委秘书长王翰、中共宜都县委书记刘惠馨昼夜兼程赶到竹沟镇。刘少奇听取了钱瑛、王翰关于湖北省委工作情况的汇报；听取了河南省委书记朱理治、组织部部长陈少敏关于豫鄂边省委工作情况的汇报。刘少奇与中原局和湖北、豫鄂边省委负责人一起分析了中原地区的形势：鄂中大部分地区已经成为沦陷区，鄂西北成为国民党第五战区长官部所在地，日军正在准备进攻鄂西北的军事行动。为了加强党对敌后和战区的领导，中原局决定将豫鄂边省委领导的鄂中、鄂西北地区划出，分别成立直属中原局领导的中共鄂中、鄂西北两个区委员会。刘少奇决定由钱瑛负责尽快完成这两个区党委的组建工作。[2]

钱瑛自从 1929 年年初到莫斯科中山大学学习，已有 10 年未与刘少奇见面。会后，钱瑛专门向刘少奇汇报了何宝珍在江苏第一监狱与敌人顽强斗争和英勇就义的情况。刘少奇听后眼睛湿润了，沉默很久后说："宝珍英勇坚决，为女党员中之杰出者。"这次见面，钱瑛给刘少奇留下了深刻印象。

2 月中旬，钱瑛由竹沟镇返回襄阳，向鄂西北地区党组织传达中原局的决定。2 月 19 日，中共鄂北特委在樊城召开扩大会议，钱瑛传达了六届六中全会精神和中原局的决定，宣布撤销鄂北特委，组建中共鄂西北区委员会，王翰任书记兼组织部部长，曹荻秋任宣传部部长，张执一任统战部部长，王致中任委员，安天纵任候补委员。鄂西北区党委所辖荆（门）当（阳）远（安）、均州、襄（阳）光（化）谷（城）、南（漳）宜（城）保（康）4 个中心县委和襄樊近郊工作委员会，共有党员 900 余名。鄂西北区党委成立以后，将工作重心放在荆（门）当（阳）、南（漳）宜（城）、光（化）谷（城）地区，准备建立抗日游击根据地，配合大洪山、桐柏山的抗日游击战争，同时在房县和保康建立生产组织支持抗战。

会后，钱瑛立即赶到鄂中。2 月 24 日，中共鄂中特委在随县长岗店召开扩大会议，钱瑛传达了六届六中全会精神和中原局的决定，宣布撤销鄂中特委，组建中共鄂中区委员会，钱瑛任书记，陶铸任军事部部长，杨学诚任组织部部长，夏忠武任宣传部部长，李先念、姜纪常、王盛荣任委员，杨焕明、郑绍文任候补委员。

会议总结了过去工作的经验教训，根据鄂中相当一部分地区已成为敌后、其他地区也成为战区的形势，确定加强统一战线工作，发动游击战争，建立抗日根据地的总方针。钱瑛要求集中力量抓好三项工作：

一、建立基干部队，发展抗日武装；二、恢复沦陷区政权及健全现有政
权；三、加强党组织建设，大力发展党员。区党委决定把工作重心放在
沦陷区，主要是应山、京（山）应（城）地区。会后，鄂中区党委对其
所辖党组织进行调整，下辖天（门）汉（川、阳）中心县委和钟祥、京
（山）应（城）、应山、安陆、枣南、枣北、枣（阳）宜（城）7个县委
以及随县北、随县南2个区委，加上随西工作委员会，共有党员3400
余名。

　　经过近一个月的努力，完成了鄂西北区委员会和鄂中区委员会组建
任务，钱瑛于3月5日给南方局写信汇报工作（见附录）。

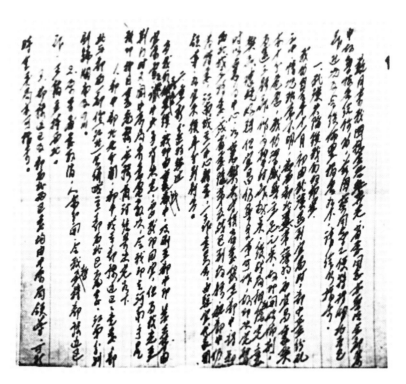

1939年3月5日，钱瑛写给南方局的《湖北工作情况的
报告》，影印件藏于湖北省档案馆。

数月来我因总在各处奔走，省委同志亦无法全部集中，故无报告给你们，兹因蔡同志之便特将湖北各区工作近况及今后布置报告如下，请给以指导：

一、武汉失陷后我们的布置

我们自去年十一月初由武汉退到宜昌时，鄂中正在纷乱之中，情况非常不明，鄂西鄂北异常薄弱，而宜昌襄樊亦十分危急，我们深感无立足之点，故即开始布〈置〉荆、当、远三县工作，作为暂时工作点。后战局相对稳定，襄樊工作环境好转，但宜昌仍无多事可作 [做]，故即决定暂时以襄为中心。如襄樊失守后，省委移至鄂中，将鄂西北成立特委，或省委随第五战区到均县，鄂中仍为特委，江南成立一中心县委、一工作委员会，由驻宜代表团领导。如宜失后再分别划出。

二、重新分区的经过

……

三、鄂西北工作近况及今后布置

……

四、鄂豫边区工作概况

I. 工作环境。

……

II. 工作近况。

……

III. 过去工作经验教训。

1. 过去鄂中工作中最大缺点，是对环境认识不清，把主客观形势与主观力量都估计得太好，因此犯了过火与过急的错误。

2. 工作作风表面多于实际，鼓吹多于苦干，如对于边区鼓吹吸引外人的注意，随意公开特委及县委的同志，一般公开工作人都□出浓厚的色彩，有些地方表现自己不沉着等等，同时对于工作中心抓得不牢。

3.统一战线工作比在汤池时有了很多进步，其基础较亦广泛得多，但仍只能与较进步份［分］子合作，未能争取可靠份［分］子，更不善孤立最顽固份［分］子，不善调解对方主要的矛盾，不懂得掩护同情我们的人。

4.武装问题。鄂中的党过去一向抓得紧，用尽一切力量为着争取武装，因此在很短期内确能建立很大部队。然而由于贪多，且观察不深，只注意发展而不能切实把握一部份［分］最可靠的使之成为真正坚强基干部队，以为已是接受我们领导的都不成问题，结果在实际行动中才证明，许多都是乌合之众，如汗［汉］流……

5.党的工作虽较前有了一些进步和发展，但非常不够，主要因为公开工作机会很多，大部份［分］主要干部都兼公工作，结果妨碍党内工作进行，使得各级党都没有集中领导，也没有固定机关，更没有经常工作。

Ⅳ.今后工作布置。

这次接受了中原局的指示，我们曾召集一扩大会，把过去工作作了一番深刻的检讨，并决定彻底改变过去作风，重布置今后工作，大概内容如下。

1.工作总方针，推动进步力量并争取可以进步的份［分］子，争取边区存在发动游击战争，创造抗日根据地，万一边区工作委员不幸短命，亦应而且可能为抗日□□的目的而奋斗。

2.工作重心应放在已沦陷区，主要为京应、应山等。

3.要实行这一总的任务，必须改变浮而不实，过于吹嘘及太露峯［锋］芒的作风（这里提出许多具体□□）。

4.要完成总的任务必须切实执行当前三大□的具体任务，即：

a.建立基干部队，首先完成大洪山、桐柏□两个大队，大洪山以京应现有可靠部队扩大而充实之，桐柏山以应山现有步［部］队，如在枣组织新的武装为骨干。派最坚强干部在此处基干部作［做］军事指挥员及政治工作者，加强政治工作，建立强大党的支部。

除培养已有武装为基干部队外，并决定在钟祥、枣、安陆发动新的武装力量，准备建立新的基干部队。

b.恢复沦陷政权及健全现有政权，使基区会抗战，争取参加政府工作的机会，和争取较开明的下层政权局面。

c.加强党的组织发展与巩固。加紧党内工作，决定党的发展主要方向为已沦陷区，从现在起到五月止，要完成鄂豫边区党有六千党员，现已有二千八九百人，健全各级党的领导机构，使党的负责人不参加公开工作，建立经常工作制度和上下级的密切联系。

在会议后即□区布置工作并将干部重新调整一次，除加强原来几个县委外，另成立四个县委，即襄宜县委、枣北县委、枣南县委（此三县委人数最多，襄宜六百，枣〈北〉五百，枣南九百，均由鄂北到来）及安陆县委，另又成立三个区委为开辟基础，如随北、随南，及工作委员会近郊。

为了提拔和培养大批党的工作干部，决定经常开办训练班，第一期本月廿号开办，目的培养区委，人数四十，时间一月。

关于群众工作。我们顾到目前环境及主观力量不可能大规模的［地］开展或求得统一的组织形式，因此□暂时放□次要位置，并根据各地具体环境去组织各种不同形式的群众组织，主要求得公开合法及能包括广泛群众的组织。

　　Ⅴ.我们的要求：

　　1.希望给我们以指示，以后亦尽可能的指示我们，特别是关于政治方面。

　　2.希望给我们一副电台，因以后交通不便非此不行，前虽从河南领来一架，但不能作用，因其为土造，且为二瓦五，电力不足，千万请给我们设法弄一架好的——由中原局解决。

　　3.给我们各种新的书籍和刊物，解放区各三十份，其他廿份。

　　4.请新调来几个干部，特别是军事干部及内部工作的干部——由中原局解决。

　　……

　　武汉失守后，湖北国民党统治中心移至鄂西恩施，党在鄂西国统区的工作亟待加强。4月7日，钱瑛再次给南方局写信汇报武汉失守后湖北各区工作情况（见附录）。南方局接到钱瑛的报告，通知她立即赶到重庆。经南方局研究并报中共中央批准，决定在鄂西和湘西北地区建立中共湘鄂西区委员会。4月底，钱瑛从重庆返回宜昌，召集鄂西党组织负责人会议。她梳着一头短发，身穿蓝布长袍，机警从容地走进会场，宣布南方局关于成立中共湘鄂西区委员会(通称湘鄂西区党委）的决定，钱瑛任书记，王致中任组织部部长，曾一凡任宣传部部长，姜纪常任青年部部长，曾惇、马识途任候补委员。

　　会上，钱瑛总结了武汉失守后半年来的工作，决定将湘鄂西分为战区、近后方、远后方，按照不同情况健全党的组织，发展抗日救国群众运动，建立党领导的抗日武装。此时，区党委辖有鄂西南 27 个县的党组织。为了加强党的组织建设，适应新的斗争环境，区党委要求各级整顿党的组织，转变工作作风，彻底了解下层情况，检查各地工作，转变过"左"的工作方法，建立上下层的统一战线关系，并开展重要县和地区的工作，加强党内教育和保密工作。

钱瑛按照不同地区党的工作内容，对全区的党组织进行了调整和完善。在远后方的恩施地区，组建中共施巴特委，不久又改组为恩施和来凤两个中心县委，分别辖恩施、利川、建始、宣恩和来凤、咸丰、鹤峰等县党组织。在近后方，撤销沿江工委和公（安）石（首）松（滋）枝（江）宜（都）工委，分别成立宜昌、巴（东）秭（归）兴（山）工委

1939 年 4 月 7 日，钱瑛写给南方局的《武汉失守后湖北各区工作报告》，影印件藏于湖北省档案馆。

和公安、石首县委以及枝（江）宜（都）、松（滋）枝（江）宜（都）两个区委。在战区，成立江陵中心县委，管辖江陵、监利、潜江等县委组织。这是自 1938 年 10 月武汉失守后，钱瑛在 6 个月的时间里第二次重组湖北省级领导机构。

会议结束后，钱瑛又个别听取各地负责同志的详细汇报，及时解决一些具体问题。中共湖南省南县县委书记曾惇反映他们在南县的活动范围较大，在湖北公安的活动范围较小，已经引起湖南沅江县国民党洞庭湖警备司令部的注意，工作很难开展。钱瑛当即决定建立公南特委，将所辖地区扩大到公安全县和湖南澧县，由于这两个县不属于洞庭湖警备司令部管辖，从而使工作有了较大的回旋余地。她还指示江陵县委建立以岑河口为中心的游击战争根据地，组织三湖游击队。到五六月间，全区党员由成立之初的 1300 余人发展到 2185 人。经过这些调整，全区党组织不断巩固发展，基层组织更为健全。

抗日战争进入相持阶段后，党在国统区的工作更为艰苦，国民党顽固派一方面采取消极抗日的政策，另一方面加紧了对国统区进步力量的限制与打击。1939 年 1 月，国民党召开五届五中全会，制定了"溶共、限共、防共、反共"的方针，并在会后秘密颁布《共党问题处置办法》《防止异党活动办法》《沦陷区防范共党活动办法》等一系列文件，积极推动反共反人民的政策，国内团结抗日、生气勃勃的政治局面遭到破坏。5 月 26 日，中共中央对国统区党的工作提出"长期埋伏、积蓄力量、等待时机"的方针。7 月，南方局发出秘密工作条例，要求国统区内各地的共产党组织从半公开的形式转到基本上秘密的形式，并实行与此相适应的工作方法。

钱瑛认真贯彻中共中央和南方局的指示，领导湘鄂西区党委重点抓好整顿党组织和开展合法斗争两项工作。为了巩固党的组织，使党的工作迅速转变到秘密状态，区党委及时洗刷了一批不符合党员标准和自首变节分子，仅江陵党组织就从 548 人中洗刷 170 人。从 1939 年 4 月到 10 月，全区新成立了恩施、来凤中心县委和咸丰、来凤、利川、宜昌、松滋等县（工）委，对农村党组织进行了整理，为党组织的进一步发展奠定了基础。湘鄂西区党委所属的部分党组织，出于对国民党顽固派"反共""限共"政策的憎恨，提出"准备暴动反对政府""组织游击队，寻钱买枪打游击""争取下层打击一切区绅"等口号。钱瑛发现后及时予以制止，要求各级党组织通过各种合法形式动员组织群众，同国民党的"反共""限共"政策进行斗争。通过这些工作，湘鄂西区党委所属的党组织再度发展起来，到 1939 年 8 月，全区 30 个县中已有 16 个县建有党组织，7 个县有党员活动，党员恢复到 2200 余名。

10 月，钱瑛在松滋县邓家铺召开湘鄂西区党委扩大会议，传达中共中央和南方局关于巩固党的决定和党在国统区实行精干组织、隐蔽力量的指示，确定以整顿、紧缩、严密和巩固党的组织作为全区今后一个时期的中心任务，决定各地停止发展党员，整顿各级组织，清洗叛徒、奸细、投机自首分子和阶级异己分子，加强党内马列主义教育，正确处理公开工作与秘密工作、公开党员与秘密党员等关系。她明确向各地党组织指出：救亡工作的方法已不适应当前形势，必须改变，以利隐蔽组织。

会议决定重新调整全区组织结构，成立中共公（安）南（县）特委，曾惇任书记，辖公安、石首、南县、华容、安乡、澧县等地党组织。此后，公南特委及所属组织遭到国民党顽固派的两次破坏，数十人被捕。区党委及时对公南特委进行调整，曾惇仍任书记、周进前任组织部部长、张清华任宣传部部长，其工作重点是整顿和恢复各地党组织。11 月，区党委宣传部部长何功伟在恩施召开党组织会议，根据区党委决定，撤销恩施中心县委，成立施巴特委，马识途任书记，辖恩施、建始、利川 3 个县委，来凤中心县委及宣恩特支。还组建了直属区党委领导的中共宜昌县委、江陵中心县委、巴东秭归工委。

由于国民党顽固派推行"反共""限共"政策，特务组织大肆威胁、利诱、破坏，全区党组织一再遭受破坏，党员叛变自首事件时有发生。从 1939 年 10 月到 1940 年 1 月，钱瑛领导全区开展审查干部工作，清洗叛徒奸细及阶级异己分子和脱离关系的党员百余人。施巴特委在审查中发现巴东、建始等地有国民党特务混入党内的情况，及时予以剔除，保证了党组织的安全。

全区进一步明确了秘密工作原则，要求党员必须遵守以下纪律："不该问不问，不该说不说，谈话防耳目，会议限 3 人，布置要小心，宣传须技巧，组织莫集中，书籍妥收藏，记事忌笔写，约好假名字，人人有职业，工作地方化，生活合环境，口供常准备，调查最要紧。"通过整顿组织，审查党员，建立制度，湘鄂西地区党组织更趋巩固。到 1940 年 1 月，全区党员由整顿缩减后的 1871 人发展到 2044 人。

三、在反共逆流中隐蔽精干

1939 年 1 月 16 日，中共中央南方局在重庆正式成立，周恩来任书记，秦邦宪、凯丰、吴克坚、叶剑英、董必武任常委。南方局是抗战时期中共中央派驻在重庆，直接领导四川、云南、贵州、湖北、湖南、广东、广西、江苏、江西、福建以及香港、澳门地区的党组织。

中共中央南方局、八路军驻重庆办事处旧址——红岩嘴 13 号

南方局成立之初，办公地点设在重庆市机房街 70 号。1939 年 5 月 1 日，机房街办公地点在日军飞机大轰炸中被炸毁。在重庆著名企业家饶国模女士的慷慨相助下，他们将办公地点迁到市郊龙桥大有农场红岩嘴（即红岩村）新建的办公楼内。从此，红岩被称为"小延安""国统区的灯塔"，成为光明的象征、进步的象征。

1939 年年底，周恩来去莫斯科向共产国际报告工作并治伤，南方局书记由秦邦宪代理。1940 年 3 月，周恩来从苏联回国，继续担任南方局书记。为了充实干部力量，中央机关和所属党组织的一批干部被抽调到南方局工作。3 月，钱瑛被调入南方局，协助组织部部长孔原工作。考虑到地下工作的需要，她化名为陈萍。

此后，南方局建立和健全了内部机构，在组织、宣传、青委、妇委的基础上，增设了统战工作委员会、文化工作委员会、敌后工作委员会、南洋工作组、华侨工作组、国际问题研究室、社会部以及机要科、文书科等。

1940 年 3 月初，国民党军统局副局长康泽潜入成都，秘密策划反共行动。14 日在成都制造"抢米事件"，嫁祸共产党，趁机查封《新华日报》成都营业分销处，逮捕分销处负责人、川康特委书记罗世文和共产党员车耀先、郭秉彝、朱亚凡、洪希宗等十余人。事件发生后，南方局和新华日报社负责人叶剑英、潘梓年立即向国民党当局提出强烈抗议，并派潘梓年去成都交涉。南方局以中共成都市委的名义发表《成都抢米事件告成都市及全四川同胞书》，揭露了"抢米事件"的全部经过，指出"此系奸人、匪徒有计划制造的阴谋暴行，其目的在破坏团结抗战，为压迫共产党和抗日救亡进步分子，为准备投降分裂制造口

罗世文　　　　　　车耀先

实"。经过反复斗争，国民党当局被迫同意《新华日报》成都营业分销处恢复营业，但拒绝释放被逮捕的同志。之后，朱亚凡、洪希宗被无辜枪杀，罗世文、车耀先被秘密押往重庆中美特种技术合作所长期监禁，于 1946 年 8 月惨遭杀害。[3]

3 月 31 日、4 月 1 日，中共中央书记处两次电示南方局，就"抢米事件"发出戒备国民党阴谋破坏的指示，要求立即根据保存干部和积蓄力量的原则，采取必要的办法，缩小机关，调动和隐蔽干部。5 月 4 日，毛泽东在为中共中央起草给东南局的指示中进一步指出，党在国统区内的工作方针应与战争区域、敌占区域不同，"在那里，是荫蔽精干，长期埋伏，积蓄力量，以待时机，反对急性和暴露。其与顽固派斗争的策略，是在有理、有利、有节的原则下，利用国民党一切可以利用的法律、命令和社会习惯所许可的范围，稳扎稳打地进行斗争和积蓄力量"。[4] 此后，"十六字方针"和"三有原则"成为大后方党组织在国统区长期工作的指导方针。

根据中共中央的指示，南方局向所属党组织发出通知，要求各地党组织立即转入秘密状态，实行与此相适应的工作方法，各级干部都要职业化，已经暴露的共产党员和干部一律撤退。

1940 年 2 月，中共施巴特委针对学生自发开展的反迫害、反饥饿斗争，决定因势利导，全面发动和组织学生，掀起大规模的"反饥饿、反迫害、争民主、争自由"运动，席卷整个鄂西的学潮从建始、恩施等地全面展开。党员发挥了骨干作用，组织学生到省教育厅请愿，迫使国民党当局表面上答应了学生的要求。这场学潮虽然推动了反抗国民党顽固派反共、反人民、压制民主的群众运动，但是许多党员由于缺乏秘密工作经验，在斗争中过于暴露，引起国民党特务机关的注意和仇视。4 月，钱瑛返回鄂西检查指导工作，在听取施巴特委工作和学潮情况的汇报后指出："特委在反迫害、反饥饿斗争中，不注意斗争方法，暴露了党的力量，应该立即采取补救措施。"根据钱瑛的指示，施巴特委迅速将一批已经暴露身份的党员和骨干以转学等方式向外地转移，避免了不必要的损失。

6月，日军攻占宜昌，控制了入川门户，形势更加严峻。湘鄂西区党委根据南方局的指示迁至恩施，区党委书记何功伟、施巴特委妇女部部长刘惠馨先后到重庆向南方局请示汇报工作。7月10日，钱瑛在刘惠馨的陪同下，从重庆跋山涉水再一次来到恩施。马识途和刘惠馨夫妇的家安在五峰山脚下清江边的一个农家小院里，钱瑛到后马上检查住地安全，当知道除了特委领导和交通站站长外，没有一个党员知道这个住处后，决定就在这里召开施巴特委会议。

8月初，钱瑛主持召开施巴特委会议。刘惠馨坐在门外的小板凳上择菜，担任警戒任务。会上，特委领导汇报工作后，钱瑛传达了中共中央和南方局的指示，指出抗战进入战略相持阶段后，国民党虽然也说要抗战到底，但实际上是把注意力放到反共上来，不仅在敌后和八路军、新四军搞摩擦，而且在大后方禁止一切抗日活动，到处抓捕共产党员和进步人士。在这种形势下，施巴特委要尽快转变作风，把工作重点转移到农村去。最后，钱瑛传达南方局的决定，宣布撤销湘鄂西区党委，在施巴特委的基础上组建鄂西特委，何功伟任书记、马识途任副书记、王栋任组织部部长。会议决定何功伟抓总，不接触下面的组织，以保证他的安全，马识途和王栋分管南北两路县委。已经暴露的人员要全部撤退，有的到大洪山打游击，有的到四川上学或谋职，一律采取单线联系。鄂西特委下辖来凤中心县委、建（始）巴（东）中心县委、巴（东）秭（归）兴（山）宜（昌）工委以及恩施、建始、利川、咸丰等县委，共有党员1100名。这是自1938年10月武汉失守后，钱瑛在一年多的时间里第三次重组湖北省级领导机构。

施巴特委的工作和生活条件非常艰苦，晚上钱瑛和刘惠馨挤在一张床上，蚊子、臭虫很多，咬得人根本无法入睡，马识途夫妇心中深感不安。钱瑛笑着对他们说："这总比过去坐牢舒服多了。"钱瑛虽然身担要职，但是八路军办事处每月发给她的津贴费还买不到一斗米，生活上也常常捉襟见肘。利用这个机会，钱瑛对马识途夫妇进行革命气节教育，介绍黄励、何宝珍等人在狱中与敌人斗争的英雄事迹，马识途夫妇铭记在心。

在返回重庆前，钱瑛找马识途夫妇谈了两件事：一是马识途原来担任特委书记，这次改任二把手，绝不是因为过去工作不好，而是需要马识途到川鄂湘边一带开展活动，准备进行武装斗争。共产党员要服从组织分配，不要计较个人名誉地位。二是安排刘惠馨担任南方局交通员，交通员是上下级联系的纽带，工作十分重要，也十分危险，要随时准备牺牲。马识途夫妇感受到了钱瑛的信任。

1940 年，钱瑛（左）与中共中央南方局妇委委员卢竞如（右）在红岩合影。（童小鹏摄）

钱瑛像大姐一样关心干部，当她知道何功伟的妻子许云已经怀孕半年后，决定把许云调到南方局做机要工作。刘惠馨也怀孕半年，准备等孩子出生后，将孩子送到四川忠县马识途老家去抚养。考虑到何功伟、许云的实际情况，钱瑛建议许云分娩后也把孩子送到马识途老家去抚养，马识途一口答应。钱瑛和刘惠馨从重庆到恩施是坐长途汽车来的，一路颠簸，走了五六天，沿途检查得很严，所有行李都要翻出来看。为此，在钱瑛从恩施返回重庆前，马识途设法请省政府的朋友开了一张路条。8月21日，钱瑛和许云扮成官太太，坐汽车到巴东后改乘轮船，一路平安回到重庆。

10月，在川康特委最困难的时候，根据周恩来的指示，钱瑛作为南方局驻川康特委代表赶到成都，住在泡桐树街的特委机关。川康特委自1939年1月成立后，通常是南方局派交通员来送文件或通知，遇到重要情况则由特委书记去重庆请示汇报工作，南方局的领导来成都指导工作这还是第一次。钱瑛在成都住了3个月，分别找川康特委书记程子健、组织部部长余代生、宣传部部长郑伯克等人谈话，深入了解党组织状况，指导川康特委整顿组织，审查和疏散干部。

1941年1月上旬，钱瑛在成都小西门外程子健的家里召开会议，传达南方局的决定。她说："我离开重庆前，南方局曾考虑西南地方党组织要作适当调整，就我来成都后了解到的情况看，子健和伯克在四川的时间长，叛徒宋毓萍是你们的老熟人，为了保护干部，巩固党的组织，你们亟须调离川康；代生在红四方面军公开过，难免不被人认识，也要撤退到南方局去另行分配工作；青委书记孙成德未在川康工作过，可以留下来；秘书长李维亦可暂留一段时间，待下届特委把关系接上头后再离开。"会后，特委常委迅速转移。新一届特委领导陆续来到成都后，钱瑛负责转出工作关系和联络暗号。随后，钱瑛到宜宾检查工作，发现宜宾中心县委警惕性不高，没有注意隐蔽，对上层统战工作做得也比较差，她要求立即转移县委机关，清理队伍，巩固党的组织，审查干部，实现干部的职业化。

钱瑛十分关心干部的婚姻问题。郑伯克31岁尚未成家，她几次提醒郑伯克要尽快建立一个家庭，不仅生活上需要互相帮助，工作上亦需要互相掩护。川康特委开会研究郑伯克的婚姻问题,大家各抒己见。钱瑛最后说,可以预计将来的工作环境更加艰苦,形势也更加严峻,伯克相熟的大多是一些家庭出身不好的大家闺秀,一旦遇到恶劣环境,很难说会发生什么情况。钱瑛与川康特委妇女工作组成员曾文敏同住在特委机关,时间长了彼此比较了解。她主张郑伯克与曾文敏结为伴侣,郑伯克与曾文敏彼此也有好感,不久两人终于喜结良缘。[5]

1941年1月11日,是《新华日报》创刊3周年纪念日。当天晚上在报社饭厅召开纪念晚会,周恩来走上讲台作报告。突然,红岩八路军办事处的两个机要人员满头大汗地快步走进会场,把一封标有AAAA符号的特急电报交给周恩来。周恩来迅速浏览电报的内容,他的手在微微颤抖。看完电报,周恩来以愤怒和沉痛的心情向大家宣布,我新四军9000余人在皖南遭到国民党反动派的围歼,伤亡惨重……在场的同志无不感到震惊和愤慨。

这时,饭厅的电灯突然熄灭,四周一片漆黑。周恩来不动声色,坚定沉着地激励大家说:“同志们,黑暗是暂时的,光明一定会到来!有革命斗争经验的人,都懂得怎样在光明和黑暗中奋斗,不但遇着光明不骄傲,更主要的是遇见黑暗不灰心丧气。只要大家坚持信念,不顾艰难向前奋进,并且在黑暗中显示英勇卓绝的战斗精神,胜利是要到来的,黑暗是必然被冲破的。”这时电灯又亮了,周恩来提醒大家:“国民党反动派对我们的迫害,还只是其分裂投降阴谋的开始,我们要迎接更严峻、更艰巨的斗争。”

周恩来讲话后,立即着手布置工作。他首先指示新华日报社的负责同志第二天在报纸上将国民党袭击新四军的阴谋披露出去,并准备揭露文章。随后,周恩来和其他负责同志赶回红岩,连夜召开南方局紧急会议,研究事变发生后的局势和斗争任务,通知各单位负责人立即检查和销毁文件,告诉大家要准备应对突然袭击。周恩来宵衣旰食,彻夜不眠，一方面同国民党顽固派进行坚决斗争；另一方面通知地下党采取应急措施，保护党员和进步人士的安全。

1月17日晚，国民政府军事委员会通过中央通讯社发布通令，反诬新四军"叛变"，悍然撤销新四军番号，声称要把叶挺军长交付军事法庭审判。周恩来获悉这一情况后义愤填膺，立刻打电话给何应钦，痛斥他："你们的行为是亲者痛，仇者快，你们做了日寇想做而做不到的事……你何应钦是中华民族的千古罪人！"说完愤然摔了电话听筒，随即驱车到张冲处，当面提出质问和抗议，再返回红岩。

这时夜已经很深了，办事处的全体党员都集合在二楼的过道等待周恩来。周恩来站在过道当中，沉默了片刻，开始报告新四军遭受围歼的经过。他分析说："时局的发展有两种可能，国共两党藕断丝连的局面既有可能继续维持下去，也有可能一刀两断，全面破裂。我们要有充分的准备，要准备反动派突然袭击，要准备被捕、坐牢、砍头！不管怎么样，我和同志们在一起！"说到这里，他举目扫视大家后接着说，"反动派搞突然袭击的可能性很大，他们主要目的是想攫取我党的机密，如密码、文件、地下党员名单，破坏地下党组织，打击同情我们的爱国民主人士，我们是决不能让其得手的……如果我们被抓起来，要坚持不泄露党的机密。如问你们是不是共产党员，男同志都承认是共产党员，女同志承认是家属，因为我们是公开的共产党机关。问你们党的组织情况，可以告诉反动派，我们的中央在延安，主席是毛泽东。红岩和曾家岩有一个支部，支委是周恩来、董必武、邓颖超，书记就是周恩来。问别的，你们一概不知，可以叫他们去问支部书记，问周恩来，问我！"周恩来的讲话，深深感动了在场的每一个人，钱瑛和大家都抱定了为党的事业、为民族解放而牺牲的决心。

中共中央十分担心南方局领导人和国统区党组织的安全，在1941年1月18日至2月1日的10多天时间里连续数次发电，指示周恩来、叶剑英、董必武等人撤回延安，仅在 1 月 25 日就两次来电要周恩来等人"迅即回延"。周恩来认为国共关系尚未到最后决裂之时，毅然决定要留下坚持战斗，并反复陈述理由，最终得到中共中央的同意。2 月 1 日，叶剑英率领蒋南翔、李涛、边章五等人飞返延安，向中共中央汇报南方局在重庆坚持斗争的情况，毛泽东听后给周恩来去电表示"欣慰之至"。

不久，形势进一步恶化。国民党第九战区司令长官兼湖北省政府主席陈诚抵达恩施后，为了强化特务机构，将恩施所有特务组织集中起来，成立"恩施高级干事会"，自己亲任主任，国民党第九战区参谋长郭忏、政治部主任柳克达、省党部书记苗培成、省民政厅厅长朱怀冰以及三青团湖北支部书记张伯谨等均为成员，主要任务是肃清国民党第九战区内的中共党组织，重点是破坏鄂西特委。

鄂西特委书记何功伟（何彬）对日益恶化的形势缺乏足够警惕，对个别政治上动摇的党员干部未能采取果断措施，最终酿成大祸。1941 年 1 月初，因马识途到路南几个县检查工作，何功伟将临产的刘惠馨送到医院分娩。其间，鄂西特委交通员向仲亚和秘书郑新民相继被捕叛变，供出特委机关地址和刘惠馨在洋湾医院分娩等情况。特务们立即赶到医院去抓捕刘惠馨，没想到她已于 3 天前出院，而且去向不明。特务便使用"美男计"，派人接近知情的医院护士，从她口中套出重要线索："刘惠馨住院时，有一个男的经常来送鸡汤，这个人最近被狗咬伤了，每天到医院来换药。"特务便在医院周围埋伏起来。1 月 20 日，何功伟到医院换药。换好药返回途中，被特务偷偷跟踪，何功伟是近视眼，丝毫没有察觉。特务在特委驻地将何功伟、刘惠馨及其出生才一个月的女儿逮捕。

鄂西特委组织部部长王栋获悉何功伟、刘惠馨被捕的消息，急忙赶到路南向马识途报告。马识途本来与刘惠馨约好在利川见面，一起将女儿送回忠县老家，这个噩耗犹如晴天霹雳在头顶炸响。王栋提醒马识途要抓紧商量应对措施，马识途抑制住内心的悲痛，竭力让自己冷静下来，迅速派人分头通知特委下属各县领导人立即撤退或转移。另外，何功伟的妻子许云

何功伟　　　　　刘惠馨

在儿子出生后重返鄂西工作，必须尽快从半路把她截住。马识途两天走了300多里山路，一直赶到万县南岸的陈家坝，都没有见到许云的踪迹，又火急火燎地赶到忠县县城，打电话回家才知道许云母子还在他家里，一颗悬着的心这才放下。

周恩来和钱瑛获悉何功伟等人被捕、鄂西党组织遭到严重破坏的消息十分着急，立即展开营救。周恩来为《新华日报》撰文，呼吁国民党当局释放何功伟等人。2月25日，周恩来亲自拟电，向中央书记处报告：

1月20日，湖北恩施实行全城检查……计捕去四百多人……书记何彬（何功伟）被捕，现正在设法营救中。

马识途从鄂西赶到重庆红岩向钱瑛汇报，一进门刚叫了一声"大姐"，钱瑛就用手势阻止他继续说下去，用悲伤的眼神看着他说："不用说了，我都知道了。"看见钱瑛那像母亲一样的痛苦眼神，马识途真想扑到她的怀里放声大哭一场，但是他强忍住了。因为他知道钱瑛的爱人10年前被捕，在南京雨花台英勇就义，不忍心再去刺激她。钱瑛告诉

马识途:"你今天晚上早点休息,明天我们再谈。"

第二天,钱瑛与马识途分析、研究鄂西特委遭受破坏的教训和善后处理意见。当马识途说准备汇报后马上返回鄂西时,钱瑛批评道:"你以为牺牲得还不够吗?根据中央隐蔽精干、长期埋伏的精神,不仅你们特委的人要转移,下面的骨干也要全部转移到别的地方埋伏起来,没有暴露的基层组织可以当作种子埋在那里,将来时机成熟自然会发芽展枝、开花结果的。"马识途说:"那我们总要回去安排一下才出来嘛。"钱瑛斩钉截铁地说:"我们另外派人去安排,你们不要回去了。"

临别之际,钱瑛神色凝重地告诉马识途:"老实告诉你吧,何功伟和小刘是出不来了,这个思想准备你有没有?"马识途顿时陷入极度痛苦之中。钱瑛提醒马识途:"许云和她的儿子在你家,你要千方百计地保证他们的安全。"之后,马识途将许云和孩子转移到川西乡下,钱瑛仍然感到不安全,写信通知马识途,叫许云带着孩子先到重庆,然后转送到延安。之后安排马识途转移到遥远的昆明,报考西南联合大学。

何功伟、刘惠馨被捕后,面对敌人的严刑拷打、威胁利诱,为全人格宁死不屈。敌人得知何功伟对父亲很孝顺,便将何功伟的父亲何楚瑛接到恩施,企图以父子之情来动摇何功伟。何功伟得知此事,立即给父亲写了一封诀别信:

> ……微闻当局已电召大人来施,意在挟大人以屈儿,当局以"仁至义尽"之态度,千方百计促儿"转向",用心亦良苦矣。而奈儿献身真理,早具决心,苟义之所在,纵刀锯斧钺加诸颈项,父母兄弟环泣于前,此心亦万不可动,此志亦万不可移……

这封信并未寄到何楚瑛手中,而是被特务报给了陈诚,陈诚阅后不无感慨地说:"我们国民党里怎么没有这样的人才!"他在信上批示:"此人伟大。"下令继续做好何功伟的思想转化工作。

何楚瑛、何功伟父子终于在恩施方家坝监狱见面,何楚瑛见儿子被折磨得瘦骨嶙峋,痛心不已。何功伟见到父亲也感慨万千,他长跪在年迈的父亲面前,表明自己抱定必死的决心。何楚瑛在恩施滞留40天,先后到方家坝监狱探监10次,何功伟一次次地向父亲表明自己的决心:

> 儿突被当局拘捕,锒铛入狱。几经审讯,始知系被因为共产党人而构陷入罪。当局正促儿"转变",或无意必欲置之于死,然按诸宁死不屈之义,儿除慷慨就死外,绝无他途可循。为天地存正气,为个人全人格,成仁取义,正在此时。行见汨罗江中,水声悲咽;风波亭上,冤气冲天,儿蝼蚁之命,死何足惜!唯内战若果扩大,抗战必难坚持,四十余月之抗战业绩,宁能隳于一旦!百万将士之热血头颅,忍作无谓牺牲!睹此危局,儿死后实难瞑目耳!

1941年11月17日,26岁的何功伟和27岁的刘惠馨在恩施小渡船办事处方家坝村英勇就义。噩耗传来,周恩来在南方局暨八路军驻重庆办事处主持召开追悼会,宣读了何功伟给妻子许云的遗书,并于1942年4月18日向中央书记处作了汇报。6月7日,延安各界在八路军大礼堂举行何功伟、刘惠馨追悼会。《解放日报》发表《悼殉难者》社论,中共中央青委赠送挽联:"努力解放事业而遭杀害,乃整个民族创痛;坚持革命

1962年11月22日,钱瑛《纪念何彬烈士就义廿一周年》手迹。

立场至于殉节，是全体青年楷模。"

皖南事变后，尽快转变大后方党的组织形式，预防新的白色恐怖可能造成的突然事变，成为南方局亟须解决的一个重大课题。1941年4月，南方局决定成立中共西南工委，由孔原任书记，负责领导川东特委、川康特委、贵州省临时工委、湖南省委、鄂西特委、湘鄂边特委。西南工委离开八路军驻重庆办事处，在外独立工作，以备南方局被迫停止活动后，仍能继续坚持对西南各地党组织的领导。3个月后，由于发现认识孔原的叛徒出现在重庆，周恩来立即将孔原调回红岩，钱瑛接任西南工委书记。从这一天开始，钱瑛与西南各省地下党结下不解之缘。

中共中央对南方局的这一决策极为重视，于5月8日召开政治局会议，作出了《关于大后方党组织工作的指示》，要求"坚决勇敢地打破组织上的公式主义，因为一切组织与行动上的公式主义，仅便利于特务，而于党都是不利的"。会议作出了一系列新规定："在特务严密监视的部门中，不建立支部，党员独立活动，上级只与其个别联系"；"一般的不开支部会，仅个别接头，党员各自进行文化与理论的自我教育"；"党员转移时不转党的关系，仍由原组织与之发生联系"；"各

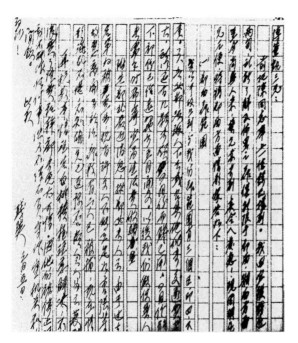

1941年3月，钱瑛给博古、董必武、凯丰写信汇报鄂西工作情况。

级领导机关，一般的不要有书记、组织、宣传，只设个别特派员、工作员，切实把握短小精干的原则，领导机关干部所在地亦不作党的活动，如甲地领导干部一般的应住在乙地"；"如党员或各级领导机关与上级失掉联系，须独立工作，不准到处乱找党，同时不准与素不相识的人发生组织上的关系"。

西南工委要求所属党组织认真贯彻中共中央和南方局的指示，湖南省委总结了前一阶段党员精简工作和干部审查情况。在组织隐蔽方面，通过撤销公开半公开机关、将已经暴露身份的干部互调或撤离、干部地方化或职业化等手段，迅速将党的组织转入秘密状态；在党员精减方面，通过对党员的审查，清洗混入党内的异己分子、自首分子，劝退不合格党员等，全省的党员由 5000 余人锐减为 2300 余人，仅长沙地区被清理出党的就有 800 余人。

湖南省委还决定从三个方面进一步加大工作力度：一是慎重配备领导干部，对中心县委与特委的人选严格把关，以保证在政治上绝对可靠；二是抽调得力干部设立交通站，并建立通讯网，改变以往省委与各地党组织的联系缺乏掩护机关和秘密联系渠道的状况；三是改变领导机关和领导方式，从省委到支部都由 3 人组成，书记、组织、宣传工作由 3 人分工负责，其他部门的工作亦由 3 人兼任。与此同时，湖南省委向各地组织作了进一步撤退、转移、隐蔽的部署，强调党员干部要职业化，扎根于各个行业中，并印发了《反对右倾的决定》，纠正前段整顿中出现的对秘密工作麻木不仁和惊慌失措的两种错误倾向。[6]

郑伯克自 1941 年 2 月调离川康特委后，一直住在重庆红岩。1941年 5 月的一天，钱瑛通知郑伯克：今天晚上周副主席要找你谈话。郑伯克在南方局住了 3 个月，虽然与周恩来朝夕相处，同桌就餐，但从未面对面交谈，心中难免有些紧张。当晚，钱瑛和孔原陪郑伯克来到周恩来的房间，周恩来先和郑伯克聊起家常，他问道："你的名字是你父亲给你起的吗?"郑伯克回答:"原来家里曾经给我起过一个名字,叫郑国祥。1929 年,在成都工作时我被国民党当局通缉,为了逃避敌人的追捕,自己改名为郑伯克。"周恩来说:"'郑伯克段于鄢'出自《左传》,你一定读过《左传》吧?"郑伯克简要汇报了自己读过的一些书籍。

在郑伯克情绪稳定下来后,周恩来把谈话引入正题。他严肃地对郑伯克说:"已决定派你到云南去工作,担任云南省工委书记。你去后要坚决贯彻中央确定的隐蔽精干的方针,从组织形式到工作方法都要作一个彻底的转变,以适应新的形势。要把云南党建设成为坚强巩固的地下党,党员要有职业,广交朋友,深入社会,与群众密切联系,要使党成为群众的党。"

第二天,钱瑛找郑伯克谈话,布置具体工作。郑伯克把自己的心里话和盘托出,他说:"大姐,周副主席向我交代任务后,我一晚上辗转反侧,不能入睡,总觉得担子太重,恐力不胜任。"钱瑛听了热情鼓励道:"你抗日战争前在上海,江苏省临委书记和你们党组的同志先后被捕,你敢于把担子挑起来。'抢米事件'发生后,特委书记罗世文被捕,常务副书记邹风平撤离,组织部部长程子健活动困难,你也把担子挑了起来,这次怎么没有信心了? 你的工作是中央、南方局、周副主席经过深思熟虑以后安排的,组织上相信你一定能够担此重任。"钱瑛给郑伯克介绍了何功伟等人被捕的教训,她神情严肃地说:"周副主席一再教导我们,要严格审查干部,党的领导机关所有的工作人员必须经过严格审查,要防患于未然。发觉可疑的人,甚至是有点动摇犹豫的人知道领导机关的所在地时,都必须毫不犹豫地立即转移。当然,这是比较被动的方法,最根本的、积极的方法是对党员特别是党的干部进行革命气节教育,进行终生为共产主义奋斗的无产阶级人生观的教育、马克思主义的教育。"

钱瑛接着说:"你到云南后,一切问题要按照云南实际情况进行处理，但要注意隐蔽。你的住址，不仅下级，即便是同级的同志，如省工委委员，都不一定让他们知道。这不是对他们不信任，而是必要的安全措施。""党的各级组织间、党员与组织间要实行单线联系。党组织布置任务、研究和讨论工作，不宜再用开会的方式，而应个别进行，党员向组织汇报情况，也应采用这种方式。党的各级组织的领导人员要减少，机关住址要经常变换，这些都只能让少数负责联系的人知道。"

钱瑛高度重视西南联大地下党组织建设，她说："像西南联大那样党员较多的地方，要建立互相不发生横的关系的平行支部。例如，将原来互相已经打通关系的数量不多的党员编成一个支部，新转去的党员同原在当地的党员不要编在一起。"

钱瑛特别叮嘱说："你到昆明以后，要好生隐蔽下来，先安好家，找个社会职业，以便于工作。站住脚以后，南方局再派干部去，组成一个精干的省工委领导班子。你经过贵州时，要特别小心，那里国民党统治得很严，党的工作难以开展，必须万分警惕。"

为了加强云南省工委的领导力量，南方局在派遣郑伯克到云南后，又先后在 1941 年 10 月和 1942 年 7 月，派遣侯方岳、刘清任云南省工委委员，组成精干稳定的领导班子。新的省工委建立后，决定不设部委，不设固定机关，省工委会议只研究形势、政策、方针等重大问题，不作文字记录，不保留文件和党员名单，具体工作由省工委书记与两个委员个别研究，逐步建立起"集中领导、分散经营、各个负责、互不打通"的组织形式，适应了新形势下斗争的需要。

贵州的形势异常严峻，国民党顽固派实行白色恐怖，大肆破坏中共贵州地下组织，疯狂屠杀共产党员。1940 年 3 月，南方局决定撤销中共贵州省工委，成立由邓止戈任书记，陈于彤、张述成、肖次瞻、杜守敦为委员的中共贵州省临时工作委员会。省临工委的主要任务是贯彻执行"荫蔽精干，长期埋伏，积蓄力量，以待时机"的"十六字方针"，转移已暴露的党员骨干，调整各级党组织的领导班子。在邓止戈撤离贵州、肖次瞻被捕后，省临工委的工作即由陈于彤、张述成、杜守敦3人负责，他们将已经暴露的党员和群众骨干进行隐蔽或陆续转移到省外，做了许多富有成效的工作，保护了一批同志。

皖南事变后，根据钱瑛的指示，陈于彤、张述成、杜守敦分别在重庆、桂林、昆明负责疏散和联络工作。1943年7月，张述成完成疏散任务后撤回南方局。钱瑛向张述成传达南方局的决定：贵州转移干部的工作已基本结束，撤销贵州省临工委；撤销省临工委在各地设立的联络点；转移的同志就地长期埋伏，以待时机；今后贵州工作由南方局直接领导。此后，许多隐蔽下来的党组织和党员，以及南方局和四川、广西等邻省派来的党员，仍在贵州坚持开展活动，进行隐蔽斗争。他们与敌人展开了机智巧妙、富有成效的斗争，揭露和挫败了敌人的一次次阴谋，有效地保存了自己。[7]

四、西南联大地下党的贴心人

卢沟变后始南迁，三校联肩共八年。

饮水曲肱成学业，盖茅筑室作经筵。

熊熊火炬穷阴夜，耿耿银河欲曙天。

此是光辉史一页，应叫青史有专篇。[8]

1937 年 7 月 7 日，卢沟桥事变爆发，不久平津即告陷落。1937 年 8 月，奉国民政府教育部的命令，国立北京大学、国立清华大学和私立南开大学迁入长沙，筹组国立长沙临时大学，由三校校长蒋梦麟、梅贻琦和张伯苓任常务委员，于 11 月 1 日开

国立西南联合大学校门（照片由云南师范大学西南联大博物馆提供）

学上课。年底，南京陷落，武汉震动。1938 年 2 月，长沙临时大学西迁入滇，4 月抵达昆明，更名为国立西南联合大学。

西南联大保存了中国教育文化之精华。1939 年有教授 177 人，其中教授自然科学的有吴有训、陈省身、华罗庚、吴猷、周培源等，教授社会科学的有闻一多、朱自清、陈寅恪、冯友兰、王力、吴晗、钱锺书等，他们大多为中国乃至世界一流的学界泰斗。西南联大熔北京大学的"民主自由"之风、清华大学的"严谨求实"之风和南开大学的"活泼创新"

之风于一炉，获得"转移社会一时之风气、内树学术自由之规模，外来民主堡垒之称号"，成为当时世界上最优秀的大学之一。

钱瑛深知西南联大是一个重要阵地，北京大学、清华大学、南开大学是五四运动、一二·九运动的先锋队，学生和教授中蕴藏着爱国主义的光荣传统；全校拥有秘密党员83名，占全省247名党员的三分之一，是一支非常重要的革命力量。1941年7月，钱瑛担任西南工委书记后，将西南联大作为重点联系单位之一，通过三个途径加强工作指导：一是充分发挥云南省工委的战斗堡垒作用；二是在西南联大建立和加强党的秘密组织；三是重点培养袁永熙、王汉斌、马识途、洪德铭等一批学生运动骨干。

袁永熙，1917年1月出生于天津一个官商家庭，1928年随全家迁往北平，1932年初中毕业于北平育英中学，1935年高中毕业于北平师大附中。他好学上进，经常出入清华园，阅读进步书籍，议论时事政治，被北平崇实中学的地下党支部书记力易周列为党员培养对象。1938年春，袁永熙与五姐袁永懿和朱自清教授的家眷一起，从北平经青岛，绕道香港、河内，前往当时设在蒙自的西南联大文学院。

袁永熙借住在朱自清教授的家里。力易周这时也来到蒙自，他们一边复习功课准备报考，一边和原来清华学生中的中华民族解放先锋队（简称"民先"）队员取得联系，利用蒙自的文庙作校舍，办起了一所近百人的民众夜校。暑假以后，西南联大文学院搬到昆明，袁永熙等人也随着来到昆明。西南联大发榜，袁永熙被录取入经济系。1938年10月，西南联大的共产党员力易周、黄元镇、郝诒纯、徐树仁商议组成临时党支部。12月，发展袁永熙入党。

新生入校后，学生人数猛增，新生中有来自北平、重庆、武汉、长沙的部分地下党员。1939年3月，云南省工委决定在西南联大建立由省工委直接领导的党支部，袁永熙任支部书记。1939年暑假，袁永熙赴重庆参加南方局青委在红岩举办的西南地区 8 所大学党支部书记训练班，听取董必武、胡乔木、冯文彬、蒋南翔等领导同志的报告，学习马列主义的基本理论和有关组织建设、宣传工作、群众工作、秘密工作知识等。通过比较系统的学习，袁永熙提高了觉悟，开阔了眼界，明确了斗争形势和工作任务。

1940 年 3 月，云南省工委决定将西南联大党支部扩建为党总支，袁永熙、李振穆先后任党总支书记。党总支下设文理法学院分支部（男生）、文理法学院女生党小组、工学院党小组、师范学院分支部等。由于这个党总支坚持一线的经常性工作，又称为"一线总支"。同期，云南省工委根据严峻的形势，又在西南联大秘密建立了一个党总支，先后由李自强、邹斯颐任党总支书记，以备一线党总支受到破坏后，这个党总支即可接替展开工作，故又称"二线总支"。

1941 年 2 月，国民党军统局副局长康泽带着黑名单和举办集中营的计划赶到昆明，准备大肆逮捕共产党人和进步学生。云南省工委决定将已经暴露的 100 多名党员和进步骨干撤离学校，疏散到昆明周围的泸西、昭通和滇南个旧一带地区隐蔽。袁永熙带领一批党员隐蔽到个旧，以曙光日报社为据点，负责联系疏散的同学，并在周围几个县开辟党的工作。半年后，云南省工委通知袁永熙要利用可靠的社会关系或社会职业，做长期隐蔽的打算。他又转移到四川省江津县白沙镇，落脚在自己的五姐夫、国立编译馆教授孙国华家里。

袁永熙离开个旧前，专门到石屏师范看望陈琏。陈琏是陈布雷的女儿，陈布雷是最受蒋介石信任和倚重的"领袖文胆"和"总裁智囊"，被称为"国民党第一支笔"。蒋介石的一篇篇文章、一个个讲稿、一封封电报、一份份公告、一道道饬令等，多出自此公之手。陈琏是家庭的叛逆者，她 1939 年 7 月加入中国共产党，同年秋天考入西南联大，在袁永熙的领导下负责女同学的工作。陈琏因与家庭断绝了联系，生

1939 年 5 月，周恩来和邓颖超在被日机轰炸后的红岩十八集团军办事处门前留影。（童小鹏摄）

活十分困难，袁永熙给她留了一笔生活费，爱情的种子渐渐在这对年轻人的心中萌芽。

袁永熙在白沙待了半年多没有与党组织取得联系，心里非常焦急。1942 年年初，袁永熙利用寒假到重庆，找到西南联大的同学沈语。沈语是沈钧儒的侄女，也是皖南事变后撤退到重庆的。袁永熙从沈语处得知邓颖超经常去看望沈钧儒，就委托沈语与邓颖超联系。邓颖超在党支部书记训练班上认识袁永熙，得到消息后很快派车把袁永熙接到重庆曾家岩 50 号周公馆，一见面就问："小袁，你们隐蔽在哪里呀？我们正在找你们呢！"当晚，邓颖超亲自陪袁永熙到红岩与钱瑛见面。

钱瑛时任西南工委书记，西南联大是她重点联系的单位之一。第一次见面，钱瑛身穿蓝布旗袍，脚蹬布底鞋，双目炯炯有神地走进来，给袁永熙留下极深刻的印象。袁永熙向她详细汇报了隐蔽在滇南的党员名单和社会职业，重点介绍了陈琏隐蔽在宜良狗子街，还没有找到职业，陈布雷正在登报寻找女儿的踪迹。钱瑛说："知识分子在农村，如果没有社会职业作掩护，反而容易暴露。"邓颖超说："还是派人把她找回来，留在她父亲身边更安全。"接着，钱瑛给袁永熙分析了国内外形势，传达了中共中央指示和国统区工作的"十六字方针"，传达了周恩来关于国统区地下党员要"勤学、勤业、勤交友"和"社会化、职业化、群众化"的指示，强调现在形势险恶，要沉着隐蔽，保存力量就是胜利，要和群众打成一片，言行不要激进，更不要发展党员，等形势好转后，组织上会和你们联系。最后，钱瑛还指定一批文件让袁永熙认真学习。

此后两年多的时间里，每到寒暑假袁永熙都会到红岩住几天，听取钱瑛的指示。延安整风运动开始后，钱瑛向袁永熙传达反对主观主义、教条主义、宗派主义的精神，并联系国统区斗争的实际说："你们要认真作调查研究，了解可靠的情况，从本校实际情况出发，独立开展工作。反对宗派主义对你们来说，就是党员不要搞小圈子，要广交朋友，到广大群众中去，为群众服务，多做好事。"

西南联大地下党员疏散以后，有的同志一时间找不到组织，思想上很苦恼，生活上很困难。只要他们到重庆，袁永熙就把他们带到红岩，钱瑛不管工作多忙，都热情接待、嘘寒问暖。她常说："在国统区做地下工作的同志很艰苦、很危险，党组织应该多关心和帮助他们。"有的同志不安心在国统区工作，迫切要求到延安去，钱瑛就耐心做他们的思想工作，讲清国统区工作的重要性，指出大家在国统区都有一些社会关系，应该充分利用这些社会关系，只要坚持下去，革命的高潮就一定会到来。在钱瑛的教育和帮助下，原先不安心工作的同志，都增强了在国统区坚持战斗的信心和力量。

由于红岩八路军办事处一直处于国民党特务严密监视之下，去红岩有一定风险。到红岩汇报工作和接转组织关系的同志很多，大都由钱瑛亲自接待。她针对每个同志的具体情况作出周密安排，把他们来去沿途可能遇到的问题都尽量考虑周全，哪个同志在什么时间、从哪个方向、乘什么车、走哪条路，甚至穿什么衣服都逐一安排好。就连同志们在红岩内部的活动，她也妥善安排，以防万一。很多同志深有感触地说："每次到红岩，见到陈大姐（钱瑛化名陈萍），除了感到她极其亲切外，还为她的崇高理想和坚强信念所感动。"这也正是很多同志甘愿冒着风险，渴望多去几次红岩的原因之一。

1941 年年底，新闻媒体揭露了孔祥熙的女儿孔令仪置在香港的著名文化人士和国民党元老于不顾，抢占派往香港的飞机，运回洋狗、马桶的消息，一时舆论哗然。1942 年 1 月 6 日，在西南联大共产党员马识途、齐亮等人发动下，西南联大、云南大学、中法大学、英语专科学校、同济大学、昆华中学等学校 3000 多名学生在昆明举行示威游行，并发表声讨孔祥熙、要求国民党政府改良政治的通电。昆明学生的这一爱国义举，轰动了整个抗战后方，四川、贵州等地爱国学生纷纷响应，形成了反对国民党腐败统治的"倒孔"运动。这次运动打破了皖南事变后国统区的沉寂局面，但偏离了中共中央"荫蔽精干"的方针，参加运动的党员和进步学生引起了国民党反动派的注意。郑伯克迅速与马识途接上组织关系，成立了由马识途、齐亮、何功楷 3 人组成的党支部。他们团结思想进步和有正义感的同学，认真贯彻"勤学、勤业、勤交友"的方针，努力学习、热心服务、广交朋友，形成了许多"朋友圈子"，并组织一些秘密的读书会，在同学中形成了很有影响的力量。西南联大教授的思想也发生了很大的变化，他们目睹国民党独裁专制、贪污腐败、特务横行、物价暴涨、民不聊生的局面，更加关心政治。闻一多、吴晗、潘光旦、曾昭抡、闻家驷等教授先后参加了中国民主同盟和西南文化研究会的政治活动。

1944 年，国际形势发生了可喜的变化。世界反法西斯战争继续朝着胜利的方向发展，苏军乘胜追击，对德军连续进行 10 次歼灭性的打击，收复全部国土，并把战争推进到德国及其占领区。英、美联军在法国的诺曼底登陆，开辟了欧洲第二战场。美军在太平洋发起"越岛进攻"，逼近日本本土。中国远征军在缅北滇西反攻作战中毙伤俘日军近 5 万人，收复大小城镇 50 多座，打通了中国和盟国的陆上交通，使中国战场的补给状况得到改善，抗日战争逐渐显露出胜利的曙光。

9 月，林伯渠代表共产党在第三届第三次国民参政会上正式提出废止国民党一党专政、建立民主联合政府的主张。随后，共产党又以书面形式向国民党当局提出成立民主联合政府的方案。在全国范围内要求结束国民党一党专政、取消独裁统治的民主呼声日益高涨。钱瑛预见到国统区民主运动的高潮正在到来，便把袁永熙找到红岩，要求他立即返校复学，开展革命斗争。

袁永熙返回西南联大时，洪德铭、马识途正在分别酝酿成立民主青年同盟（简称"民青"）。1944年12月，西南联大失去组织联系的共产党员和进步骨干召开民青第一次代表会议，选举产生了领导机构，陈定侯、洪德铭、严振、肖松、何东昌当选为执行委员会委员。1945年5月，又成立了一个以进步青年为骨干的民青组织，选举许寿谔、马识途、何志远、李明、李晓、许乃炯为执行委员。云南省工委决定，以洪德铭等

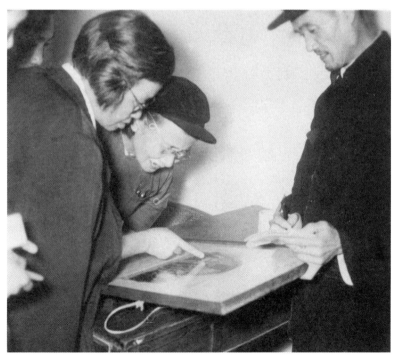

1964年10月13日，钱瑛（中）重访中共中央南方局、八路军驻重庆办事处旧址，在红岩村13号房间内辨认照片。

组织的民青为第一支部，马识途等组织的民青为第二支部。民青组织在昆明20多所大中学校建立了支部、分支部和小组，掌握了昆明市学联和29所大中学校学生自治会的领导权，成为中国共产党在昆明领导学生运动和民主运动的得力助手。

1942年2月，毛泽东在延安作《整顿党的作风》和《反对党八股》的报告，全面阐明整风的任务和方针。4月3日，中共中央宣传部发出《关于在延安讨论中央决定及毛泽东同志整顿三风报告的决定》。6月8日，中共中央宣传部发出《关于在全党进行整顿三风的学习运动的指示》，一场反对主观主义以整顿学风、反对宗派主义以整顿党风、反对党八股以整顿文风的整风运动在全党展开。

根据中共中央的决议和指示，南方局迅速召集会议研究部署，成立了由周恩来、董必武、钱瑛等20余人组成的学习委员会，将南方局机关、八路军驻重庆办事处、新华日报社和群众杂志社的干部，根据政治水平和文化程度，分别划为高级、中级和普通3个小组，按照学风、党风、文风的顺序分为3个阶段组织大家学习。整风学习的方法和步骤参照延安的做法，即认真阅读文件，联系个人思想和工作，自我反省，开展批评与自我批评，提高认识，总结经验，增强党性，改进工作。

周恩来、董必武在每一阶段都亲自作动员部署和总结报告，要求大家学好整风文件，积极开展批评与自我批评，努力提高思想认识，并用边学习、边讨论、边对照检查的办法，推动学习步步深入。为了让从事地下工作的同志既能听到领导同志的报告，又不至于抛头露面造成隐患，在每一次领导同志作报告前，钱瑛都提前把他们带进房间，再用布帘隔开，不让他们与搞公开工作的同志见面。

10月18日，南方局整风学习高级组成立，周恩来任组长、董必武任副组长，参加高级组学习的共有25人，主要学习思想方法论和党的历史，重点突出理论联系实际。周恩来在高级学习组联系自己的亲身经历，讲述从 1921 年建党到抗日战争时期的党史，实事求是地总结历史上的经验教训，使参加学习的党员干部深受教育和启发。南方局将各省地下党负责人分批调回红岩学习，钱瑛协助周恩来、董必武组织他们学习，有时甚至和他们座谈到深夜。为了确保这些负责人的安全，钱瑛不允许他们随便走出红岩，有的甚至在红岩住了半年也没有迈出大门一步，就连生病就医也一定要经过化装才能出门。

整风学习后进行审查干部工作，钱瑛带领组织部的同志采取部门领导、支部、本人三结合的方式进行，不搞神秘化。审查结束后，组织部对每一名干部作出鉴定，由负责同志向本人宣布，最后把审查结论报送中央。南方局所属各级党组织参照南方局的做法，密切联系所处国统区尖锐复杂的特殊环境，认真贯彻中央"惩前毖后，治病救人"的方针，采取了团结—批评—团结的方法，开展整风和审干工作，大大加强了南方局党组织的思想建设、作风建设和组织建设。

从 1943 年下半年开始，中国共产党领导的各抗日根据地大部分领导人陆续奉调回延安参加整风运动。1943 年 6 月 28 日，钱瑛随周恩来等人由重庆返回延安，一行人分乘 5 辆大卡车，统一着八路军军服，佩戴八路军臂章。除周恩来、邓颖超外，其他人一律使用化名。因胡宗南曾经点名要抓车上的孔原和钱瑛等人，一路上气氛都很紧张，好在有惊无险。7 月

1943 年 6 月 28 日，周恩来、林彪、邓颖超、钱瑛等 110 人，乘 5 辆卡车从重庆返回延安。（童小鹏摄）

16 日，周恩来一行安全回到延安。

此时，延安整风运动的重点已经转入审干工作。专门负责审干工作的康生在延安干部大会上作深入审干的动员报告，提出开展"抢救失足者运动"。此后，混淆敌我界限，严重逼、供、信的错误进一步扩大，造成大批冤假错案，使不少同志无端受到怀疑、伤害或关押审讯。

钱瑛在中共中央党校参加整风运动，被诬蔑为叛徒、特务、"红旗党"，受到大会小会的批判。即使在这种逆境中，她仍然坚持实事求是地阐述党在白区工作的形势、任务、特点和规律，坚持和捍卫党在白区工作的正确路线，帮助负责审干工作的领导人了解白区工作情况。后来在周恩来、叶剑英等人的关心下，强加在她头上的罪名才被去掉。12 月 22 日，中共中央书记处召开会议，认为"抢救运动"应予否定，随后开展甄别工作。钱瑛参加甄别工作后，以她特有的凛然正气，为被诬陷的同志申辩洗冤，先后两次到驻在枣园的中央社会部，以大量雄辩的事实介绍党在白区的工作，驳斥康生等人散布的种种谬论。她还亲自

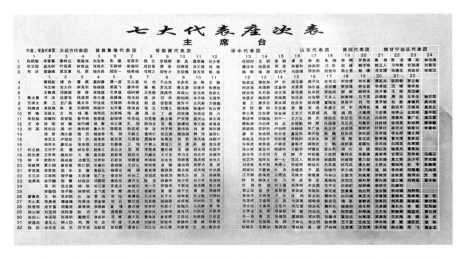

中国共产党第七次全国代表大会代表座次表，钱瑛坐在第十排左四的位置。

为受到诬陷的张清华、密加凡、余杰等部属作证，使他们很快恢复了自由。[9]

1945年4月至6月，中国共产党第七次全国代表大会在延安杨家岭中央大礼堂举行，出席大会的正式代表547人、候补代表208人，钱瑛作为七大代表参加了大会，她与周恩来、秦邦宪、叶剑英、徐特立等人一起被编在大后方代表团。大会本着"团结一致，争取胜利"的方针，系统总结了中国革命的基本经验，制定了"放手发动群众，壮大人民力量，在我党领导下，打败日本侵略者，解放全国人民，建立一个新民主主义的中国"的政治路线，为全党在抗日战争决胜阶段的奋斗指明了方向。

五、重庆局里年轻的"陈大姐"

抗日战争胜利后，针对蒋介石集团抢夺抗战胜利果实和消灭人民革命力量的企图，中共中央决定继续放手发动群众，坚决保卫人民的胜利成果，巩固已有的阵地，扩大解放区和人民军队。同时，在不放松武装自卫的条件下，与国民党进行谈判，力争实现和平建国。1945 年 8 月 28 日，毛泽东、周恩来、王若飞亲赴重庆谈判。10 月 10 日，国共双方代表签订《政府与中共代表会谈纪要》（即"双十协定"）。国民党政府接受中共提出的和平建国的基本方针，双方还确定召开政治协商会议，共商和平建国大计。谈判中未能达成协议的，《会谈纪要》载明，双方将"继续协商"或提交政治协商会议解决。

为了适应新的形势，进一步加强党的领导，中共中央调整和健全各大区党的领导机构。1945 年 12 月 16 日，周恩来率领中共代表团及工作人员 30 余人，分乘两架美军 C-47 运输机由延安飞抵重庆。当晚，

王若飞

周恩来主持召开会议，宣布中共代表团由周恩来、董必武、叶剑英、王若飞、吴玉章、陆定一、邓颖超 7 名代表组成。周恩来指出，为了使代表团能集中主要精力开好政协会议和与国民党继续谈判，为了党在国统区的工作很好地展开，中共中央改组南方局为重庆局，董必武任书记，王若飞任副书记，刘少文、徐冰、华岗、钱瑛、钱之光、潘梓年、熊瑾玎任委员，章汉夫、王世英、童小鹏、王炳南、许涤新、张友渔、夏衍任候补委员，钱瑛任组织部部

长。重庆局的工作机构和管辖范围等与南方局基本一致。

周恩来在会上强调：在争取和平民主的方针下，党在国统区的工作将会更重更多，党的工作范围将一如既往分为"统战、城市、乡村、情报"几个方面。他要求党在这个区域的工作必须是"开展的不是收缩的"，"是谨慎机智的，不是鲁莽急躁的"，并就党建、统战、宣传、文化、军队、经济、工青妇运、华侨、外交、机要情报等方面的工作作了原则指示。[10]

摆在钱瑛面前最重要、最紧迫的任务是开辟城市工作、重建党的组织。从 1939 年到 1944 年，为了贯彻中共中央"荫蔽精干、巩固组织"的方针，南方局各级党组织采取疏散撤离已暴露党员、审查干部、清理组织、停止发展、减少联系、开展反奸细斗争等措施，压缩党的组织和党员人数等一系列措施，撤销了贵州省临时工委和鄂西特委；川康特委党员由 4000 余人减少至 1100 余人；川东特委党员由 3600 余人减少到不足 1000 人；湖南全省与省工委保持联系的党员只有 15 人，干部仅有 2 人。绝大多数党组织和党员隐蔽得非常深了。

散是满天星，聚是一团火。当敌强我弱的时候，把地下党的组织和党员隐蔽起来，避免遭受不必要的损失；当形势需要的时候，迅速恢复和重建各级地下党组织。钱瑛作为重庆局组织部部长，肩负着恢复和重建西南各省地下党的重任。

根据中共中央《关于大城市交通要道的工作方针》，南方局决定"国民党公开接管，我们地下接管"。开辟武汉工作是当务之急，钱瑛首先派遣秘密党员赵忍安、李声簧先期抵达武汉，为地下党领导机关建立交通站。赵忍安是重庆和成银行襄理，和成银行总经理吴晋航准备在汉口等地开设分行，钱瑛指示赵忍安到汉口后在工商金融界开展工作。李声簧是湖北通志馆馆长李书城的侄儿，李书城是湖北地方元老派的代表人物，钱瑛指示李声簧利用李书城的关系，建立地下党组织与湖北耆宿的联系。

1945 年 10 月，原湘鄂边特委书记曾惇一行乘飞机从延安到重庆，很快被任命为开辟武汉工作的主要负责人。曾惇过去一直在农村做地下工作，现在要到大城市去工作，能不能完成任务？会遇到什么问题？对他是一个严峻的考验。钱瑛找他谈话指出：武汉是华中重镇、南北交通的要冲，做好武汉工作对全国都有影响。武汉是个光荣的城市，你们的任务首先是要在那里能扎下根，把那里的党组织重建起来。特别要注意隐蔽，把根子深深扎在群众之中，以后怎么工作，我随时会有联系。钱瑛还与曾惇一起研究了每个同志到武汉去的公开理由和掩护条件。1946 年二三月间，钱瑛通知曾惇：各方面的准备已经就绪，赵忍安和李声簧已在武汉扎下根，你准备马上动身。曾惇立即与王一南、徐远一起乘长途汽车经川湘公路到常德，然后坐小火轮到达武汉。

在此期间，钱瑛将原建（始）巴（东）中心县委书记陈克东改派到武汉，负责为地下党组织筹措工作经费，同时负责交通联络工作。钱瑛还先后派遣汪德彰、史林峰、翁和新到武汉。董必武派遣陈梅影到武汉。南方局青年组派遣刘实、邓祥、张维明以及由他们领导的重庆工人民主工作队队员杨福潮等十几名工运骨干，随同国民党接收电业的大员东下武汉，扎根在工人中开展工作。

经过一年左右的时间，党从各方面派到武汉的秘密党员、积极分子都在武汉、黄石等大中城市找到社会职业，逐步扎下根来，在铁路、邮电、水厂、电厂、纺织、军工、学校、工商、金融以及政府机关、军警、法院、税局等部门形成了以秘密党员为骨干、以与党有直接联系的积极分子为基础的地下工作队伍。抗战时期保留下来的中共湘鄂边地下组织，也根据钱瑛的指示建立起松（滋）枝（江）宜（都）五（峰）石（门）澧（县）6 县工作联系据点，坚持开展地下斗争。

抗战结束时，四川仅存川康特委、重庆市委、巴县中心县委和万县中心县委。钱瑛把加强四川党组织建设作为重点，先后派出一批富有斗争经验的党员干部到四川各地开展工作。1945年9月，为加强下川东地区党组织建设，南方局改组万县中心县委，唐麟任书记；1946年4月，又将万县中心县委改组为下川东区工委，唐麟任书记、涂孝文任副书记；1945年9月，在南充建立南充工委，李维嘉任书记，负责清理和领导嘉陵江流域的党组织；1945年9月，钱瑛派遣王叙五到涪江流域及通南巴地区，负责清理和领导当地的党组织；1946年3月，在遂宁建立北川二工委，王叙五任书记、朱富任副书记；1946年1月，派遣邓照明到秀山，与先期派去的刘兆丰、明昭共同加强西（阳）秀（山）黔（江）彭（水）地区的党组织；1946年1月，成立中共川南地工委，廖林生任书记、余时亮任副书记，负责领导泸州、叙永、古蔺、赤水等地的党组织；1946年3月，重组重庆市委，王璞任书记、刘国定任副书记，彭咏梧、何文遂、骆安靖任委员，工作重点是清理和恢复各地原来失散的组织关系，着手发展新党员，逐步恢复和建立各级党组织。

昆明则是另一番天地。在钱瑛的直接领导下，云南省工委积极利用云南地方势力与国民党中央势力之间的矛盾，按照党在国统区的工作方针，发展进步势力，争取中间势力，孤立顽固势力，团结以民盟为主的各种进步力量，争取以龙云为首的地方实力派，从而促进龙云等地方实力派代表人物逐渐认清并抵制蒋介石独裁统治，对昆明日益高涨的民主运动持默许同情的态度，在昆明形成了比较宽松的政治环境。

贵州地下党与上级党组织的联系时断时续。1947年9月，重庆市委书记王璞到上海向钱瑛请示汇报工作，建议恢复贵州地下党组织，钱瑛批准成立中共川东临委和中共黔北工委，王璞任川东临委书记，黔北工委由川东临委直接领导，主要任务是配合川东地下党在沿江山区开展武装斗争，建立川黔湘根据地。1947年12月，张立的组织关系由上级转到川东临委。张立，贵州普安人，1938年7月加入中国共产党。皖南事变后，他由贵州转移到重庆，在新华日报社潘梓年的联系下开展隐蔽斗争。1947年3月，张立的领导人何其芳随中共代表团撤走。6月2日，国民党特务在重庆大肆逮捕共产党人和进步人士，妄图一举破坏重庆地下党组织，张立与上级党组织失去联系。在极端困难的情况下，他一方面组织部分人员到农村搞武装斗争，另一方面动员在渝的贵州籍学生先仲虞、滕久荣、杨光文、刘端良等人分别返回家乡德江、松桃、雷山、贵阳活动。川东临委根据贵州情况，决定黔北工委由张立负责，陆续派遣宋至平、周翔、董啸嵋、李延伦等十余人到贵阳、黔北等地，加强贵州地下党的力量。在黔北工委的领导下，黔北、黔东北、黔西南等地区迅速燃起武装斗争的烽火。

这一时期恢复和重建西南地下党组织的工作卓有成效，各地党组织纷纷建立起来，党员队伍不断扩大，为开辟国统区第二条战线打下了坚实的组织基础。钱瑛深受周恩来、董必武的信任和重用，有关组织问题和干部问题，他们都要和钱瑛商量。因为周恩来和董必武要把主要精力用于国共谈判，钱瑛由过去协助周恩来和董必武领导西南各省地下党，变为直接领导西南各省地下党。

抗日战争结束后，大批从国民党集中营里释放出来的政治犯、失掉了组织关系或者停止组织生活的同志，陆续找到南方局，要求恢复或者接转党的组织关系。凡是来红岩的人，大都由钱瑛亲自接待。她曾经有过同样的痛苦经历，非常理解这些同志的心情，带领组织部的同志热情接待，逐一进行政治审查，把每一个人的情况搞清楚后，及时作出必要的安排。钱瑛再三叮嘱组织部的同志，凡是没有弄清事实真相的，不要轻率地接关系，要确保党组织的纯洁性；在问题搞清楚之前，事关每一个同志的政治生命，不能轻易地把任何一个同志丢掉。她强调有的问题可能暂时搞不清，等到将来条件好了，还是有可能搞清的，在未彻底弄清之前，不要急于下结论，对干部的处理务必持慎重态度。

抗日战争期间，云南、贵州、四川、西康、湖北、湖南等省地下党组织的情况，都由钱瑛亲自掌握，她对干部的情况了如指掌。由于红岩处于敌特的重重包围之中，为了应对随时可能遭到的突然袭击，不能建立干部档案，所有情况都储存在钱瑛的脑子里。为了让中共中央和中央组织部了解掌握情况，钱瑛把这些干部的情况写在纸条上，密封在一个小罐子里，与助手一道把小罐子埋在红岩的后花园。1946年4月8日，王若飞、秦邦宪、叶挺、邓发等一行13人由重庆飞回延安前，钱瑛把这个小罐子取出来，装在一只小铁皮箱里，委托王若飞转交给中央组织部。因为天气原因，飞机中途迷失方向，在山西黑茶山撞山坠毁，同机13人全部罹难，小铁皮箱也随之损毁。

审查干部是组织部的一项重要工作，钱瑛认真贯彻周恩来关于"审查干部是为了认识干部，最后要使干部得到一个合适的工作岗位，让他发展"的指示，坚持实事求是地审查干部，从而保护了一批干部。

南方局青年组成员张黎群曾经历了一次政治审查风波。1945年10月的一天上午，王若飞突然来到青年组城内工作处——重庆三鑫里"星庐"，表情严肃地向张黎群提出一连串问题："贵州青年的各进步组织有被特务破坏的没有？动员前去中原新五师的青年有没有被捕的？到农村去的进步分子有没有不安全的事情发生？青年组的同志有没有被特务盯梢的？你遇到过特务盯梢没有？你做过什么不谨慎的事？说过可资被人利用的话没有？"面对一连串劈头盖脸的提问，张黎群说："若飞同志，你明说出了什么事，与我有何牵连瓜葛？"王若飞说："南方局得到情报，说你出了政治问题。你是有志青年，一出大门就是国民党区，你不愿和我们一起革命，可以自由选择！"张黎群一听这话，情绪非常激动地说："若飞同志，不说了！我们上山去（回红岩），把事情弄清楚。"王若飞说："就这么办吧，由于江震同志陪你上山去。"

张黎群回到红岩，当晚就被关了禁闭。第二天一早，王若飞、钱瑛、于江震、刘光集体找他谈话。王若飞说："南方局决定对你实行政治审查，审查组除我们 4 人外，还有钱之光、荣高棠。我宣布三条纪律：1. 不要接触机关任何同志；2. 不要回家；3. 专心致志地写汇报资料。"钱瑛说："我离开延安时去请示少奇同志工作上有何嘱咐，少奇同志说，请转告大后方同志，中国革命环境复杂，共产党员既要在敌人刀尖下经受住考验，也要经受住党内暂时误会的考验。党审查你，审查无问题，就更相信你了。"

张黎群一时想不通，不肯配合审查。王若飞说："你要相信以周副主席为首的南方局的审干工作完全是实事求是的。成立一个审查小组，由大姐（钱瑛）具体负责，调查研究，务必弄清你的问题。"钱瑛也语重心长地对张黎群说："因为有情报说你被捕过，现在你承担了这么重要的工作，事关革命利益，应该审查清楚这究竟是怎么一回事，你有责任配合组织上共同把问题弄清楚。"张黎群被钱瑛的真诚态度所感动，写出详细汇报材料，钱瑛领导的审查小组很快就把问题调查清楚。原来，张黎群当时在《新华日报》发表了《革命青年的岗位在前线》《知识青年到农村去》两篇文章，引起了国民党特务的注意。一个小特务写密报时断章取义，结果变成了"共青干张黎群供称共党青运方针……"这份密报被我党打入敌特机关的秘密党员看到，将之作为重要情报送给南方局领导，由此引发了这次政治审查。

1946 年春的一天，钱瑛来到张黎群住的房间，笑着对他说："走，去听审查结论。"张黎群跟随钱瑛来到红岩的"万能厅"，于江震宣读了"没有问题"的审查结论，对张黎群的工作作了肯定的评价。王若飞说："鉴于你引起了特务的注意，不能对外活动了，决定让你去《新华日报》当编辑，对于《青年生活》的编辑事宜也尽量去做。"张黎群激动得热泪盈眶，他深知在当时的险恶环境中，如果钱瑛领导的审查组稍微提高一点保险系数，或者将他送到延安去"抢救"，或者将他送到国统区去"考验"，那将彻底改写自己的政治命运。

对王汉斌的审查充分体现了钱瑛对干部的关心。王汉斌，福建惠安人，1925 年 8 月出生于缅甸仰光。1928 年回到福建惠安，1937 年重返缅甸仰光。1941 年 2 月，王汉斌在缅甸仰光华侨中学学习期间，由李国华介绍加入中国共产党，担任中共仰光区委委员、缅甸华侨战时工作队队员。中间因故与党组织失去联系，后来在斗争中又找到了党组织，并重新接上了党的关系。1942 年华侨战时工作队即将撤离缅甸，李国华代表党组织通知王汉斌撤回昆明，报考西南联大。1942 年秋，王汉斌考入西南联大中文系，一年后转入历史系。1945 年 8 月，王汉斌专程从昆明到重庆红岩去接组织关系，南方局组织部秘书荣高棠听了他的汇报后，要他回昆明与袁永熙联系。不久，南方局组织部把王汉斌的组织关系转到云南。钱瑛考虑得更周密、更深远，她通过组织和有关部门，把王汉斌在缅甸的这段历史调查清楚，不仅作出明确的结论，而且把王汉斌

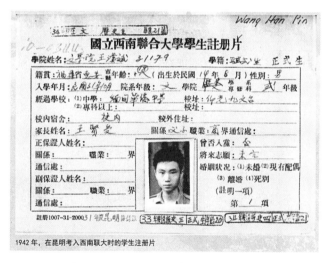

1942 年，在昆明考入西南联大时的学生注册片

1942 年 10 月，王汉斌考入西南联合大学时的学生注册片。

参加革命和入党时间都延续下来。此后，在历次政治运动中，特别是在"文化大革命"中，王汉斌的这段历史都维持了当年南方局组织部的结论。王汉斌由衷地钦佩钱瑛的远见卓识，衷心感谢钱瑛对他的关心和爱护。

由南方局改组的重庆局在周恩来、董必武的领导下，形成了一个政

治坚定、关系融洽的革命大家庭，钱瑛是这个大家庭的重要一员。作为组织部部长，她对干部的培养和任用，完全按照党的原则办事，包括对反对她的人，照样举贤任能、不计前嫌。

钱瑛突出特点是对上对下表里如一、真诚坦率。她的脸上从来不失慈祥、坚毅和微笑，她对干部既鼓励又批评，鼓励多于批评，常常寓批评于鼓励之中。她批评人是严肃认真的、一针见血的，但绝不是冷酷无情的，绝不强加于人，而是和你坐在一起探索问题的症结所在，求得正确的解决办法，使受批评的人拨开云雾、理出思路、心悦诚服，事后回想起来也倍感亲切。

红岩养育了一批烈士遗孤，每当看见在红岩蹦蹦跳跳的孩子，钱瑛就想起自己远在莫斯科的女儿，母女俩已经分离15年了。工作之余，女儿的身影时常会浮现在她的脑海里。钱瑛把对女儿的思念埋在心里，

1943年，南方局部分领导人与林彪合影。前排左起：孔原（左二）、钱瑛（左三）、邓颖超（左五）、董必武（右三）、吴克坚（右二）、林彪（右一）。

把母爱献给红岩的孩子们。尽管工作十分忙碌，她仍经常拨冗抽暇陪陪孩子们，千方百计给孩子们弄一些紧缺的鱼肝油等营养品。这一时期钱瑛留下的照片极少，在那些留存很少的照片中，即使是与领导人的合影，她也总是喜欢抱着一个孩子。

钱瑛在重庆局仍然化名为陈萍，她的传奇经历、领导水平和工作作风深受大家敬佩，大家都亲切地称她为"陈大姐"，尽管她才42岁。"大姐"是党内的特殊尊称，有着特殊的含义，不是什么人都可以被称为"大姐"的。邓颖超、蔡畅、康克清是党内公认的三位"大姐"，钱瑛也是党内公认的"大姐"，周恩来、王若飞也都尊称钱瑛为"大姐"。

第四章

配合解放战争　开辟第二战场

一、指导昆明一二·一爱国民主运动

云南地处西南边陲，天高皇帝远，国民党中央势力与云南地方实力派之间存在着控制与反控制的矛盾。1945年七八月间，蒋介石着手解决云南问题，先后4次召见国民党中央常委李宗黄，密谋以武力改组云南省政府，进一步加强对云南的控制。

1945年10月2日，蒋介石签署了改组云南省政府的命令，免去龙云本兼各职，任命远在越南受降的卢汉为云南省政府主席，同时任命李宗黄为云南省民政厅厅长兼代省主席，成立以关麟征为总司令的云南警备司令部，建立起直接控制云南的党政军系统。蒋介石要求李宗黄到云南后必须消灭"三害"：一是民主堡垒；二是学生运动；三是地方军政系统。李宗黄上台后，制定了严格的新闻出版检查

李宗黄

办法，严密限制言论自由。第五军军长邱清泉以搜查"散兵游勇""安定地方"为名，到处逮捕共产党员和进步人士，云南形势陡变。

11月5日，毛泽东以中共中央发言人的名义，发出"现在的中心问题，是全国人民动员起来，用一切办法制止内战"[1]的号召，得到全国饱受战争之苦的广大群众的热烈响应。云南省工委因势利导，11月22日经与西南联大党总支研究，决定以昆明学联的名义在云南大学至公堂召开反内战时事演讲会，揭露美蒋反动派制造内战的阴谋。国民

党云南当局闻讯后，于 24 日晚连夜召开党政军联席会议，作出"凡各团体学校一切集会或游行，若未经本省党政军机关核准，一律严予禁止"的决定，于次日在报上公布，并致函西南联大、云南大学，称"此种集会，并未先行请准，应即停止举行，以免影响治安"。昆明学联决定将会场移往西南联大。

11 月 25 日晚，在云南省工委和西南联大党总支的组织和发动下，昆明 6000 余名大、中学生和各界群众在西南联大举行时事晚会，钱端升、费孝通、潘大逵和伍启元教授在晚会上作制止内战的主题演讲，会议通过了反对内战和反对美国派军队干涉中国内战的通电。在晚会进行期间，国民党军队竟然武装包围会场，鸣枪恫吓群众。散会后，国民党军警在全市实行戒严，进城的各条道路被封锁，与会的几千人被迫在深夜寒风中徘徊近两个小时，许多同学连夜签名要求罢课抗议。第二天，国民党中央社发出《西郊匪警，黑夜枪声》的报道，诬蔑与会人士为"匪"，更加激起广大学生的愤慨，西南联大率先宣布罢课，云南大学、中法大学等 18 所学校也相继罢课。到 28 日罢课学校扩大到 31 所。

面对昆明学生的总罢课，国民党云南当局决定采取更加强硬的手段。11 月 27 日，李宗黄召集各大中学校负责人及宪警开会，责令各校交出"思想有问题"的学生名单，限令各校 28 日复课，否则拿学校是问。并决定"以组织对组织，以宣传对宣传，以行动对行动"，组织"反罢课委员会"，由邱清泉任总指挥，设情报、行动、破坏、对抗 4 个组，统一指挥镇压学生运动。

11 月 28 日，昆明学联组成由 31 所大中学校参加的罢课联合委员会（以下简称"罢联"），会上通过了由袁永熙起草的《昆明市大中学生为反对内战及抗议武装干涉集会告全国同胞书》（即《罢课宣言》），呼吁当局立即制止内战，实施和平；反对外国助长中国内战，要求立即撤出驻华美军；组织民主联合政府；保障人民的言论、集会、结社、游行、人身等自由。向云南省当局提出四项要求：追究射击西南联大事件的责任；立即取消24日晚党政军联席会议禁止集会游行的非法条令；保障同学的身体自由，不许任意逮捕；要求中央社改正诬蔑西南联大的荒谬谣言，并向当晚参加大会的人士致歉。

善良的教授害怕学生吃亏，力劝学生尽快复课，斗争面临关键性时刻。当晚全城戒严，袁永熙冒着危险，到昆明西仓坡教授宿舍找闻一多，恰好民盟的吴晗也在闻家。民盟并不知

1945年12月，一二·一惨案发生后，昆明学生有组织地走上街头，高举"反对内战、要求民主"的大旗，控诉国民党云南当局的暴行。（照片由云南师范大学西南联大博物馆提供）

道袁永熙起草《罢课宣言》的主张和要求是经南方局同意的。袁永熙婉转地向吴晗和闻一多介绍这些情况后说："罢课刚刚开始，学生的要求一条也没有实现，此时若无条件复课，无异示弱于暴力，不但学生难以接受，对整个斗争也不利。希望老师们理解。"他又说："为了避免损失，我们可以劝说同学们在校内活动，停止街头宣传。"经过沟通和交流，袁永熙的意见得到吴晗和闻一多的理解与支持。

11月29日，西南联大教授会向国民党云南当局提出抗议，指出反

动当局武装干涉集会，"不特妨害人民正当之自由，侵犯学府之尊严，抑且引起社会莫大之不安"。30 日，民盟云南省支部发表声明，认为"罢课是正当的唯一的抗诉手段，我们认为所提的 8 条不但合理，而且合乎人情，合乎国法"，表示"完全同情这一运动，声援这一运动"。

国民党反动派使用多种镇压手段都不能奏效，便向爱国师生举起了屠刀。12 月 1 日，李宗黄在参加了卢汉就任云南省政府主席的仪式后，急忙赶到国民党云南省党部，向集中在那里的党徒训话，鼓动他们"以流血对流血""效忠党国"。这伙党徒随即和军官总队、三青团省团部的暴徒会合，携带棍棒、铁条、刺刀、手榴弹，分头攻打西南联大、云南大学等学校，捣毁校舍，殴打师生，并投掷手榴弹，致使于再（共产党员）、潘琰（共产党员）、李鲁连、张华昌 4 名师生遇难，受伤者达数十人，酿成震惊全国的一二·一惨案。

惨案发生的当天下午，郑伯克和袁永熙分析研究形势，决定加强罢联领导机构，扩大以学生为主力的战斗队伍，团结教师，争取社会各方面的支援，利用反动派的矛盾，集中一切力量，向以李宗黄、关麟征、邱清泉为首的国民党反动派进行坚决反击。从 12 月 2 日开始，罢联组织学生开展了大规模的宣传活动，大量印发《一二·一惨案实录》《告全国同胞书》《向昆明父老沉痛呼吁》，以及告师长书、告家长书。

罢联同时决定举行大规模的公祭活动来悼念四烈士，揭露国民党反动派的血腥罪行，进一步争取社会各界的同情与支持。12 月 2 日，罢联在西南联大图书馆设置灵堂，为四烈士举行了入殓仪式，前来参加的各校师生和各界群众达 6000 余人。从 12 月 4 日起举行灵堂公祭，在一个半月的公祭时间里，前来吊唁的团体有 700 多个，参加祭奠的有 15 万人次，占昆明市人口的一半。

惨案发生的第三天，在云南省工委召开的碰头会上，袁永熙建议派王汉斌和程法伋赶赴重庆，向钱瑛汇报运动进展情况，并在重庆扩大宣传，争取更多的支持。郑伯克觉得这个意见很好，随即安排他们前往。王汉斌当时任西南联大民青第一支部组织委员、地下党第一支部委员。程法伋并不知道王汉斌的真实身份，罢联主席王瑞沅提醒程法伋说："你是以罢联常委身份去重庆的，王汉斌在重庆有些关系，运动以后怎样开展，要等王汉斌找人联系后再做决定。"程法伋这才意识到王汉斌可能是共产党员。

1945年12月4日，西南联合大学设立四烈士灵堂，在一个半月的公祭时间里，人口不足30万的昆明市，到灵堂公祭四烈士的人数达到15万人次。（照片由云南师范大学西南联大博物馆提供）

南方局对王汉斌的汇报高度重视，组织部部长钱瑛、青委书记刘光、组织部秘书荣高棠和朱语今等10多位领导同志听取汇报。第一次见到仰慕已久的钱瑛，第一次向这么多领导汇报，20岁的王汉斌有些紧张。钱瑛和蔼地说："你不要紧张，放开来说。"王汉斌这才逐渐稳定情绪，详细汇报了一二·一运动的情况。王汉斌汇报结束后，钱瑛代表南方局对昆明广大师生争取民主的斗争给予很高的评价，对如何领导这场学生运动提出明确的要求。针对罢联提出无限期罢课的意见，钱瑛指出："一二·一运动在全国的影响很大。但是，你们采取无限期罢课的办法是不策略的，也是不可取的。因为罢课时间长了，中间学生不容易坚持，还可能失掉校方和教授的同情，使积极分子陷于孤立，造成被动。必须立即改变无限期罢课的决定，争取达到一定要求后就适时复课。'有理、有利、有节'，才能团结中间学生，团结教授和争取校方，在斗争中壮大我们的力量。"

钱瑛强调指出："要告诉同志们，群众情绪越是高涨，我们就越应该保持冷静，要认真研究形势，考虑选择很好的时机结束罢课。因为罢课本身并不是目的，而是要通过罢课达到应有的目的。停止内战和严办祸首可以作为宣传口号提出来，但是把它作为复课的必要条件就不行了。我们应该看得很清楚，学生提出要惩办祸首，蒋介石就会真的惩办关麟征、李宗黄、邱清泉这几个人吗？不会的。蒋介石也不会因为学生要求停止内战就不再打内战。学生的要求永远达不到，罢课无限期地拖下去，大多数中间群众就会情绪低落，逐渐脱离运动，少数进步分子孤立突出，这对斗争是极为不利的。我们必须避免这种情况的发生，使群众始终保持高昂旺盛的战斗情绪，这是我们党长期从事群众运动的宝贵经验。"[2] 最后，钱瑛焦急地说："你们现在马上坐飞机回昆明，要想办法改变无限期罢课。"因为飞机票十分紧张，王汉斌和程法伋12月29日才飞回昆明。

12月9日，郑伯克见王汉斌没有回来，决定再派交通员王时风到南方局请示汇报。从昆明到重庆路途遥远，交通不便。王时风12月12日从昆明出发，先坐火车到曲靖，再乘5天的长途汽车到四川泸县，最后坐船到重庆，用了7天时间才风尘仆仆地赶到重庆。王时风向钱瑛汇报了运动的最新进展情况。钱瑛立即给郑伯克写了一封信，信中指出运动在政治上已获得重大成果，应改变斗争方式，在几个要求取得结果后即可复课，以巩固扩大胜利，把爱国民主运动引向深入。信写好后用蜡封实，藏在钢笔的笔筒里，当面交给王时风。

一二·一运动进入中期后，围绕复课问题，学生与国民党云南当局展开了激烈的斗争。昆明市大、中学生在《为一二·一惨案告全国同胞书》中提出11项要求，把其中7项作为复课条件，即：追究11月

25 日射击西南联大晚会事件的责任；立即取消 24 日云南党政军联席会议禁止集会游行的非法禁令；保障同学的身体自由；要求中央社更正诬蔑学生的荒谬言论，并向当晚参加大会的人士道歉；严惩 12 月 1 日主谋关麟征、李宗黄、邱清泉；当局应负担死难同学的抚恤费和受伤同学的医药费；赔偿一切公私损失。

事情越闹越大，以至于正在忙于处理外交与军事大事的蒋介石，不得不把注意力转移到昆明学潮上。1945 年 12 月 3 日至 7 日，《蒋介石日记》记录了他处理昆明学潮的有关内容：

> 12 月 5 日，打电话给云南省主席卢汉，"指示对昆明罢课风潮之处理"。[3]

> 12 月 6 日，"最近昆明学潮突起，虽为共匪所主持与煽惑，而我党干部军政当局之无知识无能力，竟造成惨案，徒供反动派之口实"，"实在让人感到无上之痛苦"。[4]

> 12 月 7 日，"该校思想复杂，秩序紊乱，已为共匪反动派把持，不可救药矣，自由主义误国害学之罪甚于共匪，为不可宥也"。[5]

> 12 月 8 日，"三日来脑筋作痛"，"本周本拟着手各种重要组织，惟为昆明学潮与哈雷（笔者按：即赫尔利）在其议会报告事，不能不使余分心旁骛也"。"发告昆明教育界书与处置学潮用心最苦"。[6]

根据蒋介石的指示，12 月 9 日，云南省政府主席卢汉与教育部次长朱经农、新任云南警备总司令霍揆彰，邀集西南联大、云南大学、中法大学、英语专科学校的负责人及学生自治会代表座谈复课条件，卢汉对学生提出的有关丧葬、抚恤、赔偿损失方面的问题，一口答应由政府全部负担，而对复课谈判的焦点，诸如惩凶、道歉等问题却表示无权处理。同日，蒋介石以"防范欠周虑，以致学生竟有死伤"，下令将关麟征停职，"听候议处"，并将邱清泉调离昆明。学生代表明确表示在中央负责处置尚无合理解决之前，学生确难复课。

国民党云南当局继续通过胁迫学校来强迫学生限期复课，从而使罢课与复课之间的斗争更加错综复杂。短短半个月内，西南联大就召开了6次教授会，讨论和敦促学生复课。12月10日，西南联大、云南大学分别召开教授会，决定一律复课。为此，罢联发表《致各校师长同学的一封公开信》，坚持原定立场。西南联大、云南大学决定，如果学生再不复课，校长和教授将集体辞职。学生与教授原来团结对敌的局面出现了裂痕，学生承受着政府与学校的双重压力，运动随时可能发生逆转。与此同时，国民党当局加紧了镇压学生运动的准备。14日，卢汉、霍揆彰密电蒋介石，表示"限校长于17日复课，如果无效，决遵钧示为最后之处置，刻已准备待命"，并称"对于学潮最后处置之准备工作，业已就绪"。

12月18日下午15时，蒋介石给朱家骅发出一封盖有"中华民国国民政府"红头大印的"国民政府代电"。全文如下：

> 教育部朱部长勋鉴。昆明学潮受少数反动学生操纵，迁延反复，妨害全体学生学业甚大，如延至二十日尚有未复课学生，应即一律开除学籍。除电昆明卢主席查照办理并一面仍准备军训办法候令实施外，希知照并速密知各校当局为要。中正。（卅四）亥巧。府军信。[7]

面对如此严峻的形势，郑伯克与袁永熙等人商量，采纳民盟云南支部组织部部长周新民（中共党员）的建议，决定采取停灵复课的策略，既可让运动告一段落，又明确表示要继续斗争。18 日晚，袁永熙再次拜访闻一多，请他将停灵复课的方案向教授会和联大常委梅贻琦传达。为此，闻一多和梅贻琦恳谈 4 个小时。19 日，梅贻琦主持召开西南联大第七次教授会，发表《教授会告同学书》，对学生最为关注的惩凶问题，以教授会的名义向学生保证："除军事首脑人员停职议处外，本会并请求政府对行政负责人员先行撤职，决以去就力争，促其实现。"

20 日，西南联大学生自治会代表大会正式通过修改复课条件的决定，修改后的 5 项复课条件为：由教授会书面保证先将李宗黄、关麟征予以行政上之撤职处分，再依法惩处，除关、李外，邱清泉、周绅等人也应依法惩处；立即取消 11 月 24 日云南党政军联席会议禁止集会游行之非法禁令；保障人身的基本自由；要求中央社更正诬蔑教授及同学之荒谬言论；由地方当局负担死亡者安葬费及其家属抚恤费、伤者医药费、残废者终身生活费，赔偿一切公私损失。以上 5 项除第一项邱清泉、周绅的惩处外，如都得到圆满解决，则由罢联宣布复课。

钱瑛在重庆密切关注着运动的发展，对学生迟迟不能复课十分着急，她与重庆局青委书记刘光商量，决定在《新华日报》上公开发表文章，尽快将停灵复课的指示传递给云南省工委和广大学生。12 月 23 日，《新华日报》副刊《青年生活》刊登《谈青年的斗争》一文，文章指出：

> 我们不仅要在斗争开始时，善于掌握具体情况，提出正确的口号，取得一些胜利，更要在斗争的过程中，善于观察情况的变化——反动者策略的改变、社会同情与声援的增强或减弱，群众斗争情绪的提高或低落等，根据新的情况来适当和适宜的［地］发展或结束这一斗争。

郑伯克看到这篇文章后，意识到这是重庆局的最新指示，立即安排西南联大第一、二党支部组织党员和民青盟员学习。

12月23日，王时风由重庆返回昆明，将钱瑛的亲笔信交给郑伯克。在斗争的关键时刻得到钱瑛的明确指示，云南省工委更加坚定了停灵复课的决心。针对部分积极分子对复课不理解的问题，通过各校共产党员组织民青盟员和运动中的积极分子，联系国内形势和现实斗争实际，学习"有理、有利、有节"的方针策略，在国民党当局被迫接受罢联大部分条件后运动适可而止的问题上统一了思想认识。12月25日，罢联代表大会一致通过《复课宣言》，声明为顾全大局，在5项要求已得到基本解决的情况下，忍痛抑悲，停灵复课，等李宗黄受到撤职处置后，再确定为四烈士出殡日期。27日，罢联发布两则启事，正式复课。

1946年2月，袁永熙到重庆局汇报工作，钱瑛高度评价西南联大党组织在运动中广泛团结群众、敢于斗争、善于斗争、适时收兵的成功

1946年3月17日，根据钱瑛的指示，云南省工委和昆明学联决定停灵复课，举行隆重的四烈士大出殡。前排有查良钊、李继侗、闻一多等人。（照片由云南师范大学西南联大博物馆提供）

经验。钱瑛指出：群众运动中的口号分为两类，一类是宣传性的，一类是行动性的。"长期罢课"即使作为宣传口号也是不妥当的，因为事实上做不到，反而脱离群众，孤立自己。钱瑛提出要把运动中涌现出来的积极分子吸收入党，把已经暴露的同志转移到安全的地方去。根据这一指示精神，有100多名先进分子加入党组织，民青盟员由运动前的300人发展到600多人，党组织和民青盟员进一步掌握了昆明大中学生自治会的领导权。鉴于国民政府准备还都南京，西南联大决定5月复员。钱瑛要求袁永熙迅速返回昆明，率领50多名党员、150多名民青盟员返回平津。她关切地问到袁永熙和陈琏的关系，并叮嘱袁永熙去看望陈琏。不久，袁永熙和陈琏在重庆沙坪坝中央大学相逢，一对恋人互相倾诉着衷肠。

根据钱瑛的指示精神，在运动已经取得重大胜利的情况下，云南省工委领导昆明学联抓紧筹备四烈士出殡仪式。1946年3月17日，四烈士出殡仪式隆重举行。出殡的行列以"一二·一惨案死难烈士殡仪"横幅为先导，撞击着自由钟开路，之后是"党国所赐""自由民主"的大木牌。走在最前面的是殡仪主席团，有云南大学校长熊庆来，西南联大训导长查良钊，省商会理事长严燮成，学联常委吴显钺、侯澄、朱润典等。接着是坐在人力车上的右腿被炸断致残的缪祥烈，再后面是治丧委员会常委们。在主席团后面，引人注目的是上书"民主使徒""你们死了还有我们"等12块大木牌，按于再、潘琰、李鲁连、张华昌四烈士的前后顺序，全市46所大中学校分为4队，每一灵柩前有10多所中等以上学校的师生和市民，送葬群众达3万多名。同学们唱着挽歌：

> 天在哭，
> 地在号，
> 风唱着摧心的悲歌，

英勇的烈士啊，

你们被谁陷害了？

你们被谁残杀了？

那是中国的法西斯，

那是中国的反动者。

让我们踏着你们的血迹，

誓把那反动的势力消灭。

游行队伍经过全市主要街道，沿途散发《为一二·一死难烈士举殡告全国同胞书》《告三迤父老书》，呼吁全国人民粉碎国民党反动派破坏和平的阴谋。当天下午，殡仪队伍回到西南联大校本部，举行公葬四烈士仪式，闻一多、吴晗先后在安葬仪式上讲话，3万多人在烈士墓前庄严宣誓："我们将以更坚定一致的步伐前进，我们要集中所有力量，向反动的中国法西斯余孽痛击。"至此，历时近4个月的一二·一运动胜利结束。

一二·一运动是继五四运动、一二·九运动之后以青年学生为主体的爱国民主运动的又一个里程碑，不仅在中国学生运动史上具有重大的历史意义，在中国革命史上也产生了深远的影响。钱瑛从始至终加强对运动的指导，及时纠正运动中暴露出来的问题，坚持"有理、有利、有节"的斗争原则，特别是要求适时停灵复课，争取了斗争的主动权，保证了运动的最后胜利。

一二·一运动拉开了解放战争时期第二条战线的序幕。1945年12月15日，毛泽东在为中共中央起草的党内指示中指出："目前我党一方面坚持解放区自治自卫立场，坚决反对国民党的进攻，巩固解放区人民已得的果实；一方面，援助国民党区域正在发展的民主运动（以昆明罢课为标志），使反动派陷于孤立，使我党获得广大的同盟者，扩大在我党影响下的民族民主统一战线。"[8] 周恩来在延安各界纪念一二·九运动10周年的讲话中说："我们处在新的一二·九时期，昆明惨案就是新的一二·九运动。""五四青年运动未完成的任务，由一二·九青年运动继承起来，一二·九未完成的任务，由今天的青年运动继承起来，青

1986年，参加纪念一二·一运动40周年座谈会的老同志合影。前排左起：王汉斌（左四），郑伯克（左六），袁永熙（左七）。

年是争取和平民主的先锋队，谁有青年谁就有将来。"[9]

钱瑛在一二·一运动中深感党的力量还比较薄弱，党的外围组织亟待加强。1946年2月，中共中央书记处"关于青年组织问题"的指示下达后，她向周恩来建议在国统区的城市和学校中，普遍建立类似民主青年同盟、民主青年协会（简称"民协"）、新民主主义青年社（简称"新青社"）这样秘密的外围组织，作为党领导群众运动的重要助手。这个建议得到周恩来的充分肯定。这些组织成立后，在开辟第二条战线的斗争中发挥了重要作用。

二、跟随周恩来战斗在南京梅园新村

钱瑛

南京梅园新村纪念馆一楼大厅里，耸立着一块巨大的汉白玉浮雕，上面镌刻着周恩来、董必武、叶剑英、吴玉章、陆定一、李维汉等12位南京局领导人的头像，个个栩栩如生。其中有两位女性，一位是邓颖超，另一位就是钱瑛。浮雕上的钱瑛梳着短发，面带微笑，两眼炯炯有神地凝视着前方，仿佛在无声地诉说着70多年前那段难忘的岁月。

1946年5月，国民政府还都南京，国共谈判的中心也随之迁到南京。在中国面临两个前途、两种命运决战的关键时刻，中共中央提出关于积极准备、尽可能推迟全国性内战爆发的方针。5月3日，周恩来率邓颖超、齐燕铭、廖承志、钱瑛和电台机要人员10余人，乘马歇尔专机飞到南京。董必武、李维汉等人也相继到达南京。随后，周恩来在中共代表团和主要负责同志参加的会议上宣布：中共代表团对外代表中共中央与国民党和美国代表继续谈判，对内即是中共中央南京局，统一领导谈判斗争、统战工作和秘密工作。南京局由周恩来总负责，内设组织部、宣传部、外交事务委员会、地下工作委员会、群众工作委员会、财经委员会、党派组、军事组、资料组（情报组）、政治研究室、办公厅等。董必武任地下工作委员会书记，李维汉任地下工作委员会副书记，钱瑛任组织部部长兼地下工作委员会成员。[10]

时隔9年再一次来到南京，钱瑛感慨万千。这座城市给她留下太多

　　中国共产党代表团南京梅园新村纪念馆一楼大厅的汉白玉浮雕，右上角第一人为钱瑛。

刻骨铭心的记忆，她在这里的国民党监狱被关押了4年零5个月，经周恩来和叶剑英营救，方才重新获得自由；她的丈夫谭寿林、狱友黄励和何宝珍在这里英勇就义；她在这里经历了人生最艰难的岁月，浴火重生，凤凰涅槃，展翅高飞。每当路过江苏第一监狱时，钱瑛都会非常留意地向大门看去。

中共代表团来到南京后，国民党军警机关将其列为重点监控对象，规定代表团所有工作人员和家属都要登记备案，建立集体户口卡和个人户口卡。于是梅园新村多了一个特殊家庭，户主是周恩来，家庭成员有70多人。钱瑛分管地下工作，身份不能公开，她的户口卡主要内容如下：户主姓名：周恩来；姓名：钱季瑛；教育程度：师范；性别：女；岁数：39；出生日期：民国四年；本籍：湖北；与户主关系：亲属；居住本市年月：民国35年5月；身份证：1字88725号。户口卡上贴有钱瑛的半身照片。这套户口卡现藏于南京梅园新村纪念馆。

为了严格限制中共代表团的人数，国民政府对其住房严加控制，后经国民参政会秘书长邵力子、副秘书长雷震协调，仅拨给梅园新村17号、30号两幢房屋。董必武、何莲芝夫妇带两个孩子挤在一间小屋里，6名机要人员挤在周恩来住的小楼上的两间小房子里，钱瑛和其他同志则按男女分别挤在一块。随着工作人员的不断增加，分管行政工作的钱

钱瑛户口卡，现藏于南京梅园新村纪念馆。

之光和龙飞虎等人商量，采取"搭积木"的办法，在晒台、门楼和汽车房的平顶上搭起小房间，不管怎么困难，谁也没有怨言。后来实在住不下，经周恩来、董必武商定，以廖承志夫人经普椿的名义，用30根金条买下了30号隔壁的35号房屋，钱瑛搬到35号后才单独住一间

房子。

工作人员的生活都很艰苦，服装是从重庆带来的，有的已经破旧了，稍加缝补继续穿，只给从苏北解放区穿着军装来的同志每人做一套衣服，男的是一件中山装，女的是一件旗袍。伙食仍然按照周恩来在重庆时制定的标准，即每人每天2两肉、2钱油、1斤蔬菜。为了保证周恩来、董必武等负责同志的健康，每顿饭增加一个炒鸡蛋或者是一个蔬菜。只有在民主党派负责人前来拜访留下来吃饭时，才增加一个荤菜。偶尔也有打牙祭的机会，童小鹏晚年仍然清楚地记得，有一次他陪董必武到雨花台凭吊后，董必武在夫子庙请大家吃了一顿扬州小汤包，很久还令他们回味无穷。一次，廖承志和齐燕铭晚上加班到11点，忽然听到外面叫卖茶叶蛋的声音，赶紧跑出去，就站在小商贩面前，每人狼吞虎咽吃了七八个。

南京谈判是重庆谈判的继续，南京谈判比重庆谈判更加艰巨复杂。钱瑛的工作十分繁忙，除了做好组织部的工作外，还要领导南方各省地下党工作，完成周恩来交办的一些重要任务，为周恩来分担一部分工作。她白天忙一天，晚上还要参加周恩来召开的工作汇报会，常常工作到深夜。第二天天还未亮，同寝室的人就发现她已经坐在床头，一边抽烟一边思考问题。

南京局驻地处于国民党特务的严密监视之中，梅园新村31

南京梅园新村30号。该处是1946年5月至1947年3月，国共两党进行和平谈判的中共中央南京局驻地，周恩来、邓颖超、董必武、李维汉、廖承志、钱瑛等人曾在此办公和居住。

号就是特务的秘密据点，他们在二楼使用望远镜和照相机，24小时监视周恩来和南京局人员的一举一动。特务们还化装成补鞋匠或卖货郎，不时在梅园新村周围出没，只要对出入人员感到怀疑，便马上进行跟踪盯梢。

潘汉年、董慧夫妇

魔高一尺，道高一丈。钱瑛采取多种方法与特务们斗智斗勇。为了加强上海的情报工作和统战工作，周恩来电告中共中央社会部，通知在延安的潘汉年、董慧夫妇尽快赶到南京。潘汉年夫妇乘坐军调部的军用飞机从延安起飞，在南京大校场机场降落。

潘汉年在南京的熟人很多，为了防止暴露行踪，安全保密工作由钱瑛负责。钱瑛带车到机场迎接，把他们安全送到梅园新村。周恩来、董必武、钱瑛给潘汉年交代任务后，钱瑛又亲自将他们送到南京火车站，神不知鬼不觉地完成了任务。

钱瑛还根据不同人员的情况，设计了多种出入梅园新村的方案。湖南省工委负责人刘亚球到南京局汇报工作，国民政府教育部督学、秘密党员刘寿祺负责护送和联络。刘寿祺准备离开梅园新村前，钱瑛手里拿着电影广告问刘寿祺看过哪些影片，然后告诉刘寿祺，驻地周围都是国民党特务，一旦出事不仅关系到个人安危，还会牵扯到湖南地下党。钱瑛叮嘱刘寿祺："今晚7时左右，梅园新村门口会停着一辆小汽车，在电影散场前30分钟出发。你换好衣服上车到新街口，卧倒在车后座的沙发上。等车子开到马路旁的菜园时突然刹车，车里人都下来修车，你趁着这个机会迅速横穿菜园走进小巷，到那里的电影院去拿一份宣传册。电影一散场，在人群中找到你熟悉的人，最好是你们教育部的人，你同这些熟人一道走回教育部，在路上和他们大谈今晚电影的内容、主角的表演技巧等等，让他们确信你刚和他们一块儿看了这部电影。"果然不出钱瑛所料，刘寿祺乘坐的车子一开动，特务就跟了上来。按照钱瑛的缜密安排，刘寿祺顺利地甩掉特务，安全回到教育部。

根据周恩来关于组织人民代表请愿团赴南京向国民党政府呼吁和平、反对内战的指示，中共上海分局决定成立"上海全国和平运动大会"筹备会，并以此会名义推选代表到南京请愿。6月23日，上海各界人民团体推派人民代表马叙伦、阎宝航、黄延芳、张絅伯、包达三、盛丕华、吴耀宗、雷洁琼和学生代表陈震中、陈复立以及秘书胡子婴、罗叔章等赴南京请愿，向蒋介石呼吁和平。代表们到南京下关火车站时，

1946年，前排左起：张清华、邓颖超、钱瑛、罗晓红在玄武湖合影，后为警卫员焦通海。（童小鹏摄）

遭到国民党特务的围攻和殴打，造成震惊中外的"下关惨案"。次日凌晨2点，周恩来、董必武、邓颖超、李维汉等人到医院慰问惨案中的受伤人员。25日，南京局得到情报，国民党特务要利用苏北逃亡地主以及流氓，以所谓"苏北难民代表"的名义，在26日到中共代表团办事处和民盟总部请愿，并采取暴力行动。当晚，周恩来、董必武开会研究对策，制定了第二天分组出去的名单，把机要文件和密码分别转移至可靠的朋友家里，连夜把在南京有社会关系的同志疏散出去。同时立即将这一情况通报民盟，并向国民党提出抗议。钱瑛、廖承志、刘宁一用亲身经历对机关人员进行革命气节教育，给大家以极大的鼓励。26日早

饭后，办事处只留少数人看守，大部分人去玄武湖和灵谷寺以避风头。周恩来上午去莫愁湖，下午拜访马歇尔。董必武则到一家旅馆休息。上午9时，有近500人在国府路东方中学集会，叫嚷"反对共产党土改""打倒共产党"等口号。外国记者闻讯赶到，携带照相机和小型摄影机准备拍摄新闻。国民党因害怕造成严重后果，不仅要负破坏和谈之责，而且会在国内外声名狼藉，很快派出军警在梅园新村维持秩序，这群"苏北难民代表"集会后没敢前来捣乱。

6月26日，国民党悍然撕毁停战协定和政协协议，大举围攻中原解放区，全面内战爆发。国内时局进入表面谈判实际大打阶段。28日，周恩来电告中共中央：时局一旦突变，我党在外的工作人员和民盟及其他进步分子将分批撤到解放区，建议中央指示各解放区在边界设立接待站。钱瑛安排得力干部王志、郭端正到山东曹州开辟通往冀鲁豫解放区的交通线，先后安排6批人员通过这条交通线安全撤至解放区。

周恩来考虑到国共和谈即将破裂，中共代表团很快将撤离南京、上海、重庆的情况，决定安排钱瑛秘密转移到上海，继续领导国统区地下斗争。钱瑛自1940年3月调入南方局后，一直在周恩来的直接领导下工作，深受周恩来的信任和重用，是周恩来领导隐蔽斗争的主要助手。这次秘密潜伏到上海风险很大，周恩来、董必武再三叮嘱钱瑛一定要做好隐蔽工作。

钱瑛对这次秘密转移做了精心安排，选派张述成、张文澄先到上海打前站。张述成，重庆云阳人，1929年加入中国共产党，曾任共青团上海法南区南市支部书记、川东工委委员、贵州省临时工委委员等职。张文澄，四川仁寿人，1937年加入中国共产党，曾任成都市委组织部部长、川康特委秘书长、四川省委副秘书长等职。

钱瑛挑选张述成、张文澄打前站，不仅因为这两人政治可靠，都是她的老部下，更重要的是张述成曾经在上海工作过，熟悉上海的情况，具有丰富的地下工作经验，张文澄的家庭则可以起到很好的掩护作用。7月，张述成先潜伏到上海，在虹口区一个弄堂里租了一套房子，开办一家茶庄。随后张文澄夫妇带着5岁的孩子来到上海，与张述成会合，张文澄当茶庄老板，张述成当茶庄会计，茶庄正式对外营业。

7月，西南联大由昆明迁回平津，恢复原来的北京大学、清华大学和南开大学。西南联大地下党自1939年3月成立以来，一直在云南省工委的领导下开展斗争，现在党组织要随学校迁回平津，情况发生了很大变化，回到平津后归谁领导？下一步工作需要注意什么问题？王汉斌和袁永熙决定利用北归的机会，到南京向钱瑛请示汇报工作。王汉斌是缅甸归国华侨，从国民政府侨务处领到5万法币的路费补助，还拿到一笔华侨学生救济金，可以从容地安排自己的行程。

7月11日，袁永熙、王汉斌随西南联大最后一批学生登上学校提供的汽车离开昆明，一路颠簸来到武汉，再换乘轮船顺江而下，计划经南京、上海、天津到北平。他俩在南京提前下船，直接找到梅园新村。

袁永熙和王汉斌在梅园新村住了六七天，钱瑛尽管工作十分繁忙，但仍多次抽时间听取他俩的汇报。钱瑛告诉他们："蒋介石已向我们全面进攻，大规模的内战已经爆发。国共谈判虽然还在进行，但实际上已经破裂，中共代表团不久也要撤离。敌人必然会在国统区加强对人民的镇压，你们要警惕。北平和昆明的情况不同，北平的进步力量还比较薄弱，你们要有长期艰苦斗争的思想准备，不要追求表面的轰轰烈烈，要扎扎实实地工作，要学会在群众中隐蔽自己。""要学会在群众中隐蔽自己。"王汉斌将这句话牢记在心，后来多次在群众的掩护下转危为安。

钱瑛特别强调："你们回到北平后，既要打破进步同学的小圈子，也要打破南方复员来的同学的小圈子，要通过各种方式、各种社团把广大同学团结起来，培养大量的积极分子。群众中各方面的积极分子多起来，我们在群众中就更能掩护自己，敌人就不容易把我们党员分辨出来，这是最积极的隐蔽方法。"钱瑛再三叮嘱他俩要尽力团结广大教师，相信他们大多数是爱国的，有民主要求的。一二·一运动取得胜利的一条宝贵经验，就是师生团结，并肩战斗。钱瑛要求他们根据"转地不转党"的原则，在随学校迁回平津后，组织关系不要转到北方，仍然由南京局直接领导，独立开展工作。最后，钱瑛告诉他俩自己很快也要转移到上海，并约定了今后的联系方法。

鉴于全面内战已经爆发，国共两党的斗争将变得更加残酷和激烈，临别的前一天，钱瑛找袁永熙和王汉斌谈话，破例讲起她个人的革命经历，并特别叮嘱他们说："共产党员要珍惜自己的政治生命，头可断，血可流，革命决心不能动摇。万一被捕，千万不要暴露自己的政治身份，不能出卖同志和党的机密，事先要编好应付敌人的口供，至死不改，敌人就奈何不了你。你们都是经过党多年培养的党员，是党的宝贵财富，千万千万要保持共产党员的气节！"他俩将钱瑛的临别赠言牢记心中，准备迎接更加严峻的考验。

9月16日，为了抗议国民党拖延和破坏谈判，周恩来和范长江、章文晋离开南京飞抵上海。周恩来在临行前致电美国总统特使马歇尔：

将赴上海，一旦决定召开三人会议，就返回南京。

鉴于国共两党和平谈判即将破裂，根据周恩来、董必武关于有计划地安排留在国统区坚持斗争的领导人向上海、香港等地转移的指示，钱瑛提出南京局机关（包括上海工委）准备撤退、转移、埋伏以及继续坚持斗争的干部名单，秘密安排南京局干部刘真从南京赶到上海，将名单报送周恩来审批，随后抓紧组织实施。

钱瑛撤离南京前，在梅园新村秘密会见地下党员、国民党联勤总司令部上校机要秘书黄清宇，要求他利用身居蒋军要害部门的有利条件，注意搜集绝密军事情报。一个月后，黄清宇获取了一份重要情报，因与单线联系人失联一个多月，情况十分紧急，他冒着风险，乔装打扮，把情报藏在皮鞋里，直接送到梅园新村。这份绝密情报引起周恩来的高度重视，迅速报给中共中央。

10月11日，国民党军队占领张家口。蒋介石下令于11月15日召开"国民大会"。11月16日，周恩来在南京举行记者招待会，宣布：由于国民党当局单方面召开"国大"，把政协协议破坏无遗，和谈之门已被关闭，中共代表团人员即将撤回延安。周恩来说："南京我们总是回来的，无非是两种可能：一种是国民党打不下去了，再回到政协协议上来，请我们回来！另一种是国民党越打越垮，人民打回南京来。我看，这后一种可能性很大也很快。"[11] 11月19日，周恩来率中共代表团邓颖超、李维汉等人返回延安，董必武率部分机关工作人员继续留在南京坚持斗争。钱瑛则于11月上旬秘密转移到上海，与张述成和张文澄会合，扮作张文澄的嫂子，以临时家庭为掩护领导地下斗争。

三、指挥全国抗议美军暴行运动

在抗战胜利后的一年多时间里，国民党政府为了获得美国援助，实行崇美媚外的外交政策，甚至不惜出卖民族利益和国家主权，先后与美国政府签订13个不平等条约和协定。美国商品如潮水般的涌进中国市场，同时美国又从中国掠夺大量廉价原材料，严重打击了民族工商业和农村经济，加深了中国社会殖民地化的程度。

驻华美军在中国土地上横行霸道，犯下累累罪行。从1945年8月到1946年11月，在上海、南京、北平、天津、青岛5座城市发生3800起美军暴行，中国人民死伤达3300余人。从1945年8月到1946年7月，美军军车肇事事件达1500起，美军奸淫中国妇女300余人。国民党政府的内战卖国政策和美军暴行，激起了中国人民极大愤慨，一个以反对美蒋为中心的人民运动在国统区迅速兴起。

全面内战爆发后，战争形势逐渐发生有利于革命力量的变化。中共中央审时度势，及时把城市工作和根据地工作提到同等重要的地位。1946年12月16日，中共中央决定改组中央城市工作部，由周恩来兼任部长、李维汉任副部长。中央城市工作部的任务是："在中央规定的方针下，研讨与经管蒋管区的一切工作（包括工、农、青、妇），并训练这一工作的干部。"[12]

西南联大的地下党组织随学校复员到北平后，领导北平学生运动的地下党分为南系和北系两个系统。北系是原在北平的地下党组织，由晋察冀中央局城工部（后为华北局城工部）领导；南系是西南联大的地下党组织，由南京局领导，直接领导人是钱瑛。

袁永熙和王汉斌回到北平后，因为已经毕业离校，需要找一个职业

作掩护。袁永熙经
人介绍到北平敌伪
产业处理局当职员，
王汉斌通过傅作义
的女儿、中共秘密
党员傅冬菊的介绍，
到北平平明日报社
担任国际版编辑。
他俩的主要任务是
领导北平（南系）
地下党，包括 50 名
中共党员和 150 名
民青盟员。这些人

1946 年 12 月，美军强奸北京大学女生事件发生后，钱瑛领导的北平学委（南系）与刘仁领导的北平学委（北系）迅速发动和组织了全国大规模的抗暴运动。

分布在北京大学、清华大学、燕京大学、中法大学等学校，别看人数不多，个个都是组织学生运动的行家里手。袁永熙和王汉斌分别向各自联系的地下党员和民青骨干传达钱瑛的指示，要求每个党员和民青盟员都要联系群众、广交朋友，做好北方同学和新入校同学的工作。

复员回到北平的北京大学、清华大学都有南方同学（即原西南联大的同学）和北方同学（即在抗战时期仍在北平读书的同学）之分。反动派企图挑拨南北同学关系，对南方同学说："北方同学都是伪学生，思想反动。"又对北方同学说："南方同学说你们是伪学生，瞧不起你们。"南北同学分别办食堂，伙食待遇也有区别，南方同学的待遇高，可以吃白馒头，而北方同学只能吃玉米面、窝窝头，反动派企图以此挑起所谓"黄白之争"。在中共地下党的领导下，南方同学主动向北方同学靠拢，出面争取学校增发伙食补贴费，把增发的补贴费都拨给北方同学的食堂，使大家都能吃上白馒头。北方同学和新同学来校时，南方同学列队站在门口，高喊"南北同学是一家""新老同学是一家"等口号，并帮助他们提行李、办理入学手续、介绍学校历史，南北同学很快融洽了感情。

根据斗争需要，经过钱瑛批准，袁永熙和王汉斌与原来北平的学委书记佘涤清、杨伯箴等人取得联系，互通情况、密切配合、协同作战，在组织上各自独立，不发生横的关系。他们很快把清华大学、北京大学等学校的系会、班会建立起来，并通过民主竞选，在清华大学掌握了学生自治会的领导权，在北京大学掌握了文学院学生会的领导权，为进行公开合法斗争创造了条件。

根据同学们的兴趣爱好，各校扩大和建立了各种社团，有政治性的读书会和各种壁报社，有学术性的各种学会和研究会，有艺术性的歌咏和剧艺社团，还有为同学生活服务的团体等，开展丰富多彩的活动，校内生气勃勃，较好地团结了广大同学，涌现出一批同情共产党、拥护共产党的积极分子。针对当时国民党勾结美国扩大内战，在华美军横行霸道，国民党的接收人员大搞"五子登科"（强占金子、票子、房子、车子、女子）等行径，社团运用壁报、画刊等多种方式加以揭露，使原来对国民党存有正统思想，对美国抱有幻想的一些人，开始认识到国民党内战、卖国、独裁的本质，为开展民主运动奠定了思想基础。

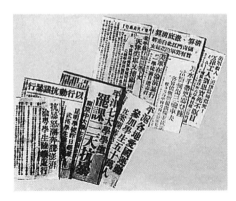

1946年12月，全国各大报纸强烈抗议美军暴行。

1946年12月24日晚，北平发生了美国海军陆战队士兵皮尔逊强奸北京大学先修班女生沈崇的事件。北平市警察局会同美军宪兵经过调查和讯问，查明皮尔逊强奸情况属实。依据中美双方于 1943 年 6 月 9 日签订的《处理在华美军人员刑事案件条例》第一条：美国军人在中国犯罪"归美军军事法庭及军事当局裁判"。[13] 皮尔逊交美方看押。

事件发生后，警方曾打算封锁消息，北平市警察局局长汤永咸打电话给国民党中央社，让其通知各报不要报道这一事件。但是，各报并未按警察局的意旨办事。12 月 26 日，《世界日报》《经世日报》《北平日报》《新生报》《新民报》都对此事进行了报道。26 日下午，北京大学的民主墙上也贴出了这条消息。随后消息传遍北平各高校，学生们义愤填膺，开始酝酿各种抗议行动。

袁永熙和佘涤清研究认为：美帝支持国民党打内战，美军在中国为非作歹，人民群众早已不满，应当抓住这一事件，高举维护民族尊严的旗帜，激发广大群众的义愤，放手发动同学掀起抗议美军暴行运动。经过北平（南系）地下党和北平（北系）地下党的发动，各校立即行动起来，抗议的大字报、抨击文章、壁报、漫画贴满了各校的民主墙，社团也纷纷开会，发表演讲，提出抗议，要求罢课。北大首先由女同学会召开抗议大会，接着又在各社团、各系级代表会上正式通过决议：分别致书蒋介石、司徒雷登、马歇尔、杜鲁门，抗议美军暴行；发表告全国同学书、告全国同胞书；联络各校一致行动，首先罢课一天，必要时游行示威等。在地下党、民青和学生会的发动引导下，清华大学签名要求抗议美军暴行的学生十分踊跃，在全校学生代表大会上，通过罢课一天的决议，代表大会授权学生自治会，可根据事态的发展决定是否游行，并成立了罢课委员会，还及时联络了附近的燕京大学一致行动。

面对学生的抗议浪潮，国民党北平市党部组织三青团、特务匆忙上阵，撕大字报，造谣恫吓，妄图掩盖真相，把群众情绪压下去，结果是欲盖弥彰。当北京大学女同学会将访问到的沈崇身世公布后，群众怒火更旺，游行示威的呼声更高，连大多数中间学生也行动起来，并迅速波及其他各校。12 月 29 日晚，当北京大学召开全校系级代表大会，决定第二天行动时，国民党北平市党部竟纠集了 100 多名特务、暴徒，闯入会场，对学生大打出手，不但砸烂罢委办公室，还威胁要以机枪对付游行。他们的拙劣表演，恰如火上浇油，令群情更加激愤，从而促进了全市游行的进展。燕京大学、中法大学、朝阳学院、北平师范学院等校得知北京大学学生被打的消息，当晚决定于次日游行示威。各校彻夜进行游行的各项准备工作，写中、英文标语，画漫画，制旗帜，组织宣传队、纠察队、联络员，并规定了统一的口号：抗议美军暴行！严惩肇事美军！美国军队撤出中国！美国应立即改变对华政策！维护中国主权独立！反对内战、要求民主！等等。30 日，全市约 5000 多名爱国学生参加抗议美军暴行的游行示威，震撼了整个北平，并迅速扩展到全国。

袁永熙和王汉斌等人吸取一二·一运动经验，重视做好教师的工作，抗暴斗争得到教师的大力支持。北京大学 48 名教授联名给美国驻华大使司徒雷登写抗议信，历史系教授向达不顾特务殴打，当场阻止特务撕毁大字报。清华大学校长梅贻琦等人表示不能阻止学生的罢课游行，并要求当局保障学生的安全。著名教授朱自清、张奚若等人公开表示支持同学的正义行动。燕京大学教授雷洁琼还亲自参加了游行。

北平爆发的抗议美军暴行运动，立即引起了国共双方领导人的关注。12 月 31 日，中共中央发出《关于在各大城市组织群众响应北平学生运动的指示》的电报：

董（并转沪工委），吴、张（通知昆蓉）、剑英、刘晓（并转钱瑛）、方、林：[14]

（一）北平学生因美兵强奸女生事，已造成有力的爱国运动。上海、天津闻亦将响应，望在各大城市（平、津、京、沪、渝、昆、港、蓉、杭等）及海外华侨中发动游行示威，并坚持下去，不能游行的地方，亦可进行请愿及组织后援会，一面提出目前具体要求，如要求此案及以前历次悬而未决的惨案彻底解决，要求美国兵犯罪由中国法庭按中国法律公开审判（如华侨在美犯罪一样）等，一面依据情况联系到美军全部撤离中国，反对美国干涉内政，出卖军火，进行借款，助长内战，及废除中美商约，抵制美货等口号。在运动中要尽量推动一般中立分子出面，造成最广泛的阵容，并利用国民党所宣布的元旦起实行宪法人权条文，采取理直气壮的攻势，使国民党不敢压迫，并达到暴露国民党之媚外卖国及其国大制宪全系欺骗之目的。

（二）我们在各地学生及妇女中的关系，应尽量利用学生及妇女中通信办法，向各地推动发展，并推动各界撰文通电，向各方声援呼吁，务使此运动向孤立美蒋及反对美国殖民地化中国之途展开。

中　央

亥　世 [15]

这份电报发出时间"亥世"，即 12 月 31 日。电报自清代开通后，按字论价，收费昂贵。为了节约用字，发明了一种新的纪日方法，用地支代替月份，用韵目代替日期。解放战争时期电报均以韵目代日，这种方法一直沿用到中华人民共和国成立之初。当年上海局报中共中央的电报需要经过山东台转，先报中央后方委员会、中央城工部叶剑英和罗迈，再由中央后方委员会和中央城工部转报中共中央，一般 10 天左右才能收到。

接到中共中央的指示，钱瑛立即向她直接领导的北平的袁永熙、上海的吴学谦、西南的朱语今、云南的赖卫民，以及南京中央大学、金陵女子大学等学校的地下党负责人布置任务，要求各地积极响应北平学生的反美爱国斗争，迅速形成反对驻华美军暴行和"要吃饭、要和平、要自由"的大规模群众运动。在各大城市地下党的精心组织和领导下，从 1946 年 12 月底到 1947 年 1 月 10 日，反美运动波及 14 个省 26 个城市，其中 18 个城市发生了罢课、游行 [16]，总人数达到 50 万人以上。强烈要求美军退出中国，要求国民党停止对学生的迫害，改善学生和人民生活，停止不得人心的内战。这些要求已经远远超出沈崇事件本身的范围。

蒋介石吸取昆明学潮的教训，很早就介入了对此事的处理。《事略稿本》记载了蒋介石 1946 年 12 月 30 日至 1947 年 1 月 5 日处理北平学潮的详细情况。[17]

> 1946 年 12 月 30 日，"长公子经国晋谒，公当就北平学潮事有所指示，以其将于明日偕同新疆籍国民大会代表飞平一行也"。[18]
>
> 1946 年 12 月 31 日，蒋介石"晚宴马歇尔特使，盖为其生日贺也。继对共党借美军污辱北大女生案所激起各地之学潮，研究弭平办法"。[19]
>
> 1947 年 1 月 1 日，蒋打电报给北平市市长何思源，要求查明此案。[20]
>
> 1947 年 1 月 2 日，蒋介石全天的活动均与北平学潮有关："接见王世杰、朱家骅两部长，诘问处理学潮事，盖北平各校近因美兵奸污北大女生，引起学潮，共党正借之掀起反美运动，京沪杭各地学生受其蛊惑，日来亦有进行示威之举，其标

语传单诬蔑政府，侮辱美军及中伤中美感情，正无所不用其极也。"[21]

1947 年 1 月 3 日，蒋介石在"晚课后，接见美国海军陆战队何华德司令，何氏盖应马歇尔特使电召，来京就北平美兵肇事案有所报告，并晋谒公陈达华北美军现状也"。[22]

1947 年 1 月 4 日上午，蒋介石再次召见外交部长王世杰、教育部长朱家骅，"查询处理学潮办法，因共党……掀起之各地学潮尚未戢止，当经决定处理原则：一、对共党扰乱我后方社会，应指明其叛国害民之罪恶；二、中美国交与关系，不能以美兵个人罪行而妨碍破坏；三、统一我内部之言论与行动"。[23]

尽管蒋介石花了近一周的时间直接处理北平学潮，尽管国民党政府掌握着强大的国家机器，占据着统治地位，仍然无法改变失败的命运。

1947 年 1 月 6 日，中共中央发出《关于加强对蒋管区学生运动的组织与领导的指示》的电报：

董（并转沪工委）、叶、吴、张、刘晓（并转钱瑛）、方、林：[24]

一、此次平津京沪学生的反美示威，成绩甚好，影响甚大。蒋介石在各学校罢课结束后，始发出禁止罢课的命令，同时，也更揭露他的独裁卖国行为。美帝国主义者虽万分恼怒，但对示威群众，仍不得不竭力避免冲突，而民族工商业家及自由主义教授，则一致同情这一运动。可见民主爱国运动的基础正日益扩大，与解放区自卫战争的胜利已渐能起着配合作用，而美蒋的统治则日趋孤立，其政策则更加反动。今后在民族主义口号之下的民主爱国运动，定会继长增高，层出不穷。

二、我党在蒋管区的工作，应尽量利用这次学运的成果，扩大民族爱国主义的宣传与活动。在一月十日停战协定与政协开幕的周年纪念时，更应尽量揭露美蒋合作破坏停战、大打内战、推翻政协、继续独裁的阴谋，尤其要反对正在商讨中的美蒋借款与购械计划。经过学生活动与报章揭露，要将这些宣传深入到工人、店员、妇女、城市贫民、工商业家、自由职业者乃至华侨中去，引起他们的响应，以扩大这一运动。在阴历年假中，如能组织学生下乡宣传更好。

三、在这次运动中已产生大批新的积极分子，我党应帮助这些积极分子组织起来，作为核心，才能使运动长期坚持下去，其组织方式，除继续加强与有步骤地扩大原有的核心组织外，应依据实况，在学生组织多的学校，加强其政治领导与联系；在学生组织少的学校，发展与巩固其组织；在没有学生组织的学校，设法建立适应当地当时环境的组织。一般地，在民族爱国主义口号下的组织（如这次抗议美军暴行委员会）较带普遍性，但为着持久与扩大，又必须有各种与学生日常生活有关的团体做基础。不要畏惧学生运动中少数领导分子的暴露，这是在今后斗争中不可避免的，但必须使这些少数领袖与广大学生群众保持经常联系，不致陷于孤立，同时又要准备二批三批的新的领袖来补缺。各学校学生团体间的联络，各地学生核心组织的彼此联系，青年会学生组织的活动加强，都成为迎接今后更大规模的学生爱国运动的必要条件。

四、在这次北平学生示威游行中，据闻核心组织的意见，开始时落后于群众，现时运动已经前进，我党在各地的领导同志，必须注意纠正对群众运动与民主来潮估计不足的右倾观点，方能有足够勇气与正确方针，领导这一运动的高涨。

中　央

子　鱼 [25]

中共中央在这份电报里，对北平地下党"开始时落后于群众"提出批评，同时希望"我党在各地的领导同志，必须注意纠正对群众运动与民主来潮估计不足的右倾观点，方能有足够勇气与正确方针，领导这一运动的高涨"。此外，抗暴运动中还暴露出一些问题，主要是运动发展不平衡，江南各大中城市配合不协调，这些问题与地下党的组织领导体系有关。钱瑛决定与刘晓见面，尽快研究解决这些问题。

刘晓，湖南辰溪人，1926 年加入中国共产党，曾任奉贤县委书记，江苏省委秘书长，福建省委组织部部长、代理省委书记。曾两次被捕入狱，在敌人的酷刑面前坚贞不屈。1934 年 10 月参加长征后，曾任红军西征军政治部主任、援西军政治部主任、中共中央城工部副部长，参加党的第七次全国代表大会，当选为中央候补委员。1946 年 2 月，为了加强对上海地下党的领导，刘晓奉命从延安回到上海，担任中共中央上海分局书记，公开身份为上海关勒铭金笔厂的副总经理兼董事。

钱瑛与刘晓见面的地点安排在位于上海劳尔东路协鑫商行的刘晓家中。早饭后，刘晓交给夫人张毅 2 万元法币，说中午有重要客人要来，增加一荤一素两个菜。刘晓平时生活十分节俭，张毅好奇地问是哪

刘晓

一位贵客，刘晓很神秘地告诉她："一会儿你就知道了。"当刘晓陪同一位打扮十分得体的中年妇女跨入家门时，张毅一眼就认出来是钱瑛，她们在重庆见过面。张毅高兴地握住钱瑛的手说："知道你已经来上海工作了，一直想见你。"钱瑛笑着说："我来上海后，忙着建立联络点，找房子，开茶庄，我是向你们上海同志学的，要搞好掩护嘛。"这次见面，钱瑛与刘晓就学生运动的组织领导问题交换了意见，统一了思想。

1947 年 1 月 4 日，董必武致电周恩来并中共中央：

> 钱瑛在上海已与刘晓取得联系，建议钱、刘合组领导机关。

1 月 16 日，中共中央发出《关于调整蒋管区党组织的方案》的电报：

董、叶、吴、张、徐、刘晓（并转钱瑛、张明）、方、林、潘：[26]

（一）依据目前形势，为更有力更有计划地领导蒋管区群众的爱国民主生存斗争，将配合解放区自卫战争的胜利，以准备迎接全国革命新高潮，中央认为在蒋管区我党组织系统有加以调整必要，现提出下列方案，望考虑后电复，以便中央作最后决定。甲、南京局在代表团回延后再加入各地负责人组成之。惟在目前不开全体会，由董必武在宁主持，直接管理上海工委、重庆分局、香港分局及一部分统战关系中的党员。……乙、南京局、上海工委、重庆分局、香港分局中的多数人虽对外作公开活动，但此项组织并不对外公开，仍依原来习惯对外接洽不变（如南京办事处、重庆四川省委、上海办事处等）。丙、上海另设上海分局，将刘晓、钱瑛两处所管秘密组织统一管理，惟下层仍不打通。分局下另成立上海市委，刘晓不参加。外省外县工作直属分局，交另一人管理。钱瑛原管之组织，除西南（川、康、滇、黔）由重庆分局直辖外，余均划入上海分局，仍由钱瑛直接或间接管理之。刘光原管之青年组织及其外围亦交钱瑛领导。朱裕景（语今）如已能站稳，即由钱与之发生关系，其散布在平、津、京、沪、汉各地的关系，亦应设法联系起来。丁、上海分局以刘晓、钱瑛、张明（如张明不能来沪即不参加）及另由刘晓从上海党委中推荐一人组织之，负责领导与发展蒋管区秘密党工作。凡有可能，不论西南、华南或北方有否党的组织，均可派人或在当地有人联系去谋发展。下级组织形式仍宜多采取平行的组织、单线的领导、转地不转关系等办法，以保持核心作用。戊、上海分局或市委与上海工委，仍依原规定不发生任何关系，其范围之划分亦依原规定不变。上海分局直属中央领导，南京局对上海分局有意见时，经过中央给以指示。上海分局与华中分局仍保持交通上联系，以利必要时来往。己、（从略）。庚、香港分局拟以刘长胜（现在港养病，汉年知其住址）、方方、林平、潘汉年、刘宁一、梁广、章汉夫、夏衍、连贯组成之。[27]

蒋管区党组织调整后，钱瑛重任在肩：一是刘晓、钱瑛过去领导的秘密组织现在统一由上海分局领导，考虑到保密与安全问题，下层仍然不要打通；二是钱瑛原来领导的四川、西康、云南、贵州4省地下党组织交给四川省委（对内称重庆分局）领导，湖南、湖北两省地下党组织和北平、天津（南系）地下党组织等划归上海分局，仍由钱瑛领导；三是青委书记刘光原来领导的青年组织和党的外围组织交给钱瑛领导。

钱瑛是西南地下党的最高负责人，刘晓是上海地下党的最高负责人，他们都具有领导地下斗争的丰富经验。钱瑛和刘晓合组领导机关后，将携手领导更加波澜壮阔的学生运动。

抗暴运动告一段落后，袁永熙到上海向钱瑛汇报工作。他们在一个小弄堂里见面。钱瑛身穿棉布短袄、布裤，脚蹬一双黑色的开口布鞋，打扮得像一个家庭妇女。钱瑛高兴地对袁永熙说："抗暴运动打响了蒋介石发动全面内战以来蒋管区学生大规模反蒋反美斗争的第一炮，对配合和支持解放战争起到了积极作用。北平的斗争发展这么快，规模这么大，我们事先没有估计到。这次运动遵循'有理、有利、有节'的原则，符合战术上速战速决的方针，起到了提高群众觉悟、壮大进步力量的目的，使运动一浪高过一浪地继续向前发展。"钱瑛向袁永熙传达了中共中央关于加强对蒋管区学生运动的组织与领导的最新指示，她接着指出："现在看，蒋管区学生运动的高潮已经到来，你们今后要配合和支援解放战争，积极主动地组织斗争。"

在全国人民的强烈抗议下，抗议美军暴行运动取得重大胜利。1947年1月22日，美军法庭审判长宣布，皮尔逊应判为强奸已遂罪。检察官接着宣布："本案结束，至刑状尚俟呈转华盛顿海军部长核定后宣布。"3月3日，美军陆战队新闻处宣布，陆战队第一师司令何华德已核准军事法庭对皮尔逊的判决，判处皮尔逊有期徒刑15年，开除海军军籍。[28]与此相关的是，在这场抗议运动结束后不久，美国政府宣布陆续撤退其驻北平、天津、青岛等地的美军，减少甚至一度中断对国民党政府的军事援助，大大削弱了国民党政府的军事力量，消除了人民解放战争中的重大障碍。

在指挥全国抗议美军暴行运动中，钱瑛直接领导的北平（南系）地下党和刘仁等领导的北平（北系）地下党，把一个看似偶然的突发性事件演变成国民党政府的一场严重政治灾难，表面上是学生和社会各界抗议美军暴行及对国民党政府的责难，实质上是国共之间的一种政治角力，是国共之间的一场民心争夺战。以这场斗争的胜利为标志，逐步形成配合人民解放军作战的第二条战线，使国民党统治集团深深地陷于革命力量两面夹击的不利境地而无法自拔。正如毛泽东所指出的，解放区人民解放军的胜利和蒋管区人民运动的发展，预示着中国新反帝反封建斗争的人民大革命毫无疑义地将要到来，并可能取得胜利。

四、成功开辟第二条战线

1947 年 2 月 1 日，中共中央在延安召开政治局会议。彭德怀报告军事形势，周恩来报告国统区人民运动的情况，毛泽东就迎接中国革命高潮问题作了重要讲话。会议讨论通过毛泽东为中共中央起草的《迎接中国革命的新高潮》的党内指示，向全党宣告："目前各方面情况显示，中国时局将要发展到一个新的阶段。这个新的阶段，即是全国范围的反帝反封建斗争发展到新的人民大革命的阶段。现在是它的前夜。我党的任务是为争取这一高潮的到来及其胜利而斗争。"[29]"这次革命的动力是两条战线，就是解放区和蒋管区的人民运动，而以解放区为主。解放区的胜利越大，高潮就来得越快。"[30]

2 月 28 日，中共中央获得重要情报，蒋介石在南京召见胡宗南，部署进攻延安，便于当天决定延安紧急疏散。同日，周恩来代中共中央起草《在白区对国民党对策》的电报，发给董必武、刘晓、钱瑛、吴玉章、张友渔、方方等人：

（一）目前，蒋顽在前线大败、后方危机重重及莫斯科会议趋向于解决国际问题的情况下，竟于其统治的城市，大施镇压，赶走我方人员，威胁民主运动，捕打人民学生。其企图不外：一、如我及人民团体、社会舆论默不作声，彼正好得寸进尺，加强镇压；二、如我及进步群众受其挑衅，实行硬碰，彼正好以有准备的打击，挫我锐气，加强恐怖；三、如我只动员少数进步分子提出中间分子尚不能接受的口号，进行反抗，正好中其暴露我方力量之计，便于其分化挑拨，各个击破。因此，蒋的镇压政策仍具试探性。尤其是使人活不下去的财经危机，人民既忍受不了，而前线继续大败，人民也吓唬不了，故蒋管区群众斗争，固然要经过一些迂回起伏，但总的趋势必然会继长增高，问题就要看我们领导的斗争策略如何，组织力量如何，以决定群众斗争增长的快慢与可否避免一些挫折。

（二）针对目前蒋的镇压政策，我们应扩大宣传，避免硬碰，争取中间分子，利用合法形式，力求从为生存而斗争的基础上，建立反卖国、反内战、反独裁与反特务恐怖的广大阵线。在宣传上，我们对蒋之任何一个反动设施、恐怖行为，都要尽情揭露，宣告中外，只要我们善于抓住其弱点，击中其要害。蒋美的反动阴谋是最怕被人揭穿的。在行动上，我们应避免在不利的条件下去硬碰，这不是保守，而是领导群众变换方式，绕过暗礁。去年底，各地学生反美示威，由于一年多美军横行，半年多反美宣传，加之沈崇事件的激动，而蒋美于事前又毫无准备，故运动成功，收获至大。此次蒋特捕人打人，是其预定计划，我如不管条件如何，仍在学生中号召游行示威，有遭其屠杀的危险。且一般学生对捕人事件，有愤激的，也有畏缩的，我应顾及此种不同情绪，联合大多数学生首先向学校当局要求生命保障与释放同学，继之联合学校当局向地方当局要求生命保障与释放同学。如仍捕人，则在校内实行自保，如集体出入，互相联保，在条件成熟时，亦可实行罢课，要求释放同学等。同时在斗争中要联系到、有时要转移到经济斗争上去，才能动员更广大群众参加，而且易于取得合法形式。有了经济斗争的广大基础，也易于联系到反特务反内战的斗争上去。在组织上，学生的抗暴联合会虽已在京、沪、平、津、渝学生中有了基础和联络，但也要建立可以自保的防线，即在名称上与行动上，在蒋特发现施以高压后，不妨改换名称或分开作战，使我损失不大，而仍能继续斗争，继续联络。在工人与城市贫民（如小贩）中，更要着重经济斗争的领导和发展。现在沪津一带，工人反对一月指数、要求加薪的斗争已起，我应善为领导，求得局部胜利，以便巩固阵地，利于今后发展。

（三）今后数月，蒋管区的变化必大，望你们依照具体情况，善于运用斗争策略为要。吴、张在撤退前，望尽可能将此种意见转告隐蔽的同志。[31]

3月1日、3月2日、3月8日，中共中央又给上海分局连续发来3份指示，强调"一切带全国性的政治斗争，应从参加这一斗争的群众本身的生存问题着想，有计划地转移到带地方性的经济斗争中去"。"我们的总方针是，从解放区自卫爱国战争与蒋管区人民民主爱国运动的配合发展和胜利中，取消大地主大资产的独裁统治。"[32]

9天收到中共中央4份电报指示，引起上海分局高度重视。上海分局召开会议，刘晓、刘长胜、钱瑛、刘少文等人参加。会议进行中遇到惊险一幕：外面放哨的突然传来警示暗号，刘晓、钱瑛等人闻讯赶紧把已经准备好的麻将倒在桌上，佯装打起麻将来。不一会儿，两个警察走了进来。钱瑛抽着烟，机警地站起来叉着腰，以女主人的身份责问道："这么晚，你们闯进来干什么？""查户口！"一个警察眨着一双小眼睛说。刘晓摸起一只麻将牌笑嘻嘻地说："你们张局长怎么没有亲自来？"两个警察愣住了，钱瑛趁机说："这位老板是关勒铭金笔厂的副总经理，你要看身份证吗？"刘长胜把身份证往桌子上一扔说："他们要看就看吧。"在场的所有人也都把身份证扔在牌桌上。两个警察见状很尴尬，探着身子粗粗看了看说："对不起，打扰你们打牌了！"等两个警察走后，刘长胜走到门口，放哨的同志对他耳语了几句。刘长胜回到客厅对大家说："弄堂口发现了一个叛徒，我们要不要转移？"刘晓果断地说："马上转移！"

会议换个地方继续进行。根据中共中央指示，上海分局认为配合解放区自卫战争，发展人民民主爱国运动，推翻国民党反动统治，已是当前的主要任务。抗议美军暴行是全国性的政治斗争，抵制美货运动也是政治斗争，现在从政治斗争转到经济斗争，是为了绕过暗礁，争取更广大的群众，但不能仅仅停留在经济斗争上，不能满足于经济斗争，必须尽快走出政治斗争的低谷。会议部署了各条战线的斗争任务，强调要依靠党的各个运动委员会来完成这些任务。会议明确了领导分工，刘晓抓总，钱瑛分管蒋管区的学生运动。上海的学生运动由中共上海学生运动委员会（以下简称"上海学委"）领导，上海学委下辖3个大学区委，即国立大学区委、私立大学区委、教会大学区委和1个中学工作委员会，共有2000余名共产党员，这是一支组织严密和战斗力较强的队伍。钱瑛迅速向北平（南系）地下党和上海学委传达中共中央指示和上海分局部署。

4月下旬，根据形势的发展变化，上海分局再次召开会议，刘晓、刘长胜、钱瑛、刘少文和上海分局文化统战工作负责人张执一、上海市委委员张承宗参加。会议对蒋管区人民运动的形势作进一步分析，认为通过抗议美军暴行的大规模斗争，中间群众的政治觉悟和积极性迅速提高，上层民主人士的思想有新的转变，爱国民主统一战线日益巩固和扩大，蒋管区城市的群众运动第二个高潮即将到来，5月可能是这一高潮的开始。只要从群众迫切要求解决的生活问题入手，使经济斗争和政治斗争逐步结合，必定能使分散的群众斗争汇成反美反蒋的强大洪流。上海分局对运动作出具体部署，决定首先在南京突破，举行一次声势浩大的"反饥饿、反内战"学生运动，上海、北平、天津、杭州等城市配合响应。4月28日，刘晓以《群众运动复趋高潮》为题，将上海分局的这个重大决策向已经转移到陕北安塞县王家湾的中共中央报告。

会后，钱瑛分别向北平（南系）的袁永熙、上海的吴学谦、西南的朱语今、云南的赖卫民，以及南京中央大学、金陵女子大学等校的地下党负责人传达中共中央指示和上海分局部署，要求在5月份内形成斗争高潮。

袁永熙接到通知立即从北平赶到上海。钱瑛向他传达了毛泽东关于迎接中国革命新高潮的最新指示，以及中共中央关于在白区对国民党对策的指示，介绍了上海分局组织学生运动的经验，要求北平（南系）地下党今后要积极主动地开展斗争，特别要关心群众的切身利益，把经济斗争和政治斗争紧密结合起来，只有这样才能得到广大群众的最广泛的支持。为了加强北平与上海学生运动的配合，更好地学习上海的斗争经验，钱瑛与刘晓决定利用袁永熙来上海的机会，安排一次北平与上海学

1947年5月，在钱瑛、刘晓等人领导下，5000余名学生在南京开展"反饥饿、反内战"大游行。图为为了阻止学生游行，南京国民党当局以宪兵、警察、青年军、消防车等层层阻挡。

生运动领导人见面会。4月底的一天，钱瑛带着袁永熙来到南京路的先施公司，在熙熙攘攘的购物中心，按照约定的联络暗号与刘晓接上头。袁永熙和刘晓登上一辆三轮车，来到一个弄堂深处一幢房子的小阁楼上，上海学委书记张本、副书记吴学谦已经提前到达，双方交流了上海和北平学生运动的情况和经验。这次会议对袁永熙启发很大。

袁永熙离开上海前，钱瑛关切地说："你和陈琏相爱多年，应该结婚了。婚后有陈布雷的社会关系作掩护，更有利于开展斗争，婚礼要办得体面些，因为这是陈布雷嫁女

儿，这样更有利于你们的安全和隐蔽。"钱瑛还陪同袁永熙到上海的四大公司选购结婚用品，并语重心长地再次叮嘱袁永熙说："共产党员要珍惜自己的政治生命，保持革命气节，头可断，革命意志不能动摇。倘若被敌人逮捕，不得暴露政治身份，不能出卖同志和党的机密。"袁永熙将钱瑛的这些话牢记心中。

5月5日，中共中央发出由周恩来起草的《关于蒋管区工作方针的指示》的电报：

> 近日，蒋顽因军事、经济、政治种种危机难以解脱，于是大造谣言，捏造所谓"中共地下斗争路线纲领"，企图一方面借此陷害民主人士和群众团体，另方面借此捕杀我党秘密人员和进步分子，以镇压蒋管区的人民运动。在此情况下，你们在蒋管区统治尚严的地方尤其是蒋管区大城市中的工作方针，就是要保护我党及民主进步力量，以继续加紧开展人民运动。为此目的，既要坚定勇敢，又要机警谨慎。要时时注视情势的发展，坚持我党放手动员群众进行反美反蒋的方针，灵活地既结合又分别合法与非法的斗争。将适合群众迫切要求、提高群众斗争情绪的口号，均经过群众面目提出，以发动群众；将党的宣传工作，侧重于以群众中有职业有地位人物，利用公开刊物、报纸、集会，批评时政，增强不满；而将党的广播言论、解放区胜利消息，经过极可靠关系，辗转秘密散布。党与民主团体、群众组织及进步人士等关系，亦要多发展极端隐蔽党员及同情分子，成单线领导，居中工作，不要以党的公开面目经常来往，尤要避免书信文件来往，以防牵涉。党的组织要严守精干隐蔽、平行组织、单线领导、不转关系、城乡分开、上下分开、公开与秘密分开等原则。

从城市派人往外县乡村去发动、组织与领导武装斗争，必须与城市其他任何工作及人员分开，免致牵连。高级领导机关更须十分隐蔽，少开会，少接头，多做局势研究与策略指导的工作。总之，蒋管区城市工作，一切要从长期存在打算，以推动群众斗争，开展统一战线，如此，方能配合解放区胜利，推动全国新高潮的到来。[33]

5月6日，中共中央发出《关于上海中央分局改为上海中央局的通知》的电报：

叶、罗转山台刘晓、长胜、钱瑛并港台方、林，并告华东局：[34]

一、为加强与调整蒋管区我党工作的领导，中央决定将上海中央分局改为上海中央局，管辖长江流域西南各省及平津一部分党的组织与工作，并于必要时指导香港分局。上海局仍以刘晓、刘长胜、钱瑛、张明四同志组成，刘晓为书记、长胜为副书记。在目前较严重环境中，上海局全体会以愈少开愈好。至原在上海党委负责各同志，仍各管一方面工作，与上海局中一个同志定期接头，不要参加会议。

二、上海局下应采平行组织，分开管理。大城市除沪宁两市委外，余由点线工委管。农村及小城市，成立地区的区党委（或省委）或工委。西南六省原有党组织照旧不变。华中局原直接管辖的城市工作，亦仍旧分开，不要打通。平、津、武汉、沪、宁等地钱瑛所管组织与个别关系，因系从抗战时大后方转来，以单独管理不与点线工委打通为好……

三、西南组织关系，除原由钱瑛联系者外，川省委在撤退前已有布置，拟俟中央城工部于检讨蒋管区工作后，于今年七八月起选派几个得力干部去沪经你们派往西南，恢复关系，加强工作。

四、张明系统工作，除对中情部负责外，应受上海局指导，但只管方针，不讨论人事线索等组织问题。

五、你们执行情形及商讨结果，望告。

中　央 [35]

在斗争的关键时刻，中共中央将上海中央分局改为上海中央局，并赋予更大的领导范围，既是充分信任更是寄予厚望。上海局成立后，急需解决机关办公用房。刘晓和钱瑛等人商量，决定以上海局文化统战工作负责人张执一以及方行夫妇的名义，在江苏路389弄21号租了一套房子。房子占地面积70平方米，建筑面积约300平方米，坐南朝北，砖木结构，南面有一个独立的小院子，三层楼

中共中央上海局机关旧址，位于上海市江苏路389弄21号。

179

顶为阳台[36]。五月运动期间，上海局的决策部署都从这里传递到蒋管区的地下党组织。

五二〇运动中的漫画

中共南京市委书记陈良修接受任务后，立即召集市委有关同志开会，传达上海局的决定。当时南京国立大专学校的学生普遍严重营养不良，每人每天的菜金只能买到两根半油条或一块豆腐，这与国民党政府打内战导致物价暴涨有直接关系。南京市委决定运动首先从党员多、进步力量大的中央大学展开。5月10日，中央大学学生为了增加伙食费而奋起斗争，短短两三天内，就有2000多名学生在增加副食费的文告上签学号。12日晚，全校各系科代表大会议决，以10万元作为每人每月副食费标准开支，这比原来每月仅2.4万元的标准要增加3倍多。为了实现这一目的，大会决定13日开始罢课，14日集体请愿，斗争由此揭开序幕。接着，私立金陵大学、国立音乐院、戏剧专科学校、医药专科学校、东方语言专科学校等大专院校学生相继罢课。15日，中央大学、音乐学院和戏剧专科学校4000余名学生首次联合举行"反饥饿"请愿游行。16 日，700 余名金陵大学学生也举行了游行。游行学生高举着"我们饿，上不得课！""炮弹？面包？""要求增加副食费至 10 万元"等横幅标语，前往教育部和行政院请愿。

5 月 17 日、18 日，南京各大专院校代表集会，决定于 5 月 20 日国民参政会四届三次大会开幕当天举行游行示威，并通电全国各大专院校，希望统一行动，欢迎来南京请愿。17 日，全国就有 14 个城市的 27 所大专院校罢课，声援南京的学生运动。18 日，上海、杭州和苏州有 13 所学校选派代表赴南京请愿。19 日，在上海地下党的组织下，上海 7000 多名大学生集会欢送请愿代表赴南京，并举行"反饥饿"大游行。

学生运动的兴起震惊了国民党最高当局，他们采取两面手法，一方面"议决公教人员待遇增加八成，学生则增加 85%，南京则提高一倍"；另一方面急令各国立大学校长设法防阻学生集体行动。5 月 18 日，国民政府颁布《维护社会秩序临时办法》，蒋介石还亲自主持临时国务会议，发表《整饬学风，维护法纪》的谈话，将学潮归咎于共产党的煽动，并点名指斥中央大学、金陵大学等校学生的请愿行动"已走出常轨""行同暴徒"，声称政府"将不能不采取断然之处置"。19 日，首都卫戍司令部拒绝了学生要求请愿游行的申请。

南京市委不惧恐吓，决定按计划组织请愿游行。5 月 20 日上午 10 时许，南京、上海、苏州、杭州 16 所大专院校 5000 多名学生，集合于中央大学，举行"挽救教育危机"联合大游行。学生们高呼"反对饥饿""反对内战"等口号，抬着孙中山先生画像和他的"和平奋斗救中国"的标语，手挽手、肩并肩，首先到鼓楼与冲出国民党军警包围的金陵大学同学会合，然后从中山路出发到国民参政会向国民政府请愿。当游行队伍行进到珠江路口时，遭到早有准备的武装军警的堵截，大批军警手持消防水龙头、皮鞭、带钉的木棍，对手无寸铁的学生大打出手，导致 19 人重伤、90 余人轻伤、20 余人被捕。当学生队伍前进到国

　　1947年5月，在钱瑛、刘晓等人的领导下，5000余名学生在南京开展"反饥饿、反内战"大游行。图为在珠江路路口游行队伍遭到宪警的水龙喷射和棍棒、皮鞭的殴打，重伤19人，轻伤90余人，被捕20余人，酿成五二〇惨案。

府路（今长江路）时，又遇到国民党当局以骑巡队为首的防护团、青年军、宪兵、警察五道封锁线的阻拦。面对骑巡队的高头大马与刺刀，学生们毫不畏惧，一个个挽手屹立，一遍遍高呼"反对政府屠杀学生""中国人不打中国人"等口号，"团结就是力量"的歌声此起彼伏，与军警对峙了6个小时。在当局接受严惩凶手、医疗伤者、释放被捕同学、撤退武装军警、让路给学生队伍通过等条件后，学生代表同意游行队伍不去国民政府示威，由碑亭巷折返中央大学。下午6时许，骑兵、警察及宪兵后撤让路，学生们高举旗帜和标语，秩序井然地返回学校。

　　北平的"反饥饿、反内战"运动声势浩大，根据钱瑛的指示，袁永熙、王汉斌领导的北平（南系）地下党和佘涤清、杨伯箴领导的北平（北系）地下党共同研究了斗争方案，通过北京大学、清华大学的地下党员和民青盟员，发动广大同学要求增加教育经费和改善教师生活，反对蒋介石发动的内战。正在这时，清华大学一位老工友因生活所迫，在校园内上吊自杀。此事激起广大师生的义愤和同情，大饭厅里出现"内战声高，公费减少；今日丝糕，明日啃草"的大字报，"反饥饿、反内战"的口号逐渐深入人心。5月18日，北京大学、清华大学等校同学上街进行反内战宣传，在西单遭到国民党青年军的围攻和殴打，广大同学愤然决定罢课游行。在此基础上，北平、天津和唐山的大专院校成立了"华北学生反饥饿、反内战联合会"。5月20日，北平各大、中学校的7000余名学生从北京大学出发，由宣传车开道，高举"华北学生北平区反饥饿反内战大游行"的巨幅横标，进行持续5个多小时的示威游行。游行队伍不断高呼"反对饥饿，反对内战""恢复政协路线""提高教育经费"等口号。

上海的"反饥饿、反内战"运动迅速展开。五二〇运动期间，钱瑛直接领导上海学委的工作，经常出席上海学委的会议，传达上海局指示，多次强调要利用蒋管区学生运动的有利形势，放手发动群众，大胆开展群众斗争，积极配合全国解放战争，及时纠正运动中暴露出来的问题。5月13日，上海医学院学生体检，发现约有15%的学生因营养不良患了肺结核病，一名学生因贫卖血导致暴病身亡。此事令学生情绪激愤，斗争一触即发。钱瑛和上海学委书记张本、副书记吴学谦决定"反饥饿、反内战"运动首先在上海医学院发动。14日下午，该院学生开始罢课并全体外出到各校宣传。上海各国立大专学校纷纷响应，从15日开始相继罢课，提出"提高公费，抢救教育危机"的口号，上街进行游行宣传。

为了进一步加强对学生运动的领导，经过钱瑛批准，5月31日，上海市各大、中学校学生自治会代表会议决定，成立上海市学生联合会。上海局决定在上海学联建立党组，黄振声任党组书记。全国许多大城市也在斗争中建立学生联合会。在此基础上，6月17日至19日在上海召开全国性的学代会，成立全国学生联合会。全国学联设理事会，华北、上海、南京、浙江、昆明、武汉等地区的学联为理事单位，秘书处设在上海，由上海交通大学的史继陶任秘书长。上海局成立由钱瑛领导的国统区学生运动小组，成员有袁永熙（北平）、吴学谦（上海）、朱语今（西南）、赖卫民（云南）、洪德铭（杭州）等人。全国学联接受上海局国统区学生运动小组领导。

1948年的中共上海市委成员在全国解放后合影。前排右起：马纯古、张承宗、张本、陆志仁；后排右起：马飞海、梅洛、吴学谦、张祺。

"五二〇惨案"发生后，在钱瑛和刘晓等人的领导下，在各地地下党的组织下，学生斗争进一步发展为"反饥饿、反内战、反迫害"运动，运动席卷武汉、重庆、广州、杭州、长沙、昆明、福州、南昌、桂林、济南、开封、沈阳等60多个大中城市。社会各界以及上层爱国民主人士，以各种形式支持和援助学生运动。交通大学、复旦大学、北京大学、清华大学、燕京大学、南开大学等校教授纷纷罢课或发表声明，支持学生的正义斗争，谴责国民党政府，要求释放被捕学生。社会知名人士分别发表慰问信、题词、演说和告全国同胞书，声讨国民党政府对学生运动的镇压，赞扬学生的爱国民主精神。各民主党派和人民团体分别以致函、捐款等方式慰问学生。在社会舆论的压力下，国民党政府不得不释放全体被捕学生。

转战陕北的周恩来和毛泽东高度评价上海局组织的五二〇运动。5月23日，周恩来代中共中央起草《关于蒋管区党的斗争方针的指示》指出："斗争的发展也完全循着我党的指导方针前进。望即坚持此项方针，并灵活地运用斗争策略，有时直进，有时迂回，有时集中，有时分散，公开与秘密，合法与非法，既区别又结合，使一切群众斗争都为着开辟蒋管区的第二战场，把人民的爱国和平民主运动大大地向前推进。"[37]

5月30日，毛泽东在为新华社撰写的评论《蒋介石政府已处在全民的包围中》指出："中国境内已有了两条战线。蒋介石进犯军和人民解放军的战争，这是第一条战线。现在又出现了第二条战线，这就是伟大的正义的学生运动和蒋介石反动政府之间的尖锐斗争。""学生运动是整个人民运动的一部分。学生运动的高涨，不可避免地要促进整个人民运动的高涨。"[38]

开辟欧洲第二战场是第二次世界大战中具有重大战略意义的事件之一。1941年12月，太平洋战争爆发。1942年元旦，26个国家齐集华盛顿，签署了《联合国家宣言》，标志着国际反法西斯联盟的正式形成。随着斯大林格勒战役、阿拉曼战役和中途岛战役的胜利，第二次世界大战的各个主要战场都发生了根本性的转折，在欧洲开辟第二战场的时机日益成熟。1943年11月28日，苏联、美国、英国三国政府首脑斯大林、罗斯福、丘吉尔，在伊朗首都德黑兰举行会议，通过了关于在法国北部开辟第二战场的决定，即"霸王行动"计划。1944 年 6 月 6 日，在美国艾森豪威尔将军的指挥下，3 个盟军空降师在德国防线背后着陆，随后 5 个师的部队在法国北部诺曼底地区的滩头强行登陆。盟军站稳脚跟后，开始向法国内陆进攻，8 月光复巴黎。诺曼底登陆战役实现了欧洲第二战场的开辟，标志着世界反法西斯同盟开始了大反攻。毛泽东和周恩来将中国的学生运动与开辟欧洲第二战场相提并论，钱瑛和刘晓等人深受鼓舞和激励。

开辟第二条战线是解放战争中具有重大战略意义的事件之一。第二条战线的开辟，使国民党政府陷入两面夹击、腹背受敌的困境之中。1947 年 5 月 30 日，毛泽东在为新华社撰写的评论《蒋介石政府已处在全民的包围中》指出："进攻解放区的为七十八个师（军），二百一十八个旅（师），一百七十一万三千人，约占蒋军正规军兵力百分之九十。留在蒋管区后方的仅十五个师，三十个旅，二十万三千人，约占百分之十。因此，蒋介石不可能再从他的后方调动很多有战斗力的军队向解放区进攻"。[39] 第二条战线的开辟，极大地鼓舞了全国人民的斗志，促进了蒋管区人民运动的进一步高涨，推动中国革命走向新高潮。第二条战线的开辟，猛烈冲击着国民党政府摇摇欲坠的统治，加速了解放战争的进程，为夺取新民主主义革命的胜利发挥了重要作用。

钱瑛是开辟第二条战线的重要领导人之一。*1945 年 12 月，钱瑛指导的一二·一运动拉开了第二条战线的序幕；1946 年 12 月，钱瑛指挥全国抗议美军暴行运动，逐步形成配合人民解放军作战的第二条战线；1947 年 5 月，钱瑛与刘晓等人发动和领导了五二〇运动，在蒋管区广泛发动和组织以学生群众为先锋的爱国民主力量，与国民党政府开展英勇斗争，成功开辟了第二条战线。

钱瑛注意及时纠正学生运动中暴露出来的问题。五二〇游行结束后，华北学联开会决定继续罢课 3 天。有的代表临时提议把 6 月 2 日定为"全国反内战日"，号召国统区各地在同一天举行总罢课、总罢工、总罢市，会议通过并宣布了这个决定。会后，袁永熙和王汉斌根据钱瑛一贯的指示精神，结合过去运动的经验教训，认识到这个决定不妥，当即和北平（北系）地下党负责人商定，要求 6 月 2 日北平各校同学一律不上街游行，只罢课一天，分别在各校内举行集会和游行。钱瑛和刘晓得到这一消息后，为了避免不必要的损失，决定在这一天学生不上街游行，只在校内举行抗议集会，并立即电报中共中央。中共中央复电同意，并向各地转发了上海局的请示电报。

6 月 4 日，上海局向中共中央报告关于整顿、布置学运斗争的请示，提出"为着联系群众，做深刻准备，巩固成果，在策略上不能不在一定条件下复课，在复课姿态下，继续进行斗争。这对我们更有利，因为斗争更合法，更适合同情者继续支持，可以集中学生回校，进行整理，更可进行长期工作的准备。把几万学生组织起来，深入各阶层及农村，展开一个普遍社会宣传运动，把运动向更高阶段推进。同时，争取时间，休整组织，准备力量，提高干部，推动助学运动，以准备新的更大更残酷斗争"。中共中央复电完全同意上海局的意见。

五二〇运动取得胜利后，钱瑛及时召开上海局国统区学生运动小组会议总结经验。她强调贯彻执行"有理、有利、有节"的策略方针，是在蒋管区敌强我弱的总形势下战胜敌人、积蓄力量、发展革命群众斗争的关键。她结合自己多年的斗争经验，精辟地诠释了"有理、有利、有节"的原则。她说："'有理'，就是要及时抓住敌人理屈之处进攻，题目选好，师出有名，就好大做文章；'有利'，就是要选择有利时机进攻，每次斗争要有收获，从而提高群众斗争的热情和觉悟，并使进步力量在斗争中得到发展和壮大，一定不要硬碰；'有节'，就是要适可而止，波浪式地发展运动，不能无限期地采用最尖锐的斗争方式，也不能坚持不可能达到的过高要求，使自己陷于被动。"[40]

五二〇运动以后，钱瑛又领导了"反美扶日""七九请愿"等多次学生运动。据国民党中央通讯社统计，从1946年12月到1949年6月，先后发生学潮109次，共计506天。[41] 全国大中城市的学生运动此起彼伏，一个高潮接着一个高潮，成功开辟和发展了第二条战线，密切配合了人民解放战争，对中国革命的大转折、大发展发挥了重要作用。

在"反饥饿、反内战、反迫害"运动之后，中共中央向全国提出：全国大反攻，打倒蒋介石。1947年9月，周恩来专门就此作出阐述："全国大反攻，打倒蒋介石，不是随随便便提出来的，而是有根据的。""蒋介石遭到人民反对，政治上破了产，所以我们应当提出打倒蒋介石的口号。一方面，我们已用事实证明给老百姓看，我们有力量打倒蒋介石；另一方面，老百姓也不要蒋介石，就连上层分子（除了少数反动集团外）、中产阶级也不想给蒋介石抬轿子了，也要推翻他了。所以这个时候提出打倒蒋介石正合时宜。""口号一提出，战争行动就要配合，就是全国性反攻，就是打出去，突破解放区的界限，我们的行动完全是为实现这个口号的。"[42]

在领导开辟第二条战线的同时，钱瑛还肩负着领导西南地下党的重任。1947年1月16日，中共中央在《关于调整蒋管区党组织的方案》中明确："钱瑛原管之组织，除西南（川、康、滇、黔）由重庆分局直辖外，余均划入上海分局……"中共中央指示下达后，四川、西康、云南、贵州4省地下党即由重庆分局（公开为中共四川省委）领导。

一个多月后，情况发生重大变化。1947年2月下旬，蒋介石密令全国各地军警宪特机关，限定于2月28日前将南京、上海、重庆等地的中共公开机关人员强迫集中送回延安。经过南京局和四川省委的斗争，3月7日至9日，四川省委机关和新华日报社工作人员共计380多人，先后离开重庆返回延安。在四川省委被迫撤离以后，西南各省党组织一度与上级领导机关失去联系，只能分散独立地开展工作。

钱瑛在上海了解到这个情况后，抓紧与川、康、滇、黔4省地下党负责人联系，通知他们尽快到上海接头。1947年4月，中共重庆市委书记王璞派市委副书记刘国定到上海与钱瑛接头。钱瑛指示王璞负责清理川东一带的党组织，并交代了川东各地负责人的姓名和联络办法，要求王璞想办法寻找川康与云南党组织。王璞首先在重庆与中共巴县中心县委书记肖泽宽接上头，通过肖泽宽与下川东地工委书记涂孝文，川南工委书记廖林生，酉、秀、黔、彭地区的邓照明等人建立联系，并派交通员齐亮到成都找到成都工委副书记马识途，传达了钱瑛要川康党组织派人去上海建立关系的指示，完成了钱瑛赋予的联系川东与川康的任务。[43]

周里

同月，中共湖南省工委书记周里在地下党员刘寿祺的陪同下到上海向钱瑛汇报工作。周里，1903年11月5日出生于湖南酃县，1927年6月加入中国共产党，先后担任党支部书记、区委书记、县委书记，酃县红军医院政委，湘赣省军分区政治部宣传委员，酃遂中心县委书记兼独立营政委，湘粤赣特委组织部部长兼湘粤赣游击支队政治部主任，湘南特委组织部部长、特委书记，湖南省工委书记。钱瑛亲自到旅馆来接周里，看到他穿的衣服较为破旧，一面询问他的生活情况，一面关心地说："上海这个地方是只认衣衫不认人的，你这身打扮不合时宜，去买套衣服吧。"她带着周里跑了几家衣店，给周里买了一套合适的衣服，又请他们吃了一顿饭。

钱瑛向周里传达了毛泽东关于迎接中国革命新高潮的最新指示，中共中央在白区对国民党的对策和关于加强对蒋管区学生运动的组织与领导的指示，通报了上海分局开展"反饥饿、反内战"运动的具体部署，要求湖南省工委重点抓好巩固和发展党的组织工作，在城市开展以学生为主的爱国民主运动，特别要关心群众的切身利益，把经济斗争和政治斗争紧密结合起来，争取得到广大群众的最广泛支持。

周里返回湖南后，召开会议传达钱瑛的指示，决定进一步加强各级党组织建设。7月，在衡阳成立中共湘南工委，下辖耒（阳）安（仁）永（兴）中心县委，衡阳、耒阳、安仁、资兴、桂阳、临武、汝城等县工委，以及郴县城区工委、郴县栖凤渡区委、祁阳区工委、酃县区工委和宜章栗源党支部、常宁党支部、永兴羊鸟嘴党支部。湘南工委的主要任务是恢复和发展党的组织；广泛发动群众，在城市开展"反饥饿、反内战、反迫害"的斗争，在农村开展"反征兵、反征粮、反征税"的斗争；开展统战工作；发动武装斗争。在湖南省工委的领导下，湖南党组织逐渐得到恢复发展，党员队伍迅速扩大，党员数量由日本投降后的700多人发展到2000余人，抗战后期因国民党反动派的残酷镇压而出现的革命低潮得到复苏，全省革命斗争进入一个崭新的时期。[44]

6月，中共武汉地下核心组织主要负责人曾惇赶赴上海向钱瑛请示汇报工作，重点是汇报武汉"六一惨案"的情况。在南京"五二〇惨案"发生后，武汉大学学生为了响应华北学联举行"六二全国反内战日"的号召，决定举行罢课游行。6月1日凌晨，国民党武汉警备司令部稽查处处长胡孝扬带领步兵1个营、宪兵1个连、警察总部1个分队，到武汉大学抓捕十几名学生和教授。学生闻讯赶到后，奔向停在校园内的最后一辆军车，打算抢回被捕的老师和同学，这时国民党军警宪特一齐开枪，打死3人、重伤3人、轻伤16人。同一天，武汉警备司令部还在中华大学、艺术专科学校、汉口联营书店抓捕23人，制造了震惊全国的"六一惨案"。

钱瑛向曾惇传达了毛泽东关于迎接中国革命新高潮的最新指示，中共中央在白区对国民党对策和关于加强对蒋管区学生运动的组织与领导的指示，通报了上海局开展"反饥饿、反内战"运动的具体部署，高度评价了武汉大学学生争取民主的斗争，要求武汉地下党今后要积极主动地领导学生运动。为了加强对武汉学生运动的领导，钱瑛将王尔杰、赵萌兰等人的组织关系转交给曾惇，要求在武汉大学中发展党的组织。随后又陆续向武汉派遣了 20 余名共产党员。曾惇回到武汉后，立即派陈克东与王尔杰接上关系，成立了领导学生运动的学运组。此时，武汉大学正面临校方要求复课、停止斗争的强大压力，学运组决定进一步发动社会各界人士声援武汉大学学生。6 月 22 日，武汉大学为死难烈士举行追悼大会。6 月 23 日，武汉大学千余名大学生抬着烈士的棺柩举行出殡游行。经过斗争和多方营救，被国民党当局逮捕的学生和汉口联营书店员工均先后获释。随后，中共武汉地下核心组织在武汉大学建立了党支部，进而发展了一批党员。围绕"六一惨案"进行的斗争，将 5 月中旬以来武汉地区的学生运动推向高潮，并促进了中共武汉核心组织对学生运动的直接领导，推动了湖北蒋管区人民民主运动的蓬勃发展。[45]

为了进一步加强对武汉地区革命斗争的领导，上海局决定在武汉成立中共湖北省工委，并派遣中原突围前后转移到上海等大城市的原新四军第五师干部返回原来工作的地区，集合分散隐蔽的人员，开展武装斗争和军运工作。钱瑛及时向曾惇传达了上海局的决定，指出刘邓大军南下后，各地工作的不平衡性和长期性已经消失，要求湖北省工委成立后积极在长江两岸开展工作，准备配合解放军渡江作战。张执一根据钱瑛的指示，召集谢威、李蔺田、李炳南等人在上海开会，研究重返原新四军第五师活动地区的工作，决定谢威负责联系原第五师人员，发展武装，开展游击战争。张执一还派顾剑萍到武汉和大别山，筹划开辟由上海进入大别山解放区的交通线路，准备由上海输送干部进入解放区。

10 月，中共湖北省工委在武汉成立，领导以武汉为中心的湖北长江两岸城镇秘密工作，曾惇任书记，李声簧、陈克东、刘实任委员。省工委下辖中共武汉市工委，刘实任书记。湖北省工委、武汉市工委成立后，积极在武汉的学生、工人中发展党员，建立党的基层组织，引导工人的斗争从经济、生活向政治，从分散、零星向集中的方向转化。[46]

7 月，北平（南系）地下党学委负责人王汉斌接到通知去上海局汇报工作。一想到就要见到敬爱的钱大姐，王汉斌心里涌起一股暖流。没想到见面后，钱瑛脸上罕见地失去了笑容，两眼严厉地盯着他问道："'六二全国反内战日'是怎么回事？要详细、如实汇报！"听了王汉斌的汇报后，钱瑛轻轻叹了一口气，严肃地批评道："关于'六二大游行'，你们北平处理得还可以，没有发生大的问题。可是别的一些地方就不同了，你们提出搞'六二全国反内战日'的号召很不策略。你们北平靠近解放区，北平提出的斗争口号，别的地方不知道是你们在北平自己搞的，而以为是解放区、党中央的意见，有力量要响应，没有力量也要响应，使一些地方如武汉、沈阳、青岛受到了不同程度的损失，这是一个很大的教训。"钱瑛进一步指出："在蒋管区总的力量对比仍是敌强我弱，我们的斗争只能采取突击的形式，速战速决，使敌人措手不及，像你们这样事先公开宣布我们的斗争部署和日期，事实上会使敌人有时间准备镇压。这种不考虑条件、不区分情况的决定是错误的。"王汉斌心悦诚服地接受了批评。

8 月，成都工委书记蒲华辅到上海向钱瑛请示汇报工作。蒲华辅，重庆铜梁人，大革命时期加入中国共产党，1930 年 8 月任中共铜梁县行委主席，同年 10 月领导铜梁县农民武装和县警察中队暴动，失败后被捕关押 3 年。全面抗战爆发后，蒲华辅在重庆恢复了党的组织关系。1938—1945 年，先后任铜梁县委书记、江北县委书记、万县中心县委书记、川康特委委员。1946 年 9 月任成都工委书记。

钱瑛向蒲华辅传达了上海局的决定：在四川和西康两省分川康、川东两片建立党的省一级领导机关，分别成立中共川康特委和中共川东工委。蒲华辅返回成都后，召开会议传达钱瑛的指示，成都工委改组为川康特委，蒲华辅任书记、马识途任副书记，王宇光、华健任委员，领导川康、川西、川南以及川北部分地区的党组织。同时成立中共成都市工委，彭塞任书记。

9月，重庆市委书记王璞带着《川东农村工作提纲》到上海向钱瑛请示汇报工作。王璞，1917年2月9日出生于湖南湘乡一个佃农家庭，1937年加入中国共产党，1938—1939年先后任中共韶山党支部书记、韶山区委书记，湘宁中心县委组织部部长，1942年任中共重庆市委书记。王璞认为川东是敌人的兵源、粮源基地，应当发动武装斗争，创立游击队和根据地，迎接解放军入川。四川农村民不聊生，民变四起，举行暴动的条件已经成熟，暴动的重点可放在上川东（华蓥山周围）和下川东（奉节、巫山、巫溪）一带。

钱瑛向王璞传达了毛泽东关于迎接中国革命新高潮的最新指示，中共中央关于在白区对国民党的对策和蒋管区工作方针的指示，结合川东实际明确提出：解放战争已进入战略反攻，川东应明确以农村武装斗争为重点，要求建立根据地，提出抗丁、抗粮、分田等口号，破坏敌人的兵源、粮源；城市工作要为农村武装斗争服务，向农村输送干部、武器、弹药，收集情报等；城市本身亦要开展工运、学运、统战工作，搞"反饥饿、反内战"的群众运动，但不是重点。配合解放区战场，多发展小型游击队，发动小型游击斗争，如搞大规模的打旗号的武装起义，一定要经过上级领导批准。

王璞返回重庆后，召开会议传达钱瑛的指示，成立了中共川东临时工作委员会，王璞任书记，涂孝文任副书记，肖泽宽、刘国定、彭咏梧为委员，肖泽宽兼秘书长。川东临委成立后，对所属组织陆续进行了清理、调整与组建，放手发展组织，大量吸收党员。不到半年，川东各地相继恢复和建立了一批县委和县级工委、特支，重庆市内的一些重要部门和基层也陆续建立了党的组织，在积极分子当中发展了大批党员。至此，川东党组织的系统又比较完整地建立起来。这是继大革命时期、抗战时期之后，川东和重庆地区党组织的第三次大发展。[47]

同月，湖南省工委负责人罗振坤在刘寿祺的陪同下到上海向钱瑛汇报工作，经过许多周折才接上线。第二天上午，3人在中山公园见面，坐在草坪上谈话。不到10分钟，周围就来了三四个"捉蟋蟀"的，他们转移到另一块草坪坐下，那几个人也跟着过来继续"找蟋蟀"。钱瑛用暗语告诉罗振坤："可能被特务跟踪了，要想办法甩开。不甩掉他们，我们都回不去。"钱瑛问刘寿祺有什么办法。刘寿祺说："我这一次来上海，看了好几个熟人，有反动的，有中间的，也有进步的。狡兔有三窟，我们现在不止三窟，就是要考虑哪一窟更安全一些。"钱瑛笑着问："你认为哪一窟最安全呢？"刘寿祺回答说："在目前的情况下，进步人士那里不能去，过去做过联络点的地方更不能去，只有反动的或者中间偏右的地方可以去。这样的地方有两处可以选择：一是我的朋友朱经农家里，他现在美国，妻子和两个女儿在家，安全没有问题，但是谈话不方便；二是上海地方法院一位姓李的实习法官那里，这个人中间偏右。我这次来上海去看过他，他不知道我是共产党员，不会怀疑我，我认为这个地方比较妥当。"钱瑛问："有把握吗？"刘寿祺回答："头一次去是有把握的。"

征得钱瑛同意后，刘寿祺先到上海地方法院，找到李法官说："我打算回南京，到车站买票时遇到两位多年不见的朋友，想在你这里找个地方和他们说说话。"李法官满口答应，提供了楼上的会议室。刘寿祺又说："现在是10点多钟，请你帮忙找位工友叫4个人的饭菜，12点送来。"并顺手递给李法官两块银圆。一切安排好后，刘寿祺到法院大门口把钱瑛、罗振坤接到会议室。

罗振坤汇报湖南工作后，钱瑛有针对性地说："在农村从贫雇农中发展党员，建立党组织是必要的。至于组织武装，容易暴露，要特别慎重，没有充分准备，不到适当的时机，不可轻动。"在谈到城市工作时，钱瑛说："在城市要遵照党中央对地下工作的指示，注意隐蔽，不要暴露。同时要在产业工人和苦力劳动者中适当发展党员，要争取贫困的知识分子，新闻界、政府机关也要尽可能地渗透进去。"在谈到时局的发展时，钱瑛说："解放战争正在激烈进行，目前的形势是很紧张的，你们战斗在反动政府统治下的白区，工作和生活都很辛苦、很危险的，但革命的形势很好，我们已取得很大胜利，不会要多久的时间，就可能解放全中国，我们要充满信心去迎接这个胜利的到来。"

云南省工委与上级的联系已经中断 7 个月，郑伯克只能靠收听延安的广播来了解全国形势和中共中央政策。10 月，钱瑛派交通员齐亮到昆明，把与上海局的联系办法以及与钱瑛的联络暗号告诉郑伯克。11 月，郑伯克赶到上海，向上海局汇报云南的工作，刘晓和钱瑛充分肯定了云南省工委在开辟第二条战线中的工作成绩。具体工作仍由钱瑛单独给郑伯克布置，她向郑伯克传达了毛泽东关于迎接中国革命新高潮的最新指示，中共中央关于蒋管区工作方针的指示，指出今后除继续坚持和加强城市工作外，云南已具备在全省大规模开展敌后游击战争的条件，为配合解放军胜利反攻，钳制在云南的蒋系部队，结合云南这几年对武装斗争的准备，要放手在全省大规模地开展敌后游击战争，建立游击根据地。

郑伯克

郑伯克汇报了疏散在缅甸的朱家

璧、张子斋迫切要求回国开展武装斗争的情况。朱家璧，1910 年 10 月出生于云南龙陵一个富农家庭，早年参加滇军，1930 年考入南京中央军校第八期，1933 年毕业后任滇军排长、连长。1938 年考入延安抗日军政大学，同年加入中国共产党，任中共中央组织部干事、陕北公学教育干事。1940 年 9 月，中共中央组织部派他回云南开展工作，他利用社会关系进入滇军，先后任营长、副团长、团长等职，并以此为掩护，把许多疏散的地下党员和进步分子隐蔽在滇军中，通过各种渠道做了大量的统战工作。1946 年，李公朴、闻一多被暗杀后，党组织决定让他疏散到缅甸。

张子斋，云南剑川人，1935 年参加一二·九运动，1937 年 2 月考入延安抗日军政大学，1938 年 3 月加入中国共产党，毕业后被派往武汉八路军办事处，党组织安排他到滇军第八十四师做党的地下工作。1940 年春，调入重庆新华日报社编辑部。同年，南方局派他回云南工作，积极参加一二·一运动。1946 年，李公朴、闻一多被暗杀后，党组织决定让他疏散到缅甸。

经云南省工委批准，朱家璧和张子斋在缅甸建立了仰光特别支部，创办了华文《人民报》，向海外侨胞宣传党的政治主张，揭露美蒋反动面目，在东南亚侨胞中产生了很大影响。

朱家璧

钱瑛详细询问了朱家璧、张子斋的情况，同意他们回国开展武装斗争，在武装队伍组织起来后，由朱家璧负责军事指挥，张子斋负责政治工作，并指示他们不要急于鲜明地打出革命的旗帜，应多从为人民生存而斗争的方面着想，才更有利于发动群众。游击武装组织起来后，要报中央批准，再列入中国人民解放军序列。

为了加强云南省工委的领导力量，钱瑛用手指着两颊比画着说："有个名叫张时载的，两颊较凹，是从鄂西来的，现在怎么样？"郑伯克回答说："他现在叫张华俊，负责滇南党的工作。"钱瑛详细询问情况后，明确张华俊可以增补为云南省工委委员。听了钱瑛的指示，想到革命高潮就要来临，武装斗争的烈火即将在云南熊熊燃烧，郑伯克浑身充满了力量。

郑伯克返回云南后，12月在建水西林寺召开省工委会议，传达上海局和钱瑛的指示。会议认为在云南开展大规模游击战争、建立游击根据地的条件已经成熟，不失时机地在云南发动大规模的游击战争，是钳制在云南的蒋系部队、配合人民解放军反攻的需要，是加速解放云南的需要。会议从云南地处边疆、民族众多、山川纵横、交通不便、地方实力派与蒋介石集团之间的矛盾加剧等实际出发，对在云南发动大规模游击战争的战略部署、策略思想、行动计划等问题作出了全面部署。决定游击战争首先在弥勒西山、石林圭山地区发动，随后陆续在全省各地展开。云南党组织领导的地下斗争从此转为公开的人民游击战争。[48]

随着人民解放军从战略防御转入战略进攻，国民党政府加紧了对国统区人民的疯狂掠夺和血腥镇压。1947年7月4日，国民党政府颁布《国家总动员案》，并下达"戡平共匪叛乱总动员令"。7月19日，又明令公布《动员戡乱完成宪政实施纲要》，规定凡规避征雇兵役、工役和规避征购征用粮食、被服、药品及各种军用物资者，"均应依法惩处"，同时还限制国民的基本政治权利，规定对罢工和所谓"煽动叛乱"的集会及言论、行动，要严加"惩处"。

国防部保密局加紧对中共地下组织的侦察和破坏。1947年9月24日，保密局北平站抓捕了中共北平地下电台台长李政宣、张厚佩夫妇和报务员、译电员4人，查获了发报机、密码本，缴获了一批重要文件和电报原始文稿，潜伏在国民党保定绥靖公署担任重要军职的一批中共情报人员因此暴露。因案情重大，国民党保密局局长毛人凤立即向蒋介石汇报。蒋介石大为吃惊和震动，连声命令道："一律逮捕，一律逮捕，一律逮捕！"

根据缴获的重要文件和李政宣夫妇等叛徒的口供，保密局在北平、保定抓捕了国民党保定绥靖公署政治设计委员会副主任委员、中将高参室主任余心清，作战处少将处长谢士炎，军法处少将副处长丁行，作战处少校参谋、代理作战科科长朱建国，二处少校情报参谋孔繁蕤，北平空军第二军区司令部作战情报科中校参谋赵良璋等人。同时在沈阳、南京、西安、兰州等地抓捕了一批重要的中共地下工作人员。毛人凤狂称此举"搞垮了中共情工半壁天下"。

在保密局的大搜捕中，袁永熙和陈琏被捕。袁永熙夫妇被捕实属偶然。1947年8月初，袁永熙和陈琏结婚，陈琏的同事、贝满中学的教师田冲前来贺喜，袁永熙与素不相识的田冲交换了一张名片。田冲是李政宣的朋友，李政宣被捕叛变后，田冲因此受到牵连。特务从田冲身上搜出袁永熙的名片，将袁永熙夫妇和当晚在他家里的北京大学、清华大学地下党（南系）负责人吴谟、陈彰远等7人逮捕。

王汉斌获悉袁永熙等人被捕的消息后，立即组织北京大学、清华大学、燕京大学的学生罢课抗议。由于特务没有掌握吴谟、陈彰远等5人的确凿证据，加之恰逢蒋介石为了挽救华北和东北的军事危机，专程从南京飞到北平，害怕事态蔓延扩大，影响后方秩序，命令保密局在5天后将吴谟和陈彰远等5名学生释放。

袁永熙、陈琏因为没有学生身份，仍被继续关押审讯。特务追问袁永熙和李政宣的关系，袁永熙说："我根本不认识他。"追问他和田冲的关系，袁永熙说仅和他交换过一张名片。特务指着在袁永熙家里搜出的《民主青年联盟章程》，追问他由谁介绍加入民青，袁永熙机智地回答说是闻一多介绍的，闻一多早在一年多前已被特务暗杀。特务对袁永熙动刑，先用烟火烧他的皮肤，再用皮鞭毒打，用竹板夹手指。袁永熙咬紧牙关，忍受剧痛，几度昏厥。他牢记钱瑛的教诲：倘若被敌人逮捕，不得暴露政治身份，不能出卖同志和党的机密。

1947 年 11 月 29 日，袁永熙、陈琏被押送到南京，关押在宁海路19 号保密局看守所。不久，蒋介石发话让陈布雷"把女儿领出来严加管教"。袁永熙则继续被关押在看守所。一天，特务拿着一沓印好的《悔过书》发给在押人员填写。《悔过书》上的文字是："余受共产党煽惑，误入歧途，为奸工作，危害民国，愿悔过自新……"袁永熙说："我没有误入歧途，也没有受人煽惑，我无过可悔，我不签名。"狱友梁蔼然是隐藏在北平市政府的秘密党员，他对袁永熙说："既然我们没有误入歧途，那就在这些字句前面一律添上'并未'两字，这样既改变了《悔过书》的性质，又不激怒他们。"袁永熙认为有道理，于是照此办理。随后又被转押到南京陆军监狱。

1948 年 1 月，北平（南系）地下党临时负责人王汉斌怀着沉重的心情，到上海向钱瑛汇报袁永熙被捕的情况。钱瑛听完王汉斌的汇报后说："袁永熙被捕后，你们立即发动罢课抗议，这是比较有力的支持。你要认真总结经验教训，把感性认识上升到理性认识，这样才能更上一层楼。"钱瑛非常关心王汉斌的安全，要他辞掉平明日报社的工作，赶快搬家隐藏一段时间。临别之际，钱瑛仰望阴云密布的天空，意味深长地说："斗争越是激烈和残酷，表明我们离胜利越接近了。"

袁永熙在被关押 8 个月之后，由他的姐夫、国民政府外交部次长叶公超和陈布雷保释出狱。陈布雷安排袁永熙到中央信托局工作，陈琏到国立编译馆工作。这次意外被捕改写了袁永熙后半生的政治命运，在极"左"盛行的年代里他迭遭打击迫害，钱瑛则竭力保护这位一二·一运动的闯将，这些都是后话。

五、转移到香港主持干部学习班

1947 年 12 月 25 日至 28 日，中共中央在陕北米脂县杨家沟召开扩大会议，讨论并通过了毛泽东《目前形势和我们的任务》的书面报告。毛泽东在报告中深刻分析了国际国内形势，阐明了彻底打败蒋介石、夺取全国胜利的军事、经济、政治等方面的方针和政策。中共中央要求全党全军深入学习这个报告，并在实践中严格遵照实施。

经周恩来批准，上海局决定在香港举办干部学习班，抽调上海、南京、杭州、平津地区、西南地区以及台湾地下党组织的负责人，分批分期到香港学习毛泽东的报告和中共中央文件，总结经验教训，为迎接解放做好思想上和组织上的准备。为什么将干部学习班的地点选在千里之外的香港？第一次鸦片战争后，香港沦为英国殖民地，港英当局标榜"民主""自由"，进步人士的活动只要不触及其根本利益，他们一般不加过问，而国民党政府又无权干涉，客观上为中国共产党在此开展革命活动创造了有利条件。1947 年年初，上海分局已经在香港建立了一个联络站，一旦蒋管区形势恶化，上海分局的领导随时可以转移到香港指导工作。事后证明这是相当漂亮的一着先手棋。

上海局副书记刘长胜带领上海局香港联络站负责人万景光、冯修蕙夫妇到香港打前站，万景光的公开身份是香港国新公司总经理。他们在香港铜锣湾租了 4 间房子，供领导机关使用，又在较为僻静隐蔽的地方租了一些房子，供学习班使用。随后架设电台，开通与上海局和中共中央的联系。

1948 年年初，钱瑛秘密转移到香港，与刘长胜等人抓紧做好学习班的筹备工作。2 月上旬，举办首期学习班，学员大都是上海工委系统因暴露身份而撤退来香港的。此后每期两个月，学员 10 人左右。钱瑛、刘晓、刘长胜相继主持学习班，给学员们讲课，参加小组讨论。香港分局、香港工委的领导方方、章汉夫、许涤新和潘汉年等作关于统一战线、蒋管区经济形势等报告。学员们首先学习《目前形势和我们的任务》，悉心领会中央文件的精神实质，结合自己的工作实际，进行回顾总结，写出书面报告。中国共产党在香港有较强的宣传舆论阵地，《群众》周刊是正式登记出版的刊物，由沪迁港的三联书店公开发行各种进步书刊，还有受党领导或影响的《华商报》《文汇报》等，学员们如饥似渴地阅读在蒋管区看不到的大量党内文件和进步书报刊物，对党的各项方针政策和解放战争的进程有了较全面的了解。

学习班所需经费由上海局开办的商贸机构提供，几十个人在香港的生活费、交通费开销较大，刘晓和钱瑛常常为经费犯愁。有一天，万景光拿着厚厚一沓港币高兴地对刘晓和钱瑛说："交通员曹达很会做生意，他通过香港 CIC 公司的许可证，把容记商行积压的 10 吨烧碱卖到上海，一下子赚了 2 万港币，这几个月的开支有保证了。"刘晓和钱瑛听后会心地笑了。

在主持干部学习班的同时，钱瑛与西南各省和平津（南系）地下党保持密切联系，实施坚强有力的领导，及时处置重大突发事件。《挺进报》是中共重庆市委机关报，创刊于 1947 年 7 月，初期仅在党内发行 100 余份。1948 年春，为了开展"对敌攻心战"，重庆市委决定扩大发行至千余份，并直接将报纸寄送给国民党要员。国民党重庆行辕主任朱绍良接到《挺进报》后，当即破口大骂，责令行辕二处处长、军统特务头子徐远举限期破案。当天，徐远举就在"丙种汇报会"上提出从查《挺进报》入手，一定要在极短的时间内破获四川地下党。"丙种汇报会"是由保密局、中统、宪兵、警察 4 方面组成的镇压学运工潮的联合机构，由徐远举统一协调使用军（重庆行营军官大队）、警（重庆市警察局）、宪（宪兵第二十四团）、特（重庆行营二处和保密局重庆站），侦破活动以重庆为中心，遍及上下川东 20 多个县。[49]

经过精心侦察，国民党特务发现了《挺进报》的线索。4 月 6 日，中共重庆市委书记刘国定被捕。刘国定最初只承认自己是新入党的党员，隐瞒了重庆市委书记的身份，并主动出卖了达县大竹武装起义失败后疏散来重庆的李忠良和邓兴丰。刘国定的自保举动，成为川东党组织遭到特务大破坏的导火索。李忠良被捕后叛变，指认邓兴丰是敌人镇压梁达大起义后追捕的对象。邓兴丰牵连到重庆银行的余永安（余承安），余被捕后供出重庆市委副书记冉益智，冉益智被捕后又供出了刘国定的真实身份，并交代了一大批地下党员名单。

刘国定身份完全暴露后，向敌人彻底交代了他掌握的所有秘密：四川省委、川东临委的组织机构和人员名单，川西工委负责人华健在重庆的联系接头地点，下川东武装起义失败后人员转移情况，《挺进报》特支的刘镕铸、陈然、蒋一苇、王诗维及电台支部的程途、成善谋、张永昌，城区区委书记李文祥和妻子熊咏晖及罗广斌、沙汀、彭咏梧、江竹筠、黄绍辉，丰都、石柱、云阳、宜昌的地下党组织情况等。

为了争宠邀功，刘国定向特务机关交代了他掌握的绝密情况──上海局机关和钱瑛在上海的住址。1947 年 4 月，刘国定曾到上海与钱瑛接头，掌握钱瑛和上海局的一些情况。特务们一个个欣喜若狂，几年来钱瑛领导的学生爱国民主运动让他们吃够了苦头，一直将她列为重要抓捕对象。1948 年 6 月 17 日，特务们带着刘国定赶到上海，图谋逮捕钱瑛和破坏上海局，没想到扑了一个空。这之后，刘国定、冉益智参加了特务组织。

解放战争进入战略决战阶段以后，国民党政府在军事上连连失利，为了维护其危在旦夕的统治，在蒋管区不断加强法西斯专政。针对这一情况，中共中央要求国统区的地下党组织，要坚决实行疏散隐蔽、积蓄力量、以待时机的方针。上海局立即作出相应部署，要求各城市的党组织和外围秘密组织要十分注意策略的运用，善于隐蔽地发展自己的力量，切实做好群众的组织工作、教育工作；在人民解放军逼近各城市时，不是组织武装起义，而是以护厂、护校、调查研究、送情报、策反敌人等工作为主。为了贯彻中共中央指示和上海局的部署，钱瑛通知西南各省和北平（南系）地下党负责人到香港汇报工作。

　　6月，川康特委副书记马识途到香港向钱瑛汇报工作。在何功伟、刘惠馨被捕后，马识途隐蔽到昆明，一晃已有7年未与钱瑛见面，一想到即将与自己的入党介绍人和老领导见面，马识途心里很激动。他从成都坐汽车到重庆，再从重庆乘飞机直飞香港，住进香港三联书店经理倪子明的书店，等待钱瑛的接见。约好见面的时间到了，地下交通员把马识途带到上海局香港干部学习班的驻地。这是一套一居室的房子，为了充分利用空间，将

马识途

前面的一间卧室用木板隔成了三间，第一间是接待室，晚上打地铺可以睡三四个人；第二间住着管家陈大哥夫妇；第三间是客房，平时可以住两个人，打地铺还可以睡三个人；后面有一间小厨房和一间小厕所。从东江游击区调来的厨娘负责买菜做饭，晚上就住在小厨房里。陈大哥告诉马识途，香港这个地方寸土寸金，这样的房子只有中产阶级才能住得起。陈大哥给马识途约法三章：不准找人，不准发信，不准上街，不准写文字材料，不准打听与自己不相干的事，不准大声说话，甚至不准老在窗口往外看，要一切行动听指挥。

第二天上午，钱瑛来到马识途的住处。马识途重点汇报了川康特委在仁寿县籍田铺、大邑县安仁镇、川南荣县和西昌冕宁县组织的 4 次农村武装暴动。钱瑛听完汇报后说：川康特委坚定地执行中共中央关于在国民党大后方发动农村武装斗争的指示是对的。但是武装斗争是最高形式的斗争，弄不好会造成党的重大损失，是人命关天的大事，必须严肃对待，慎重准备，充分估计敌我主客观条件后，在内外条件允许的范围内采取突然行动，并且在不战则已、战则有相当把握的情况下才能动手。钱瑛逐个分析了几次暴动存在的问题，对川康特委提出严肃的批评。马识途一时思想转不过弯来，钱瑛宽慰他说："今天不谈了，你们在很危险和很紧张的环境里工作，现在到了香港就放开好好休息几天，同时我还有一些重要文件要你仔细阅读，有的还要用心背下来，准备回去传达。"

两天后，钱瑛又一次找马识途谈话，在肯定川康特委的工作成绩后，毫不客气地开始了暴风骤雨般的批评："一次失败了，你们再搞一次，再一次失败了，你们还要来一次？""是什么思想使你们老撞南墙，死不回头？"进而更尖锐地指出："上升到世界观的高度……你们无外乎是想自己打出一个江山来，拉起一支队伍来，以便解放后论功行赏，排班坐交椅吧？"听到这么尖锐的批评，马识途十分委屈地说："我们哪里想争什么交椅？我自己早就下定决心去掉脑袋的嘛！"钱瑛接着说："你就是真掉了脑袋，还是这个道理，我还要批评你，甚至处分你！不好好改造世界观，没有不撞南墙的。我们的一切都是属于党的，我们没有权力去浪费党的财富，包括我们的生命！"最后，钱瑛语重心长地说："革命可不能有入股分红的潜在思想啊！"

马识途在香港住了 20 多天，在钱瑛的领导下用整风的精神进行工作总结。马识途离港的前一天，钱瑛又一次找他谈话说："这次你来香港，不仅是对你进行整风，也是对川康特委的一次整风，希望提高你们的思想水平，能够平安地度过天亮前最黑暗的一段时光。"她十分感慨地说："我在白区工作几十年，坐过牢，多次看见错误路线下的失败，许多好同志牺牲了。我看到流血很多，眼泪很多，这样令人悲伤的事，你在鄂西也看到了，亲身经历了，何功伟和你的小刘惨烈地牺牲了。我不想再看到川东的党组织由于叛徒的出卖遭到大破坏，导致许多同志被捕的事重演。国民党特务和我们斗争了几十年，他们有政权，有枪杆子，还有穷凶极恶的特务和监狱，很会搞阴谋诡计，你们可要警惕呀！我们在白色恐怖下进行斗争靠什么？只有靠党中央的正确路线和政策，靠拥护我们的群众，靠众多坚强的党员，还靠有勇有谋的领导干部。我们的同志有必死的决心当然好，但是还要有智慧、谋略和斗争艺术。"一番话让马识途醍醐灌顶。

一年前，川康特委书记蒲华辅到上海汇报工作，曾流露出贪图享受的思想苗头，给钱瑛留下了挥之不去的印象。在钱瑛的一再追问下，马识途汇报了蒲华辅思想上比较麻痹、生活上贪图享受的问题，钱瑛听了严肃地说："你回去对他传达，要他马上下乡。他如果不马上下乡，将受到组织处理。"

钱瑛最后说："小刘牺牲已经 7 年了，你也 30 出头了，应该找一个新的革命伴侣了。"马识途赶紧汇报了恋人王放的情况，钱瑛听后说："王放明知办地下报纸有杀头的危险，却毅然承担起来，她还有明确的是非观，说明她的党性不错。你们两个情投意合，我现在就批准你们两个结婚。我们这里正要举办一个党员训练班，你把她调到香港来学习，让我看一下。"第二天，钱瑛又一次来到马识途的住处，拿出一对金戒指送给马识途，笑着说："这是我给你和小王结婚的礼物，你们保存好，紧急时也可以换成钱供急用。"临别时，马识途看见钱瑛在风中飘动的花白头发，心里陡然升起一种难言的感情，只说了一句话："大姐，你可以相信我！"便转身离开，走了很远转过头来，看见钱瑛还在向他挥手，马识途忍不住流下眼泪。

7月初，北平地下党学委委员、大学委员会书记王汉斌到香港向钱瑛汇报工作。一般人去香港办理手续很复杂，王汉斌因为是缅甸华侨省去很多麻烦，他通过在航空公司担任电报员的地下党员李忠，购买了北平经上海再转香港的飞机票。飞机在香港启德机场降落，钱瑛的助手朱语今前来接机，老朋友重逢分外亲切和高兴。香港街头行人摩肩接踵，店铺鳞次栉比，大陆禁售的各种书籍和杂志在大街上随处可见，王汉斌感到十分好奇。朱语今见状低声交代说："香港街上人多，千万不要管闲事，不要跟人家拌嘴，这里是黑社会的天下，他们跟警局有勾连，除了洋人，他们什么人都敢吃……"

20世纪40年代的香港九龙尖沙咀弥敦道

王汉斌在九龙区尖沙咀弥敦道附近住了两天后，朱语今带他来到上海局香港干部学习班的驻地。钱瑛当天下午来到王汉斌的住处，听汇报还是老习惯，既不记笔记也很少插话，一支接一支地抽着香烟，把眼睛眯起来，听得非常专注和严肃，一旦听到重要情况一定要追根究底。王汉斌汇报了五二〇运动后广大学生进一步认清国民党政府的独裁内战本质，参加斗争的学生越来越多，斗争的热情越来越高，地下党和党的外围组织"民青""民联"也在斗争中得到发展壮大。钱瑛听了高兴地说道："现在看来蒋管区的学生运动，北平是搞得比较好的，已经成为全国学生运动的中心。"为了防止年轻的王汉斌骄傲，她接着提醒说："这不是你们几个人比人家高明，别的一些地方领导学生运动的同志也是很有经验、很有水平的，主要是北平地下党组织接受了党在几个时期的地下斗争经验，有五四运动时期的，有一二·九运动时期的，有抗战期间蒋管区的、沦陷区的，还有昆明一二·一运动时期的，并根据实际斗争情况灵活地运用，我们认为这点是很重要的。传统这个东西虽然是看不见摸不着的，但在实际斗争中却起了很大的作用。"钱瑛要求王汉斌抓紧总结北平学生运动的经验。

王汉斌既是西南联大历史系的高才生，又是昆明和北平学生运动的亲历者和领导人，仅用两天时间就撰写出《北平学运经验总结报告》，洋洋洒洒写满两个练习本。后来尽管原稿丢失，但王汉斌一直清晰地记得这份报告的主要内容：1.最根本的是要坚持毛主席提出的"有理、有利、有节"的策略原则，这是斗争成败的关键。2.要把大规模政治斗争同扎扎实实的日常群众工作很好地结合起来。3.要特别注意争取、团结中间群众。4.要做好统战工作，中心是要做好教授工作。5.注意利用敌人内部矛盾，利用国民党中央和地方当局的矛盾，避免四面出击，多方树敌。6.每次斗争都要自下而上地发动群众，提出斗争要求，而不是自上而下地号召群众进行斗争。7.把"非法斗争"与合法斗争结合起来。8.把秘密工作与公开工作结合起来。9.要随时准备应付敌人的突然袭击，准备应付最坏的情况。10.注重对党员的政治理论教育、思想方法和道德修养教育，特别要强调纪律教育。两天后，钱瑛又一次来到王汉斌的住处，认真看了这份总结报告，破例表扬王汉斌写得很好，并将这份总结报告作为干部学习班的重要学习材料。

栉风沐雨，斗转星移。1985年6月，王汉斌担任中华人民共和国香港特别行政区基本法起草委员会副主任委员。1997年7月1日1时30分，中华人民共和国香港特别行政区成立暨特区政府宣誓就职仪式在香港会议展览中心隆重举行。江泽民、李鹏、钱其琛、王汉斌、张万年等中央代表团成员在主席台就座。王汉斌脑海里又一次浮现出49年前在香港与钱瑛见面时的情景。

1948年7月，湖南省工委书记周里与省工委委员刘亚球、罗振坤到香港向钱瑛请示汇报工作。钱瑛向他们传达中共中央最新指示，通报了重庆地下党遭到重大破坏的情况，要求在敌人统治力量强大的地方，不要搞武装斗争，不要暴露党组织，要尽可能避免破坏和损失。钱瑛提出湖南工作分三线进行领导：第一线，主要在湘南组织发展武装，开展游击战争；第二线，在农村发展党组织，发动农民反征兵、反征粮、反征税，积极准备武装斗争；第三线，在城市发展党组织，积蓄力量，等待时机，配合解放。

周里等人返回湖南后，认真贯彻落实钱瑛的指示，对全省工作进行了通盘部署。8月，为便于在第一线的湘南开展武装斗争，决定将湘南工委改由湖南省工委和广东五岭地委双重领导，并派刘亚球等人到五岭地委工作。将湘南划分为三线进行领导：第一线为桂东、汝城一带，与粤北支队配合，开展武装斗争；第二线为汝城、桂东以西到粤汉铁路以东，发动群众反征兵、反征粮、反征税，从人力、物力、财力方面支援第一线，并积极准备武装斗争；第三线沿粤汉铁路从衡阳到广东边界的城镇和乡村，积极开展学生运动和工农运动，为第一线培

曾惇

养、输送干部，收集、传递情报。湘南地区的武装斗争迅速发展起来。
[50]

1948 年 2 月，国民党湖北当局派警察、宪兵包围武汉被服总厂工人宿舍，一次逮捕工人 480 余人，宣布解散被服总厂，将该厂工人的第二次罢工镇压下去。6 月下旬，又破坏武昌红十字补习学校内的中共秘密机关，前后逮捕 18 人，严重危及湖北省工委、武汉市工委主要负责人的安全。陈克东、刘实等负责人转移到外地。7 月，曾惇到香港向钱瑛请示汇报工作。钱瑛告诉曾惇说："随着人民解放军在中原战场的节节胜利，武汉解放已经指日可待。武汉地下斗争的重点要迅速转到做好准备、保护城市、迎接解放、配合解放军接管上来。"钱瑛向曾惇传达上海局的决定：撤销湖北省工委，成立中共武汉市委，将长江两岸的工作交给解放区，以集中力量在武汉做好迎接解放的工作。随后，钱瑛将武汉地区的领导骨干分批抽调到香港学习，并从上海、北平等地选派江浩然、张文澄、郭治澄、孙运仁、吕乃强等新的领导骨干以及党员积极分子到武汉工作。

7 月下旬，中共武汉市委正式成立，曾惇任书记，江浩然、张文澄、陈克东、刘实任委员。随后，按工人运动、学生运动、文化教育、统战、金融、策反等战线建立工作组或委员会等，并不断根据形势发展需要，对所属机构进行调整和充实，在各条战线及重要工厂、机关、学校发展党员，建立党的基层组织和外围群众团体。在武汉地区发展新党员 240 余名，并在三十兵工厂、既济水电公司水厂、四〇三汽车修配厂、第一纱厂、武汉电信局、鄂南电力公司水厂、平汉铁路汉口分局机关、华中大学、湖北农学院、武昌国立体育专科学校、湖北医学院、湖北师范大学、武昌艺术专科学校等建立党的基层组织。市委还积极慎重地发展外围群众团体，成员总数达 2000 余人，大大加强了党在武汉地区保护城市、迎接解放的革命力量。[51]

11月，云南省工委书记郑伯克到香港向钱瑛请示汇报工作。钱瑛向他传达中共中央关于《蒋管区斗争要有清醒头脑和灵活策略》的最新指示，通报了重庆地下党遭到重大破坏的情况。钱瑛说："经过三大战役，国民党军队主力已经基本被消灭，中国革命的胜利已经指日可待。在新的形势下必须加快我们的工作步伐，发展敌后武装，扩大游击根据地，配合解放军的进攻。"郑伯克向钱瑛详细汇报了干部情况。在谈到昆明市的领导班子时，钱瑛问道："昆明市已有一个机构，一直负责安排全市的工作，实际起到了市工委的作用，主要干部是谁?"郑伯克回答："是陈盛年。"钱瑛详细了解了陈盛年的情况后，说："昆明市应该建立市委，以陈盛年为书记组建市委领导班子。"钱瑛又说："你们的干部很缺乏，可以从我这里派一个给你们，我身边的干部你都熟，你看派赖卫民去怎么样?"郑伯克表示热烈欢迎。钱瑛提醒郑伯克要特别注意隐蔽，因为刘国定在红岩曾见过郑伯克和曾文敏。郑伯克说："我可以经常下乡去，小曾带几个孩子不好办。"钱瑛说："你想办法把小曾和孩子们都安排疏散吧。"

郑伯克返回昆明后，召集省工委会议，传达钱瑛的指示，对发展全省武装斗争进行了研究，提出今后的主要工作：一是广泛开展工农群众运动，大力发展工农党员，采取农村包围城市的战略方针；二是打通滇南与思普的联系，使之连成一片，在这些区域放手大搞，在滇东北小搞，在滇中隐蔽发展；三是争取中立一切可能争取的力量，集中力量打击国民党中央势力、特务及反动地主阶级当权派，扩大卢汉与国民党中央之间的矛盾；四是关于解放云南问题，决定争取和平解决，但也准备战争解决，在军事上巩固主力，建立各种制度，培养军事干部。[52]

在川东临委遭到破坏后，为了尽快与上级党组织取得联系，1949年年初，黔北工委负责人张立化装成与云南白药商家的合股老板，到重庆搭乘商船前往上海，在外滩公园与贵州籍地下党员蔡之诚见面，通过蔡之诚与上海地下党取得联系，了解到贵州工作由已经转移到香港的钱瑛负责。因半年前叛徒刘国定带领西南特务到上海抓人，上海地下党组织不便直接与张立见面，但还是慷慨资助了路费。张立找党心切，第二天就登上南下香港的海轮，2月21日到达香港。按照上海地下党交代的联络办法，很快找到上海局在香港的联络点。

张立

钱瑛安排朱语今与张立见面，张立详细汇报了贵州党组织和各地游击武装的情况，并递交了一份书面工作计划。两天后，朱语今再次与张立见面，传达钱瑛的指示：1.绝对停止在贵州的武装暴动；2.停止与川东党组织的联系，直接由上海局领导；3.由张立、刘镕铸、蔡之诚组成中共贵州省工委，张立任省工委书记；4.将工作重点放在贵阳等大城市；5.其他工作的方针、步骤、方法，可按张立的报告机动执行。1943年7月，钱瑛代表南方局宣布撤销贵州省临工委，撤销省临工委在各地设立的联络点。此后，贵州一直没有建立省级领导机构。在解放战争即将取得全面胜利的关键时刻，上海局批准成立新的中共贵州省工委，张立深受鼓舞和激励，第二天就踏上返回贵州的路程。

张立返回贵阳后，向刘镕铸传达了上海局的决定和指示，果断地向全省各地党组织发出了停止武装暴动的指示，把工作重心转移到贵阳，以开展教育青年、搞好社情调查研究、开展统战工作等为主的城市工作，做好配合人民解放军进军贵州的准备。

早在1948年下半年，钱瑛就指示北平（南系）学委动员一批中共党员和非党积极分子，利用各种关系转到党组织力量比较薄弱的贵州。

清华大学物理系学生、中共党员梁燕和姚国安受党组织的派遣，相继从北平回到贵阳，他们以贵阳花溪清华中学为据点，以教师身份作掩护，发展组织和开展活动。同年 12 月，另一名贵州籍的中共党员安粤也根据党组织的安排，从上海返回贵州，以"西南少数民族解放同盟"的名义，在社会青年中开展工作。

张立刚离开香港，朱语今马上通知贵阳地下党员姚国安、安粤赶到香港。钱瑛、朱语今告诉他俩：国民党反动统治即将覆灭，贵州敌特控制甚严，因而贵州工作要坚持"隐蔽发展，积蓄力量，调查研究，迎接解放"的方针，要求他俩回去后建立中共贵阳特别支部，主要发展新民主主义青年联盟，个别发展党员，但不与张立领导的贵州省工委发生横的联系。3 月初，中共贵阳特别支部成立，姚国安任特支书记，梁燕、安粤、黄培正、朱厚泽、杨光文为特支成员。遵照钱瑛的指示，贵阳特别支部发展联系的党员和团员，隐蔽在各大、中学校和群众之中，促进了贵阳爱国民主运动的高涨，为迎接贵阳解放做了大量工作。

刘国定、冉益智叛变后，国民党特务对地下党的大逮捕持续了 7 个多月。1949 年 1 月 2 日，徐远举指定刘国定为组长、保密局侦防处专员雷天元为副组长，组成川西特侦组到成都，在保密局成都特务周生才和成都军校教官周某的配合下，通过同乡关系，找到川康特委书记蒲华辅的下落。1 月 14 日，逮捕了蒲华辅和川康特委委员华健。蒲华辅被捕当天在酷刑下叛变，供出川康特委领导成员及部分组织和党员关系，包括一些上层统战关系。

马识途脱险后赶到成都走马街电报局，给香港的倪子明发电报报警："家父病危入院即归。"按照事先约定的暗语，这句话包含两个意思：一是蒲华辅被捕；二是马识途要到港汇报。接着马识途又赶到另一个电报局，分别给中共川北、川南、西昌 3 个工委发电报报警。随后，马识途与成都市委书记洪德铭、副书记彭塞用半个月时间，按照地下工作的规定，将蒲华辅和华健认识的党员全部疏散和转移出去，及时堵住所有漏洞。

在冒着生命危险完成这些任务后，马识途决定到香港向钱瑛汇报。因为蒲华辅叛变，再从重庆直飞香港风险太大，马识途反其道而行之，先从成都乘汽车到重庆，再从重庆乘邮车经贵阳到广西，绕了一个大圈子后到广州，从广州乘火车到达香港。为了尽快与钱瑛取得联系，马识途直接找到上海局香港干部学习班驻地。第二天，钱瑛一见到马识途就紧紧握住他的手说："你终于平安到达了，我这就放心了。"接着她又焦急地问道："你快说说川康特委党组织被特务破坏的情况，老蒲是不是被捕叛变了，漏洞堵得怎么样？"

马识途说："大姐，我先说个大概，再详细汇报。第一，老蒲的确被捕叛变了；第二，漏洞已经堵住了，除了老蒲直接领导的统战和军事系统的少数党员外，成都市委和各地工委以下的各级党组织，都及时作了应变措施，全部疏散出去，敌人再也没有能突破我们的防线，再也没有同志被捕。"听到这里，钱瑛的脸色变得祥和起来，她对管家喊道："老陈，中午做点好吃的吧，给老马洗尘，我也在这里吃。"

马识途接着汇报组织疏散情况，钱瑛插话说："你们已经做了很多疏散工作，挡住了敌人向你们冲击的第一波浪潮，稳住了自己的队伍。但是疏散工作做得还不彻底，还有漏洞。比如成都市委的领导干部虽然疏散隐蔽了，有的却还留在成都，还有发生危险的可能。不要说老蒲已经叛变，出卖了组织，就是他很坚定，没有出问题，根据秘密工作原则，被捕党员认识的所有下级领导同志，一律都要撤退，才可能彻底堵住漏洞。特委领导王宇光现在只是转移到重庆，老蒲叛变了，自然会告诉特务，并且和特务一起到重庆，千方百计找到王宇光的。成都市委书记洪德铭撤退到重庆也不行，老蒲认识他，而且知道他是跛子，敌人要在重庆查找一个像他那个样子的跛子是不难的。"

马识途解释说："全把他们撤走了，成都和重庆正在展开如火如荼的群众斗争，没有党的领导怎么办？特委总不能没有领导人留下。我没有回去前，王宇光隐蔽在重庆乡下，进行遥控指挥……"钱瑛马上打断马识途的话说："不行。你们现在还在不停止地进行群众斗争，你们真是不要脑袋了。现在全国的形势已经大变，我们的一切斗争形式都要随之改变。打倒敌人的任务，主要由即将入川的解放军承担，他们会像秋风扫落叶一般，扫荡四川的残敌，再也不需要你们去斗争，不需要你们去牺牲了。你们必须保存力量，每一个人都应该保存。你们的工作应该是积蓄力量、搜集资料、搞策反等等，不能再去搞运动和搞斗争，要赶快改变工作方法。你们的主要任务是准备迎接解放，最要紧的是保存干部，准备参加接管。除了组织群众保护城市、护厂护校、保存机关档案、进行策反外，别的都不要做了，更不能再去进行大规模的群众斗争，引来敌人疯狂的镇压。现在最宝贵的就是熟悉本地情况的人，我们再也不能忍受更多的干部牺牲了。"

钱瑛强调凡是蒲华辅认识的领导干部必须全部撤退到香港，成都和重庆两市的群众斗争必须全部停下来。马识途回答："好，我马上回去执行！"钱瑛说："不行，你绝对不能回去了，那太危险。我们另外派交通员马上飞重庆。你这两个月够辛苦了，休息一下，再准备准备，等后来的同志到香港后进行工作总结，包括这次大事故的总结。"

第二天，钱瑛就派交通员徐润秋坐飞机赶到重庆，向王宇光传达她的决定。王宇光马上找到正在重庆的成都市委书记洪德铭，让他通知成都市委领导以及蒲华辅认识的其他领导同志尽快全部撤退到香港。半个月后，他们都平安转移到香港，住在九龙地区的一处民房里，钱瑛专门看望大家并表示慰问。当得知应该撤退或隐蔽的同志都已经被安顿好了，她那一直紧锁着的眉头才逐渐展开，脸上露出宽慰的笑容。在此前后，钱瑛还将川东临委秘书长肖泽宽、上川东一工委书记邓照明调到香港。不久，川南工委的廖林生、北区工委的黄友凡、铜梁县委的江伯言、上川东六工委的李家庆、重庆市中心和南岸区学运特支书记赵隆侃也按照钱瑛的指示离开重庆，经香港转赴解放区。

钱瑛要求川康特委利用这段时间认真总结教训，她强调香港是英国的殖民地，为了避免引起香港警察的注意，大家要尽量减少外出，出去也要分散走，碰到查户口或卫生检查之类的事，只要得到通知，事先要分散出去，等检查完了再回去。

刘国定、冉益智的叛变使川东临委所属组织受到严重破坏，除川南工委、南涪工委和长寿、铜梁、荣昌等县以及黔北组织基本保持完整外，其余各地大部分遭到破坏，或受到严重牵连。在这一事件中，先后被捕的党员干部133人，其中重庆67人、上下川东41人、川康17人、宁沪8人；除宁沪8人外的125人中，被杀害的53人，下落不明的（大部分牺牲）35人，获释、脱险的25人；自首变节后仍被敌人杀害的4人；叛变投敌的8人，造成川东、川康和重庆地区党组织的重大损失。这是自抗战爆发以来，川东党组织遭受的最大一次破坏。[53]

被捕的共产党员及革命志士多数被关押在歌乐山渣滓洞和白公馆监狱。面对敌人的严刑拷打、威胁利诱，绝大多数共产党员英勇不屈、坚持斗争，谱写了一曲曲令人怆然泪下的人生壮歌。1949年9月至11月，随着解放西南战役的迅猛推进，敌人对关押在渣滓洞和白公馆监狱的共产党员和革命志士进行了丧心病狂的大屠杀，先后有300多人被杀害，仅有35人侥幸脱险。

20世纪50年代，幸存者罗广斌、杨益言为了创作长篇小说《红岩》，在马识途的陪同下，专程到北京采访钱瑛。钱瑛向他们详细介绍重庆地下党情况，介绍黄励、何宝珍、帅孟奇等人的英雄事迹，但不愿意更多地谈自己。1961年12月，《红岩》一书由中国青年出版社出版，先后重印113次，再版2次，发行超过1000万册。中国人民解放军空军政治部文工团将小说《红岩》中有关江姐的故事改编成歌剧《江姐》，由阎肃作词，羊鸣、姜春阳、金砂作曲。1964年9月，该剧在北京首演后，深受广大群众的喜爱，剧中的著名唱段《红梅赞》更是脍炙人口、经久不衰。

1949年1月，湖南省工委根据中共中央和上海局"要进一步加强统战工作，利用一切社会关系，有效地开展策反工作，瓦解敌人。必要时可由党员干部出面去搞一些关键部门、关键人物的策反工作"的指示，大力开展对国民党长沙绥靖公署主任兼湖南省政府主席程潜、华中"剿匪"副总司令兼第一兵团司令官陈明仁的统战策反工作，成立了统战策反小组，由地下党员余志宏任组长，地下党员涂西畴任副组长，成员有从南京回到长沙的刘寿祺。3月，湖南省工委派刘寿祺到九龙向方方汇报策反工作情况，方方认为争取湖南和平解放是中共中央既定政策，一定要争取实现，同时对陈明仁的情况提出一些询问，提醒开展工作时要提高警惕，并派人送来一些国内看不到的宣传品和书籍，叮嘱刘寿祺好好学习。

第三天上午，刘寿祺没想到钱瑛来了。刘寿祺和钱瑛曾在南京和上海多次见过面，彼此比较熟悉。一见面，刘寿祺就开门见山地说："大姐，我想向你汇报有关湖南和平解放的一些情况，前天向方方同志汇报时，他提出一些问题，我是不是再向你说明一下？"钱瑛说："方方同志都对我谈了，他提出一些询问，是想更全面地了解你们那里的情况，没有别的意思。你不是已经向他做了说明吗？用不着再说了，他同意你们对陈明仁的看法和策反工作的部署。我们已经进行了慎重研究，一致认为湖南是战略地区，能够争取和平解放，一定要尽力争取。湖南和平解放，对西南各省都会产生很大影响。而且国民党政府南迁广东后，它就没有北大门了。策反工作是比较危险的，你们要特别注意安全，方方同志很关心这个问题。"刘寿祺说："安全是要注意的，但估计目前不会发生什么大问题。"钱瑛说:"那就好,安全第一!"她指着那一大堆宣传品和书籍说:"你今天还是好好地把这些东西看完,明天我再来。"第二天,钱瑛一进门就问道:"那些东西看完了没有?"刘寿祺说:"只剩一点点了。"钱瑛说:"你今天就要回去了,我们考虑到省工委经济上可能有些困难,港币你又不能带,国民党金圆券带回去可能过一天就一文不值了,我们打算买一枚金戒指,你带回去交给省工委周里同志。你现在就同我上街到金铺里去买。"

他们在街上慢慢走着,九龙的小偷很多,刘寿祺突然发现自己的钢笔被小偷偷走,钱瑛看出他的窘态,马上安慰说:"不要急,我这里有一支,可能比你那支好。"说罢将一支派克钢笔插在他的口袋里,刘寿祺感动得不知道说什么好。随后他们找了一家金铺,买了一枚金戒指。钱瑛又请刘寿祺吃了一顿简餐,陪他回到旅店,将那些书籍、宣传品收拾好,放进自己的提包里,又认真检查了刘寿祺的提包。她说:"国内的情况不同,这里的只字片纸都不能带走。现在我们就到火车站去,你这次来九龙,没有陪你过海峡去看看香港,非常抱歉。"到了火车站,等刘寿祺上了火车,她才挥手告别。

1949年3月下旬,中共中央通知钱瑛尽快带领从西南撤退到香港的地下党负责人赶到北平,准备随南下解放军打回四川,参加接管城市工作。大量居住在香港的民主党派负责人、进步人士和文化名人,也要赶到北平参加全国政协会议。此时三大战役虽然结束,但是南方大部分地方尚未解放,从香港到北平只能走海路,从烟台登陆以后再北上。华南分局包下了很多和解放区做生意的公司货船,分期分批把大家送到解放区。

离港前,钱瑛召开会议,再三告诫大家,这次北上是一次危险的旅行,台湾海峡完全处于国民党海军的控制之下,如果航行途中遇到风暴,货船要靠岸进入避风港,台湾和福建的港口都由国民党军队占领,军警上船检查那将十分危险。大家必须严守纪律，化装成商人或家属，不能携带任何书籍和文件，上船后也不能和水手交谈。

4月1日，钱瑛带领一行十几个人，包乘一艘小货轮离港前往烟台。货轮离港前要接受英国海关的检查，为了避免不必要的麻烦，等货轮检查完毕后驶向外港时，钱瑛才带人乘小艇赶上去，悄悄登上货轮。好在有惊无险，货轮安全通过台湾海峡，经过5天航行，最终停靠在烟台码头。第一次踏上解放区的土地，第一次看到持枪守卫的解放军战士，钱瑛和大家禁不住高声欢呼："我们回家了！"

在烟台住了一个晚上，一行人乘坐军用大卡车，经潍坊和济南到达北平，直接住进中南海。随后，中共中央决定钱瑛随第四野战军南下接管武汉。经中央组织部批准，她把这批干部带到武汉，参加武汉的接管工作，让他们在实践中积累经验，准备迎接湖南、四川、贵州的解放。

1949年5月14日，中国人民解放军第四野战军强渡长江，解放汉口、武昌和汉阳三镇。国民党白崇禧集团败退湖南和广西，将华中军政长官公署设在衡阳，并在长沙建立指挥所，企图依托五岭山脉、洞庭湖和汨罗江等有利地形和天然屏障，阻止人民解放军的南进。白崇禧控制湖南后，程潜、陈明仁和平起义的阻力和困难增大。

5月，湖南省工委指示余志宏动员程潜、陈明仁写个《备忘录》，接受中国共产党关于和平解放的8项条件，以便呈报中共中央和毛泽东。余志宏请程潜的族弟程星龄转达并获其同意。当即由程星龄起草，余志宏审核，报程潜修改，由程潜侄儿、地下党员程岑华抄写，送程潜、陈明仁签字。《备忘录》中写道：

爱本反蒋、反桂系、反战、反假和平之一贯态度，决定根据贵方公布和平八条二十四款之原则，谋至湖南局部和平。一

俟时机成熟，潜当立即揭明主张，正式通电全国，号召省内外
军民一致拥护八条二十四款为基础之和平，打击蒋白残余反动
势力。

周里安排地下党员、篾匠赵连生特制了一担夹层篾篓，将《备忘录》
和湖南省工委的报告用油纸包好，藏于篾篓夹层之中。地下党总支书记
黄人凌、地下党员张友初分别化装成商人和挑夫，由地下党组织派人护
送到汉口，将《备忘录》和湖南省工委的报告交给中共中央华中局。

此时，钱瑛已经担任华中局组织部第一副部长，仍然分管西南各
省地下党。钱瑛告诉黄人凌和张友初，华中局和湖南省委领导人看后
认为湖南省工委争取程潜起义的工作做得很好，《备忘录》已上报中
共中央和毛主席。她安排黄人凌留下介绍情况，让张友初先回去报告
唐先生（周里），华中局最近会派人到湖南，传达中共中央和华中局
的指示。

中共中央收到程潜的《备忘录》后，毛泽东于7月4日亲笔复电程潜：
"先生决心采取反蒋反桂及和平解决湖南问题之方针，极为佩慰。""所
提军事小组联合机构及保存贵部予以整编教育等项意见均属可行。"对
于程潜在白崇禧压力下的处境，毛泽东给以理解，表示"如遇桂系压迫，
先生可权宜处置一切。只要先生决心站在人民方面，反美反蒋反桂，先
生权宜处置，敝方均能谅解"。[54]

钱瑛派洪德铭到长沙传达中共中央和华中局的指示。7月1日，湖
南省工委在长沙市上麻园岭李园台召开会议。洪德铭说：钱大姐派我来
传达华中局的指示，并要我代她向唐先生（周里）和省工委同志问好。
华中局领导和随军南下的湖南省委副书记王首道、第十二兵团司令员萧
劲光等，看过省工委的报告和程潜的《备忘录》，确定湖南地下党当前
的主要任务是在促进程潜、陈明仁起义的同时，从发展武装斗争、破坏

敌人统治、削弱和牵制敌人力量，转到发动和组织群众，保护城乡，抓紧准备迎接解放、接管、支前等各项工作，确保湖南"完整而有序地接收到人民手中"。希望程潜继续做好争取陈明仁的工作，不要大搞驱逐白崇禧的运动，以免白崇禧过早逼程潜下台。8月4日，程潜、陈明仁通电宣布起义。

第五章

严肃查纠"五风" 获"女包公"美誉

一、加强和整顿中南局党组织

1949年3月5日到13日，中共七届二中全会在河北省平山县西柏坡举行。全会听取并讨论了毛泽东的报告，根据毛泽东的报告通过了相应的决议。全会强调应加强党的思想建设，防止资产阶级思想侵蚀党的队伍。全会指出中国的民主革命是伟大的，但是胜利以后的路程更长，工作更伟大、更艰巨。全会提醒全党要警惕骄傲自满、以功臣自居的情绪的滋长，警惕资产阶级用糖衣裹着的炮弹的攻击，全党同志务必继续保持谦虚、谨慎、不骄、不躁的作风，务必继续保持艰苦奋斗的作风。

1949年5月，中共中央决定将中共中央中原局改为中共中央华中局。12月，又改为中共中央中南局，林彪任第一书记，罗荣桓任第二书记，邓子恢任第三书记。钱瑛先后担任华中局组织部第一副部长，中南局常委、组织部部长、纪委副书记、妇委书记，中南军政委员会委员、人事部部长等职。

根据中共七届二中全会决议精神，钱瑛重点抓好中南局党组织的思想建设和组织建设。针对党内存在的突出问题，她先后在《长江日报》发表了《发扬党的光荣传统，继续提高党的战斗力》[1]、《个人利益服从党的利益》[2] 等文章，深刻分析了加强执政党建设的重要性。她指出，随着经济的发展，必须扩大党的队伍，加强党在各项建设事业中的领导作用。由于在中华人民共和国成立前，"党的组织长期处在分散的游击战

1951年，钱瑛（左）与纱厂劳模朱玖（右）合影。

争和秘密的地下工作情况下，不能经常得到党中央的直接领导，党员的
思想政治理论水平，因之未能有系统的提高"，"少数党员……对中国革
命长期性认识不足，对共产党的最终目的的认识模糊，以为新民主主义
革命的胜利，就是全部革命事业的成功"。现在党的地位变了，"这些党
员，自以为对革命劳苦功高，应该享受革命果实……不愿再做艰苦的工
作"，如果这样下去，我们党会蜕化变质，政权有得而复失的危险，就
根本谈不上建设社会主义和共产主义了。文章还分析了有的地方基层党
组织在大量发展党员时，将一些未经考验、教育的普通群众和一般的积
极分子吸收到党内来，降低了共产党员的标准，甚至个别投机分子也趁
机混入党的队伍。针对这些问题，钱瑛指出中南地区"党的组织必须加
强和整顿"，要结合当前各项中心任务，采取严肃慎重的方针，有计划
有领导地开展一次普遍整党工作。在1951年下半年开始的全国性整党
中，她积极领导中南地区的整党工作，收到了显著成效。

　　1952年2月，中共中央发出关于整党工作必须与"反贪污、反浪
费、反官僚主义"的"三反"运动相结合的指示。在领导整党工作和"三
反"运动中，钱瑛耐心地向党员干部进行思想教育和纪律教育，强调
"绝对不许党内有两种纪律存在的现象"。党的纪律对任何党员，上至
高级领导干部，下至一般党员，都是平等的，任何人不能有特殊。她
很快把群众发动起来，严肃查处党员干部中的违法乱纪问题。当运动
发展到高潮时，她又多次告诫干部一定要保持清醒头脑，要按党的政
策办事，要实事求是，要认真吸取当年延安"抢救运动"和洪湖革命
根据地"肃反"扩大化的教训，不要热衷于大轰大嗡地抓"大老虎"。
在一次汇报"三反"案件的会议上，有一个领导汇报说他们单位抓了
一只"大老虎"，是个大贪污犯，贪污了一船盐。钱瑛听后马上追问：
"他把盐存放在什么地方？"这位领导答不出来，案子最终被否定了。"三
反"运动过后，钱瑛把中南地区县以上有问题的500多名干部集中到

中南局党校，对他们的问题进行了长达半年的复审，确保中南地区"三反"运动的健康发展。

钱瑛重视抓好党的组织建设。1952 年 7 月 16 日，钱瑛在中南局直属机关第一次代表会议的报告中指出："根据新的形势的发展，需要进一步扩大我们直属机关党的基础。中南解放 3 年来，各种社会改革运动（土地改革、民主改革、抗美援朝、镇压反革命和"三反""五反"运动）业已基本完成，今后的中心任务就是大规模地、有计划地进行经济建设，主要是进行工业建设；随着经济建设高潮的到来，必须加强文化建设，进一步巩固人民民主专政；而在各项建设当中，必须扩大党的队伍，加强党在各项建设中的领导作用，否则就不可能很好地完成这一伟大的历史任务。因此，在各部门和各大专学校中积极发展新党员，加强并扩大党的基础，建立党的坚强堡垒，就成为当前非常迫切的一项任务。而完成这项任务，就为新的建设高潮准备了最基本的条件。""中南直属机关的广大群众和非党干部，经过 3 年来的工作考验和一系列的群众运动的锻炼，经过整风和三查，特别是经过这次'三反''五反'运动，绝大多数人的政治面貌、历史情况已弄清楚了，阶级觉悟、政治认识也大大提高了，在每次运动和各项工作当中，都涌现了大批积极分子（仅在这次"三反"运动中涌现的积极分子就有 4613 人，其中团员 1891 人、非团员 2722 人。教育部、武汉大学、中原大学、华中大学尚未计入），其中有一部分优秀的积极分子，他们在各种运动中和日常工作中一贯表现积极负责，斗争坚决，觉悟较高，而且迫切要求入党。而我们机关党 3 年来除个别地吸收过一些党员外，一般地没有有计划地发展党。最近中南局发布积极发展新党员的指示以后，机关中有大批的积极分子要求入党。由此可以说明，目前在我们直属机关积极发展新党员、扩大党的基础，不仅是必需的，而且是完全可能的。"

为了完成发展党的任务，钱瑛指出："当前要着重地反对在建党工作中的关门主义倾向和盲目宗派情绪。要严厉批判有些同志只强调历史复杂、锻炼不够而不去深入了解、全面分析和积极培养的做法，以致将许多够入党条件的青年积极分子关在门外。有的机关不愿意吸收那些思想能力强、政治上开展、工作上有办法、能在群众中起作用、为群众所信仰，但有些所谓'调皮'的干部，而只愿吸收那些唯命是从的所谓的'老实人'。这种观点必须反对。同时，也要反对不从基本条件和政治品质上去看人，而只从生活小节上去看人的观点，把生活小事看成是作风不正派。此外，党委还必须教育青年团员树立对建党的正确观念，使他们认识到输送团员入党是团的光荣任务，不应妒忌，更不应有本位主义。青年团员入党以后要更加虚心学习，努力工作，决不能脱离群众，骄傲自满。在发展新党员的过程中，同时必须防止草率从事、拉夫凑数不予控制的右的偏向。"[3]

钱瑛重视抓好人才队伍建设，解决人才使用方面存在的问题。1952年7月18日，钱瑛在《长江日报》上发表公开谈话，指出：

> 这不仅是目前所急需解决的一个重要问题，而且从某些现象来看，又是人事工作上的一个必须纠正的错误。只粗略地检查一下中南军政委员会所属的几个部门，就发现了对技术人才的使用存在着极端不合理的现象。就是在几个主要的有关经济建设的部门也是很严重的。这就形成了人事工作——人才使用上的混乱现象。例如中南农林部竟使用着7个大学农艺系和园艺系毕业的学生做人事、会计、资料缮写和收发工作。中南工业部用化学系和机械系毕业的学生做人事工作和教育工作，中南财委的秘书处就用了4个大学土木工程系和农业经济系毕业生做秘书和人事工作。另外，还有的部门不把各种技术干部放到技术工作岗位上去，而留在机关专门做"拟稿"工作的也不

少。这就形成：一方面在各种经济建设的技术岗位上极端缺乏技术人才；另一方面许多人才又被极不合理地使用着。

钱瑛在文章中指出：

此种情况在中南区的各省、市也同样普遍地存在着。这说明我们在从事工作上未能将"人尽其才"的原则很好地掌握和很好地检查。这些严重现象的发生，固然和解放初期干部缺乏，这些人刚从革命大学或其他训练班中出来即匆匆忙忙地分配工作以应急需是有关系。但在 3 年以后的今天，情况仍然存在就不能不是一种错误。我们虽然曾经提出过要"技术干部回到技术岗位上去"的口号，但由于若干部门的领导同志思想未能打通，因此并未能贯彻实现。

钱瑛明确表示：

我们已经决定在今、明、后 3 年内除挑选 5000 名老干部外，还挑选 3000 名大学程度的在职青年干部，到经济建设战线上去，这样将使各种有技术知识的干部都能充分运用其所学。不但这样我们还决定在原有的老干部中凡是曾经学过各种专门知识的，即使他们已经做了多年其他工作，在必需的情况下，也将尽可能使他们回到适当的有关的工作岗位上去。我们已指示中南地区各级人事部门进行此种调查登记工作，并责成在经济建设机关的人事部门对原有技术干部的使用情况加以仔细检查，不合理者必须调整，这是在目前解决国家经济建设中所需要的技术干部的最有效的方法之一。[4]

新中国成立后，钱瑛牢记毛泽东在党的七届二中全会上的教导，一如既往地在严于律己方面做表率。她常说："我是做党的工作的，正人必先正己，不正己如何正人？"她身边的服务员李青荣说："我跟随钱部长5年多，她的居室陈设简单，衣着朴素。钱部长处处为国家节约，在武汉时，按编制组织上要给她配两个秘书、两个警卫员，而她坚持只要一个秘书和一个警卫员。"钱瑛从来不允许自己的亲属利用她的关系谋取特殊照顾，她告诉侄子们："我是共产党的干部，不是国民党的官，你们对外不要谈我和你们的关系，不要要求照顾。"她还多次叮嘱秘书说："不要因为是我的亲戚就瞒着我去帮忙。"她以这种严于律己、艰苦朴素的崇高品德，赢得了同志们的敬佩和爱戴。

1956年夏，钱瑛（后排中）与母亲彭正元、侄媳妇镇云枝、侄孙女钱晓健在北京陶然亭公园合影。

钱瑛很重亲情，但是在她心中党性高于亲情。钱瑛和二姐钱轩的感情很深，当年她从洪湖突围，在沔阳通海口镇被敌人扣留后，是钱轩冒着很大风险掩护她脱离虎口的。钱瑛被捕入狱后，也是钱轩给她寄去人参和生活用品。1950年春，钱轩提着一只大皮箱来到武汉钱瑛家里，钱瑛见了严肃地问道："箱内装的是什么？"钱轩只好老实说："装的是田地、山林、房产等契约，现在农村要土改了，你看怎么办？"钱瑛一听火冒三丈，严厉地说："你赶快提回去，交给贫农协会，一件都不准留，你现在就走。否则，我要给公安部门打电话了。"钱轩连茶也没有喝一口，提着箱子转身就走了，回乡后主动交出全部家产，贫协给她评了一个守法分子。

二、批转全党的两份报告

1952年年底，为了进一步加强党的纪律检查工作，钱瑛奉调进京担任中央纪委副书记。时任中央纪委书记的朱德工作繁忙，钱瑛作为唯一的专职副书记，主持中央纪委的日常工作。当时中央纪委仅有1个处，下设3个科，一共只有29个人。钱瑛紧紧围绕党在这一时期的中心任务开展纪检工作，深入基层调查研究，掌握大量第一手材料，及时准确地向中共中央报告真实情况。[5]

朱德

1953年3月25日，钱瑛向中共中央作了《关于在广东方面发生的官僚主义、命令主义、违法乱纪的严重情况的报告》。

17天后，毛泽东亲自批转了这份报告。

中央各部、委，中央人民政府各党组；各中央局，分局，省（市）委：

兹将中央纪律〈检查〉委员会副书记钱瑛同志关于在广东方面发生的官僚主义、命令主义和违法乱纪的严重情况的报告一件，发给你们，并请你们根据此件加以检查，在反官僚主义的斗争中，将自己过去所发命令指示中犯有错误的部分，迅速加以纠正。因为报告中所指各项不能容忍的坏事，或类似的坏事，除了个别事件，例如盐民、渔民问题及种蔗问题，只是在广东及其他若干省区存在以外，其余各项是带普遍性的，几乎每省（市）都有，只是件数多少不同而已。这些事件，很多是发源于中央人民政府的有关部门，其次就是省人民政府和专署的有关部门。而发生了这些事我们还不知道，有些甚至部长也不知道。由此可见，问题的性质是很严重的。中央责成中央人民政府各党组（钱瑛的报告要给各司局长同志看），各中央局、分局、省（市）委，务必迅速加以检查，在尽可能快的时间内纠正各项不能容忍的错误。

中共中央
一九五三年四月十一日 [6]

1954 年六七月间，钱瑛带领中央纪委工作组到东北地区，考察了 3 个省、6 个市、20 多个重要工矿企业的纪律检查工作，分别向中共中央写了两份报告。报告指出，一些工矿企业党委包办代替厂长的行政工作，忽视党的政治思想领导，使党的政策不能很好地得到贯彻执行。钱瑛建议加强党在工矿企业中的政治思想领导，改进工矿企业党组织的工作方法。这两份报告再次引起中共中央的重视，很快批转全党。

1954 年 9 月，根据《中华人民共和国宪法》和《中华人民共和国国务院组织法》，政务院人民监察委员会改为国务院监察部。钱瑛任监察部首任部长，并兼任中央纪委副书记。

1953 年 7 月，钱瑛（左）与帅孟奇（中）、孔原（右）在青岛合影。

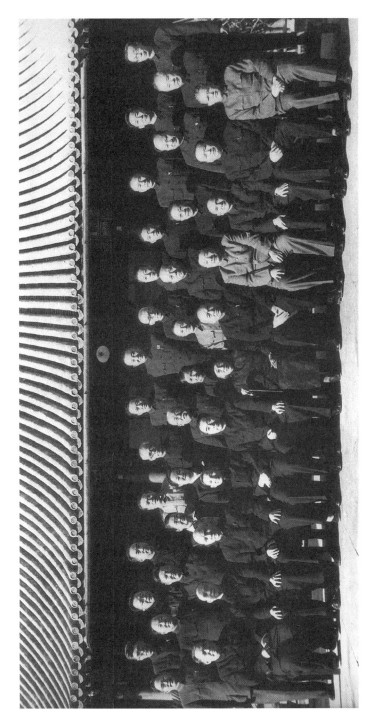

1954年10月，参加国务院第一次全体会议的成员合影。前排右起：李先念、乌兰夫、贺龙、彭德怀、何香凝、陈云、周恩来、邓子恢、李富春、章伯钧；二排右起：傅作义、叶季壮、陈郁、蒋光鼐、钱瑛、谢觉哉、史良、李德全、习仲勋、马文瑞、赵尔陆、杨秀峰、贾拓夫、曾山、沈雁冰、沙千里、梁希、罗瑞卿、廖鲁言、张奚若、朱学范、薄一波、黄敬、王鹤寿。

1955 年 7 月 26 日，钱瑛在第一届全国人民代表大会第二次会议上发言，对一些企业和单位存在的严重浪费现象提出尖锐的批评，她指出：沈阳重型机器厂 1954 年全年废品达 2800 余吨，净损失 152.5 万余元，影响到 89 个兄弟厂矿的生产建设。粮食部门有些单位，因加工和仓储保管不善，造成粮食损失严重。仅辽宁省监察厅 1955 年上半年检查的 14 个县、市粮食仓库即有生虫的粮食 1 亿 4 千余斤，完全霉烂不能食用的粮食 1.8 万余斤。湖南省 1955 年 1 月至 3 月共发生粮食被盗事件 375 起，被盗粮食 4.6 万余斤；失火事件 52 起，烧毁粮食 15.45 万余斤。钱瑛指出造成上述浪费和损失的原因，有些是由于制度不健全，领导疏于督促检查；有些则是由于工作人员思想作风不纯，严重不负责任；也有的是反动分子破坏所致。

1956 年 9 月 15 日至 27 日，中国共产党第八次全国代表大会在北京举行。钱瑛参加了党的八大并在大会上发言：

……

鸡西矿务局小恒山煤矿一九五五年十一月份和十二月份发给哈尔滨煤建公司二万五千吨煤中，平均含矸率达到百分之四十，有一车煤里竟有百分之八十是石头。由于有些单位煤炭的含矸多、灰分高、水分大，不仅造成煤炭产量的虚假现象，而且浪费了国家的运输力，同时由于供应冶金企业的洗精煤不合格，也影响冶金生产。有些企业工作人员对产品质量低劣的现象，不但不积极采取措施去改进提高，反而采取投机取巧，弄虚作假的方法欺骗用户。如大冶钢厂平炉车间，今年一月份生产任务只完成百分之九十八点八，在月底时技术科长和车间主任经过厂的个别领导人员同意，从去年十二月生产的七十多吨废钢中，挑选了三十多吨入库顶任务，上报完成计划百分之一百点一。本溪水泥厂今年一月至三月出厂一千八百零七吨不合格的水泥，其中有许多是在化验上采取涂改原始记录等方法混充合格品出厂的。

几年来，各省、自治区、直辖市监察机关多次检查了粮食仓储保管工作，每年都发现大量的虫粮、潮粮，以及由于霉烂、失火、贪污盗窃、鼠雀损耗等而造成的损失，也是相当严重的。但年年检查，年年存在不少问题。如今年上半年安徽、内蒙古、上海等二十个省、自治区、直辖市监察机关联合有关部门普查粮食共四百二十六亿多斤（包括油料），发现潮粮一百三十一亿多斤，由于霉变而造成的损失三十三万多斤，有的仓库虫粮甚至达到存粮的百分之八十至九十，虫的密度个别的一公斤达三万头。普查中，处理了不安全粮七十九亿多斤，消灭鼠雀二百六十四万多只，清除垃圾一千九百七十六万五千斤。商业部门有些单位由于经营管理混乱，流转费用很大以及仓库保管不善造成国家资财的损失也是很大的。有些地区兴修农田水利、推广良种、改变耕作方法中，不根据当地实际情况，不与群众商量，只凭主观愿望下达命令，而下面干部强迫群众推行，致造成严重减产，浪费劳动力，引起群众不满。

......

钱瑛的发言既不夸大成绩，也不隐瞒错误，在据实反映问题方面作出了榜样。

党的八届一中全会选举产生中央委员 97 名，钱瑛与邓颖超、蔡畅、陈少敏 4 名女性当选为中央委员。中华人民共和国成立之初，女性职业革命家人才济济，有的是建党初期参加革命的，有的是参加两万五千里长征的，有的是在不同时期作出过重要贡献的。钱瑛当选为中央委员，

1958 年，钱瑛（前排左四）访问苏联时合影。

充分说明她对中国革命的贡献和在全党的威信。

1959 年 4 月，由于国家管理体制调整，监察部被撤销。钱瑛接替谢觉哉担任内务部部长，兼任中央监委副书记。钱瑛上任仅一个多月，内务部就在北京召开了"全国烈属、军属和残废、复员、退伍、转业军人社会主义建设积极分子大会"。董必武代表中共中央和毛泽东主席到会作了重要指示，刘少奇、周恩来、朱德等人接见了全体代表。钱瑛在会上作了题为《发扬革命传统，鼓足更大干劲，永远站在革命和建设的最前线》的报告，她充分肯定这个群体对中国革命作出的贡献，关心这个群体的疾苦，鼓励他们在社会主义建设中继续发扬革命传统，发挥聪明才智，在增产节约运动中发挥积极作用。大会通过了向全国烈属、军属和残废、复员、退伍、转业军人提出的倡议书。3 个月后，钱瑛主持召开第五次全国民政工作会议并作总结报告。在肯定成绩的基础上，她指出一些地区放松救灾救济和优抚安置工作，重提陈毅关于民政工作"上为中央分忧，下为群众解愁"的指示，部署下半年的民政工作，要求各地民政部门认真负责，切实做好救灾工作，不要有任何麻痹大意；进一步深入细致地做好优抚和复员安置工作，帮助烈军属和荣复军人解决困难；发展社会福利生产，办好社会福利事业；做好政府机关人事、区划、基层选举等工作，并强调绝对服从党的领导，坚决贯彻群众路线，依靠广大群众。这两个会议对加强全国民政工作发挥了积极作用。

1960年夏，根据中央领导同志的指示，钱瑛赶赴兰州，解决甘肃与青海两省省界纠纷问题，召集两省人民政府的负责人在兰州开会，耐心听取双方的汇报和意见，强调维护民族团结的重要意义，要求两省顾全大局，最终圆满解决了这个棘手问题。

1960年8月，钱瑛（左三）到辽宁省海城县慰问洪水围困中的灾区人民。

此时，辽宁本溪地区暴发特大洪涝灾害，钱瑛立即将情况向中共中央、国务院报告，及时调拨大批救灾物资和款项。她冒着酷暑，亲临灾区第一线，坐着小木船仔细察看灾情，慰问灾民，检查救灾款和救灾物资的发放，布置民政部门组织群众生产自救。

钱瑛高度重视救灾工作，认为虽然中华人民共和国成立后救灾工作取得了可喜的成绩，灾害程度减轻了，但是气候变化难以控制，救灾工作还是一项长期的任务。她多次到灾区视察，听取重灾区民政厅（局）长的汇报，要求他们一定要如实反映情况，并强调这是对党和人民负责的表现。1959年4月26日，毛泽东在钱瑛上报的《春荒情况有好转》的简报上批示：

此件发各省委、市委、自治区党委。请你们对这个问题，务必要采取措施，妥善安排，渡〔度〕过春荒，安全地接上麦收和早稻，多种瓜菜，注意有吃而又省吃，闲时少吃，忙时多吃。千万不可大意。[7]

1959 年 10 月 1 日，前排右起：钱瑛、帅孟奇、邓颖超、陈少敏在天安门城楼上合影。（童小鹏摄）

钱瑛常说，孤、老、残、疾是长期存在的社会问题，党和政府应该给予他们更多的关怀和帮助。她每到一个地区检查指导工作，总要去看看福利院的孩子和农村敬老院的五保老人，不仅要看工作和生活条件，还要到每个房间去看望慰问，了解他们的身体状况和精神面貌。她特别关心社会福利工厂和盲聋哑学校，

内务部会同国家计委联合下发通知，将福利工厂的产供销纳入地方的计划。

1960 年冬，钱瑛被调离内务部，任中央监委专职副书记。11 月下旬，钱瑛率领由中央监委、中央组织部、公安部组成的中央工作组，到甘肃省检查中央《关于农村人民公社当前政策问题的紧急指示信》（即"十二条"）贯彻情况。钱瑛率领工作组直接深入张掖、酒泉地区的公社、大队和小队，到食堂揭开锅盖，看群众吃什么、吃多少、能不能吃饱，到社员家中访贫问苦，了解社员的困难和要求，找队干部谈话，了解生产、征购和口粮供应情况。当了解到群众生活十分困难，出现肿病死人的严重情况后，钱瑛痛心疾首，立即向中共中央发电报，请求紧急调拨救灾粮食。钱瑛的电报引起中共中央和国务院的高度重视，迅速调

拨粮食，派出飞机空投，拯救了一大批群众的生命。

在认真调查核实的基础上，钱瑛向中共中央报告了《关于甘肃省天水地区反右倾斗争中大批干部遭受严重迫害的情况》。天水地区的反右倾斗争发生了严重混乱，少数坏分子篡夺了领导权，捕风捉影、捏造材料、诬陷好人，大批干部和群众受到迫害。全地区共揪出 103 个"反革命和反党集团"，成员多达 700 多人。其中，以秦安县委书记宇文荣为首的"反革命集团"成员竟达 103 人。经查明，这些所谓"反党集团"或"反革命集团"都是假的。钱瑛对产生问题的原因作了深入分析，并提出了解决问题的办法。

钱瑛下基层总是深入最艰苦的地区。在胶东半岛的偏僻乡村，她走家串户进行访问。一位农村党支部书记病危卧床，弥留之际还惦记着处于灾荒之中的群众。当钱瑛登门探望的时候，他拉住钱瑛的手，气语艰难地一再叮嘱，千万要把这里的真实情况向中共中央汇报。钱瑛泣不成声地点头允诺。事后，她立即再次向中共中央如实汇报灾情，请求迅速调拨粮食赈济灾民，并积极协助当地党委和政府整顿组织，整肃作风，组织群众生产自救。

1959 年 5 月 1 日，钱瑛在北京中山公园和少先队员们接待两位苏联女部长，钱瑛前面的女孩是钱晓健。

三、"不怕鬼"的中央监委副书记

从 1959 年开始，我国国民经济出现严重困难，史称"三年困难时期"。中共中央致力于纠正"左"的错误，整合全国力量克服困难。1960 年 9 月，中央政治局决定成立东北、华北、华东、中南、西南、西北 6 个中央局，作为中央的派出机构，加强对各省、直辖市、自治区党委的领导。1961 年 1 月，中共八届九中全会批准了这个决定，华东局在上海正式成立，下辖江苏、安徽、山东、浙江、福建、江西和上海六省一市。

王从吾

钱瑛有一句著名的口头禅："不怕鬼！"为了严肃纪律、监察高官，她不畏权势、鄙视逢迎、刚直不阿、坚持真理、敢于碰硬。1958 年以后，中央监委对党内共产风、浮夸风、强迫命令风、生产瞎指挥风和干部特殊化风"五风"进行了坚决抵制和严肃查纠。[8]

安徽深受"五风"之害。从 1959 年冬天开始，安徽不断有人给中共中央和中央监委写信，反映安徽省委打击迫害干部和群众生活困难问题。中央监委书记董必武、中央监委副书记王从吾和钱瑛对这些人民来信高度重视，从 1960 年 4 月起连续 3 次派人到安徽调查，经调查证实情况确实非常严重。

1960 年 11 月，中共中央书记处根据中央监委的建议，决定从中央办公厅、中央监委、最高人民法院、中组部、公安部、内务部、团中央抽调干部组成中央调查组，由最高人民法院副院长王维纲率领，赴安徽蚌埠、阜阳、芜湖、安庆等专区调查，再次证实情况严重，并与中共安徽省委负责人发生争执。历时1个多月的调查结束后，中央监委召开常委会议，听取中央检查组的汇报，基本掌握了安徽的情况。1961年4月，中央监委农村处处长李坚等人去安徽进一步了解情况，随后形成《关于安徽肿病死人、封锁消息、大批惩办干部的情况报告》，王从吾、钱瑛迅速上报中共中央。[9]

大批惩办干部是安徽的突出问题之一。1957年7月12日，安徽文艺界召开反右派座谈会，会上许多人对《江淮文学》的办刊方向及编辑部的有关工作人员提出尖锐批评。安徽文艺界又连续召开4次反右派座谈会，遭受批判

魏心一　　　　　　　戴岳

的人越来越多、言辞越来越激烈。安徽省委文教部部长魏心一和文教部副部长兼省文联主席戴岳因对《安徽日报》发表的《是什么思想在领导〈江淮文学〉编辑部》的文章持有不同意见，据理反驳，结果被指控结成"魏心一、戴岳右派反党集团"。魏心一被撤销党内外一切职务、开除党籍；戴岳被开除党籍、撤职、降级、留用察看，以后又被送去劳动教养。在40余人的省文联机关，有16人被打成右派分子，另外还有一些人被株连。[10]

接着，安徽又发生了震惊全国的"李世农、杨效椿、李锐反党集团"大案。该案的起因是安徽在农业合作化迅速发展的浪潮中，由于片面追求数量和速度，许多地方发生了强迫命令现象，严重挫伤了基层群众的生产积极性，破坏了干群关系，影响了农村经济的发展，不少地方发生

农民闹"退社""偷青"（偷尚未成熟的农作物）乃至公开抢粮事件。

在对这些事件的性质认定和处置上，从省委领导到基层干部意见不统一。有人将之定性为"骚乱"，并对相关人员采取了拘捕批斗措施。分管政法工作的省委书记处书记、副省长李世农，省检察院检察长杨效椿、副检察长李锐认为：这些事件是人民内部矛盾，不能把人民内部矛盾错当成敌我矛盾。他们反对随便捕人，主张政法部门要坚持实事求是的原则，依法办事，坚决纠正乱捕乱斗偏向。在反右派运动高潮中，李世农、杨效椿、李锐等人的正确观点被认定为"右派"言论，受到严肃批判。[11]

李世农　　　　　　杨效椿　　　　　　李锐

1957 年 11 月 21 至 24 日，安徽省委召开一届四次全体会议，对李世农进行面对面的批判。12 月 15 日，安徽省委召开一届六次全委扩大会议，对李世农、杨效椿、李锐进行批判，以解决省委领导层内部的"右派问题"。1958 年 1 月 27 日，历时 40 余天的省委一届六次全委扩大会议结束。会议作出了《关于开除右派分子李世农、杨效椿、李锐党籍的决定》，并把 3 人定为"李世农、杨效椿、李锐反党集团"，分别处以撤销党内外一切职务、开除公职的处分，并送往农场监督劳动。"李世农、杨效椿、李锐反党集团"一案株连人数众多，其中被直接株连的中央和省管干部达 110 人，全省政法和监察系统有 3000 多人受到批判和处分，全省 15.5% 的监察干部被打成右派。[12] 在反右派斗争中，全国共划右派分子 552877 人，安徽共划右派分子 31472 人，占全国的 5.7%，是划右派最多的省份之一。[13]

与此同时，安徽发生了极为罕见的低出生率和高死亡率。1959—1961 年，全省城乡有很多人处在饥饿线上，严重危害了人民群众的健康和生命，全省总人口数 1958 年年底为 3394.15 万人，1961 年年底为 2987.68 万人，3 年间总人口净减少数为 406.47 万人。[14] 随着农村饥荒的蔓延，安徽一些党员干部从思想抵触发展到行动抵制，出现了一些敢说真话、敢于抵制错误的党的高级干部，代表人物是安徽省委书记处书记、副省长张恺帆和省委书记处候补书记、宣传部部长、副省长陆学斌。

1959 年 7 月，张恺帆到安徽无为检查工作时发现该县"五风"等"左"的问题十分严重。7 日上午，张恺帆召开无为县五级干部会议，严肃地批评了"大跃进"中存在的"五风"，特别是其中的浮夸风，

张恺帆

陆学斌

并决定按每人平均每天不能少于 1 斤的标准将粮食分发到户。9 日，张恺帆给安徽省委和省委第一书记曾希圣写报告，汇报了无为县的情况，提出"三还原"的设想：吃饭还原（即解散食堂），自留地还原，房屋

还原（即社员回到自己原屋去居住），并于当晚指示县委贯彻落实。随后，张恺帆还就解散食堂做了大量工作。到 15 日，全县大部分食堂被解散，张恺帆再次给安徽省委和省委第一书记曾希圣写报告，提出"两开放"，即开放水面和自由市场的主张。

这时，庐山会议的风向已由纠"左"转为"反右倾"。7 月 23 日，毛泽东尖锐地批评彭德怀写信对 1958 年以来"左"倾错误提出的中肯意见是"小资产阶级的狂热性"，是"右倾性质"的问题。根据毛泽东的提议，接着召开了中共八届八中全会，发动了对"彭德怀、黄克诚、张闻天、周小舟反党集团"的斗争。庐山会议之后，在全党开展了反右倾斗争。毛泽东对张恺帆的问题作出极为严厉的批示：

> 右倾机会主义分子，中央委员会里有，即军事俱乐部的那些同志们；省级也有，例如安徽省委书记张恺帆。我怀疑这些人是混入党内的投机分子。

1959 年 8 月，左起：李坚真、帅孟奇、钱瑛、邓颖超、蔡畅等人在庐山合影。（童小鹏摄）

随后，安徽省委召开县团级以上干部会议，对张恺帆进行点名揭发批判。由于陆学斌在批判张恺帆时坚持说无为县问题严重，也一同受到批判，被认定为与张恺帆结成"反党联盟"，会议通过了《关于张恺帆、陆学斌反党联盟的决议》，张恺帆、陆学斌分别被开除党籍、撤销党内外一切职务，被送往农场监督劳动。[15] 此案株连无为县的县、社、队干部 28741 人，张恺帆有 6 名亲人被迫害致死。[16]

刘顺元

在此前后，省内外有人通过不同渠道向中共中央和华东局反映情况，其中包括中共江苏省委常务副书记刘顺元。刘顺元与李世农当年是狱友，曾经同在南京中央军人监狱服刑。抗日战争期间，刘顺元任中共皖东工委书记、淮南区党委副书记，与李世农、杨效椿同为淮南抗日根据地的战友。正是因为有这段工作经历，刘顺元与安徽的干部群众有着千丝万缕的联系，他了解安徽问题的真相。

1960 年 9 月，第一次全国改造右派工作会议后，刘顺元悄悄托人带信给李世农，约他到南京附近的安徽滁县琅琊山见面。当看到骨瘦如柴的李世农时，刘顺元的泪水夺眶而出。李世农谈了自己被打成右派的来龙去脉，谈到安徽农村的真实情况，刘顺元深表同情和气愤，决心尽快向中共中央反映。

刘顺元想到了钱瑛，这不仅是因为中央监委主管全国的右派甄别平反，而且钱瑛与李世农相识，更重要的是钱瑛敢讲真话。于是，刘顺元邀请钱瑛到江苏考察。钱瑛一到南京，刘顺元就与江苏省省长惠浴宇、江苏省常务副省长刘士英去看她。他们 4 个人都曾坐过国民党监狱，聊起在狱中的斗争，谈得"简直不想散了"。谈到党内政治生活不正常的现象，钱瑛对刘顺元说："你一向是敢讲话的人，为什么不能多提些意见？"刘顺元介绍了李世农错案的情况，希望钱瑛建议中共中央把安徽的"盖子"揭开，帮助李世农等人平反。钱瑛回到北京后，很快向刘少奇作了详细汇报。此时距离召开七千人大会不到半年时间。

四、亲赴安徽甄别三大错案

1962 年 1 月 11 日至 2 月 7 日，中共中央在北京召开扩大的中央工作会议。参加会议的有中央和省、地、县四级主要负责人以及部分大厂矿和军队的负责人（史称"七千人大会"）。召开这次会议的目的，是为了进一步总结 1958 年"大跃进"以来的经验教训，动员全党为战胜严重困难而奋斗。

七千人大会会场。右起：邓小平、陈云、周恩来、毛泽东、刘少奇、朱德、林彪。

会议第一阶段讨论和修改刘少奇代表中共中央提出的书面报告草稿。1 月 27 日，刘少奇在大会上作报告指出："过去我们经常把缺点、错误和成绩，比之于一个指头和九个指头的关系。现在恐怕不能到处这样套。"[17]"我到湖南的一个地方，农民说是'三分天灾，七分人祸'。你不承认，人家就不服。全国有一部分地区可以说缺点和错误是主要的，成绩不是主要的。"[18]他批评一些负责人"在群众中和干部中进行了错误的过火的批评和斗争，混淆了是非，压制了民主，使群众和干部不敢讲话，不敢讲真心话。这样，党的组织、国家组织和群众组织中

的民主生活，在某种程度上
就受到了窒息"。[19] "另外
一种人，为了个人利益，有
意造假，有意夸大成绩，有
意封锁消息、扣留信件，有
意对说老实话的人进行打击
报复。这就不是实事求是的
问题，而是一种违法乱纪性
质的错误。"[20] 刘少奇的报
告引起了与会代表的强烈共

刘少奇在七千人大会上讲话

鸣，认为这是"说出了多年想说而没有说的话"。

　　会议原定 1 月 30 日结束，至迟 31 日结束。1 月 29 日上午，毛泽东在大会上宣布延长会期，参会人员都在北京过春节。毛泽东说："现在，要解决的一个中心问题是：有些同志的一些话没有讲出来，觉得不大好讲。这就不那么好了。要让人家讲话，要给人家机会批评自己……我看是不是在这次会议上就解决这个问题。县、地、省都有同志在这里，不要等回去了再解决。"[21]

　　毛泽东说："我相信能够解决上下通气的问题。有一个省的办法是：白天'出气'，晚上看戏，两干一稀，大家满意。我建议让人家'出气'。不'出气'，统一不起来。没有民主，就不可能有正确的集中。因为'气'都没有出嘛！积极性怎么调动起来。到中央开会，还不敢讲话，回到地方就更不敢讲话……我们常委几个同志商量了一下，希望解决'出气'的问题。有什么'气'出什么'气'，有多少'气'出多少'气'，不管是正确之'气'，还是错误之'气'，不挂账，不打击，不报复。"[22]毛泽东讲话后，会议转入第二阶段，即"出气会"阶段。

　　1 月 30 日下午，毛泽东在大会上作了长篇讲话，中心是讲民主集中制问题。毛泽东尖锐地指出：民主集中制是上了党章的，上了宪法的。但是党内有些同志包括一些老革命，对民主集中制不了解，不实行，这是很错误的。要克服我们现在面临的困难，不实行民主是不行的。另外，没有民主集中制，无产阶级专政也不可能巩固。

毛泽东不点名地批评曾希圣说："我们现在有些第一书记，连封建

曾希圣

时代的刘邦都不如，倒有点像项羽。这些同志如果不改，最后要垮台的。不是有一出戏叫《霸王别姬》吗？这些同志如果总是不改，难免有一天要'别姬'就是了。（笑声）""我们有些同志，听不得相反的意见，批评不得。这是很不对的。在我们这次会议中间，有一个省，会本来是开得生动活泼的，省委书记到那里一坐，鸦雀无声，大家不讲话了。这位省委书记同志，你坐到那里去干什么呢？为什么不坐到自己房子里想一想问题，让人家去纷纷议论呢？平素养成了这样一种风气，当着你的面不敢讲话，那末，你就应当回避一下。"毛泽东还说："不许人讲话，老虎屁股摸不得，凡是采取这种态度的人，十个就有十个要失败。人家总是要讲的，你老虎屁股真是摸不得吗？偏要摸！"[23]

中共中央下决心解决安徽问题。七千人大会转入"出气会"后，刘少奇率领钱瑛、华东局第一书记柯庆施、华东局第三书记李葆华和中央有关部门的负责人，用10天时间，亲自调查和处理了安徽问题。

安徽大组会议在发扬民主、贯彻"不扣帽子，不抓辫子，不打棍子"的基础上，对省委工作中的错误进行了揭露和批评，特别是对省委第一书记曾希圣进行了严肃深刻的批评，引起了中共中央的高度重视。2月3日，曾希圣在安徽大组会议上作检查。2月7日，七千人大会闭

幕。由于安徽的问题没有解决，中共中央决定安徽代表团继续留在北京开会。2月9日晚，曾希圣第二次在安徽大组会上作深刻检查，并请求调离安徽。

在听取曾希圣检查后，刘少奇在讲话中指出："我感到安徽的中心问题是省委问题，省委的中心问题是曾希圣问题。"他指出："有几个案子，张恺帆、李世农、牛树才、杨效椿、陆学斌，这只是几个人，这几个人下面还有一大批这些案件……根据现在的观点，大家的认识，重新审查。中央准备派人到安徽，华东局也要派人去和省委一起审查、研究这些案件。受过处分、批判、打击的人，需要重新作出结论的话，可以重新作出结论。"最后，刘少奇代表中共中央宣布将曾希圣调离安徽，由李葆华担任中共安徽省委第一书记。

会后，钱瑛根据中共中央指示，带领中央监委和华东局工作组到安徽，指导改组后的安徽省委做好甄别工作。首先审查李世农、杨效椿、张恺帆、陆学斌等几位省级领导的三大案件。钱瑛不轻信、不苟同、不妄断，重调查、重事实、重证据。她要求将原结论认定的问题一律重新核实；有关当事人要逐一谈话；重要证人由她亲自约谈；耐心听取原专案组领导人和办案人的意见；对持有不同意见的同志，分别召集座

李葆华

谈。经过认真审查，终于搞清楚这三大案件都是错案。

无畏、缜密和敢于担当是钱瑛最突出的优秀品质。当时纠正反右派斗争中的大量错划问题，还没有被列入工作日程。李世农、张恺帆曾受到毛泽东极为严厉的批评，他俩的案子被视为"铁案"。钱瑛不怕有人在北京散布流言蜚语，将个人得失置之度外，承担了巨大的政治风险，

坚定不移地指导安徽省委做好甄别平反工作。

为了慎重起见，钱瑛首先采取甄别示范的办法。1962 年 5 月 18 日，安徽省委第十二次全体会议用一天时间审查了《关于杨效椿同志问题的甄别报告》，会议决定给予平反，然后以安徽省委名义上报中央监委审批。6 月 16 日，中央监委批复：

> 中央同意你们对杨效椿同志的甄别处理意见，取消原定右派分子的结论和开除党籍的处分，恢复党籍，恢复名誉，恢复职务和级别。

在甄别示范取得经验的基础上，钱瑛指导安徽省委召开第五、第六次常委扩大会议和省委全体会议，对李世农、张恺帆、魏心一等重大案件进行讨论。7 月 20 日，省委印发关于对李世农、张恺帆等人问题的甄别结论和中央监委的批复，撤销省委一届六次全委会《关于开除李世农、杨效椿、李锐党籍的决定》和《关于开除魏心一党籍的决定》，撤销省委 1959 年 9 月《关于张恺帆、陆学斌反党联盟的决议》，恢复李世农、张恺帆等人的党籍、名誉、职务和待遇。不久，李世农、张恺帆复任省委书记处书记，陆学斌复任省委书记处候补书记，杨效椿担任省委常委、合肥市委书记，魏心一复任省委文教部部长。因上述案件被无辜株连的大批人员同时得到平反。[24]

5 年的非人生活，给李世农等人造成无法愈合的创伤。李世农在农场监督劳动时，患神经性耳聋，平反后又患脑溢血，经抢救虽然命保住了，但是无法坚持正常工作。杨效椿在农场监督劳动时先患肝炎，后转为肝硬化，65 岁病逝后被破例追认为革命烈士。李锐的遭遇更惨，在劳改农场里劳动教养 3 年多，患有浮肿病和腹泻病，排便时必须四肢着地才能解决。

甄别三大错案推动了全省的甄别平反工作。截至 1962 年 10 月，安徽全省甄别脱产干部 87443 人，占 64.82%；不脱产干部 355830 人，占 90.7%。平反冤假错案增进了党内团结，调动了广大干部群众的积极性，安徽形势迅速好转。从 1963 年到 1965 年，全省农业总产值年平均增长 15.1%，轻工业总产值年平均增长 17.3%，重工业总产值年平均增长 12.5%。

1962 年 7 月，钱瑛离开安徽后，将安徽的甄别平反方法概括为"一件件、一串串、一片片"。她认为三个大案一件件解决了，受株连的一串串案件也就失去了立案的依据，像摘葡萄似的被"摘"掉了，进而推动一片片案件的解决。钱瑛明确提出所有案件只抓大是大非问题，不纠缠枝节琐事，不留尾巴。

安徽的甄别平反工作无疑起到了重要的示范和推动作用。8 月 12 日，中央监委就全国甄别平反工作向中共中央作了专题报告：

> 尤其是对一些重大案件，如安徽李世农（省委书记处书记）、张恺帆（省委书记处书记、副省长），河南潘复生（省委第一书记），福建江一真（省委书记处书记、省长）、魏金水（省委书记处书记、省监委书记），山东李广文（省委书记处书记）、王卓如（省委常委、副省长）等案件甄别平反以后，效果更为显著。这些案件甄别过程就是开展批评与自我批评、贯彻执行中央政策的过程。同时，也是深刻教育干部、总结党内斗争经验教训的过程。[25]

钱瑛在安徽组织指导甄别平反工作，在中华人民共和国纪检监察史上留下了浓墨重彩的篇章，受到刘少奇、周恩来和邓小平的高度评价。刘少奇表扬她"是有领导能力的，是能够独当一面的好同志"，周恩来赞扬她"铁面无私",邓小平肯定她"大公无私,能坚持原则",干部群众将她誉为"女包公"。

在一片赞扬声中,钱瑛始终保持头脑清醒。当老部下谈到她为开辟第二条战线作出的重要贡献时,她总是谦逊地说,这些工作主要是根据周副主席、董老、王若飞等同志的指示;谈到五二○运动,她说那是到上海工作后受到刘晓等同志的启发;谈到华南分局的工作,她说搞武装斗争和建立根据地,很多意见是方方同志提出的;谈到安徽的甄别平反工作,她强调是在中共中央领导下进行的,从来不讲个人贡献和功劳。

但是,随后形势又发生了变化。9月,在北京召开的中共八届十中全会上,给右倾错案平反被指责为"翻案风",全国甄别平反工作停下来了。尽管如此,钱瑛和中央监委领导同志都主张甄别工作应该继续搞,要善始善终,全错的全平,部分错的部分平,这些意见得到邓小平的支持。

　　1964年4月,钱瑛(右一)到武汉视察监察工作时,到龟山祭扫向警予烈士墓。

1962 年 12 月，全国监察工作会议制定了《中央监委关于善始善终地做好甄别工作的意见》。1963 年、1964 年，钱瑛先后到江西、福建、上海、辽宁、宁夏、内蒙古等地检查全国监察工作会议贯彻情况，强调甄别工作一定要善始善终。钱瑛还要求加强党的纪律教育，着力研究处理"五风"问题的政策界限。

1964 年 10 月至 1965 年 4 月，钱瑛任贵州省委代理第二书记。

第六章
"文革"惨遭迫害　十一年后昭雪

一、在"文革"中受到诬陷

1966年5月4日，中共中央政治局扩大会议在北京召开。5月16日，会议通过《中国共产党中央委员会通知》（简称"五一六通知"），决定成立以陈伯达为组长，康生为顾问，江青、张春桥等人为副组长的"中央文革小组"，这个小组随后成为凌驾于中央政治局之上的最高权力机构。此后《人民日报》几乎每天发表社论，号召群众积极参加"文化大革命"，一场史无前例的运动被迅速点燃。

中央监委受"文化大革命"的冲击，机构瘫痪，工作停顿。6月9日，成立了由钱瑛、张云逸、袁任远、王维舟、伍云甫、金昭典以及部分处级干部参加的文化革命领导小组，领导中央监委机关的运动。

8月1日，中共八届十一中全会在北京召开。会议印发毛泽东写的《炮打司令部——我的一张大字报》，提出中央有一个资产阶级司令部，虽未点名，但是斗争锋芒明显指向刘少奇和邓小平。大字报还特别指出：

> 联系到一九六二年的右倾和一九六四年形"左"而实右的错误倾向，岂不是可以发人深省的吗？

全会通过了《关于无产阶级文化大革命的决定》（简称"十六条"），指出："这次运动的重点，是整党内那些走资本主义道路的当权派。"

钱瑛参加了这次会议，心中产生了一种不祥之感。"文化大革命"前夕，她看到党的优良传统遭到破坏，一批优秀领导干部蒙受不白之冤，心里非常难过。她曾忧心忡忡地对一位老部下说："现在有些事情我们得讲话了，我们不讲，谁还敢讲？"她还意味深长地说："过去，我曾抱定必死的决心去跟敌人进行斗争，现在我还是这样。不过斗争比那时要复杂得多，困难得多！"这次会议后，"中央文革小组"公开将斗争矛头指向刘少奇、邓小平，同时大范围地开展对所谓"刘少奇司令部代理人"的批判斗争。

钱瑛与江青、康生的直接冲突源于刘结挺、张西挺夫妇案件。刘结挺，男，1919 年 12 月出生于山东平邑的一个农民家庭。1933 年加入中国共产党，中间有一段时间脱党，1938 年重新入党。曾被派到孙殿英部队从事地下工作，后在抗日军政大学第四分校从事政治工作。1945 年至 1949 年历任华中军区团政治处主任、团政委，中共开封县委第一书记等职。1950 年至 1961 年历任中共四川宜宾县委书记，江安县委书记，宜宾地委组织部部长、地委副书记、地委书记。

张西挺，女，1926 年 10 月出生于河南息县一个农民家庭。1941 年加入中国共产党，后在抗日军政大学第四分校学习。1946 年 11 月在反"扫荡"中被俘，自首变节。1948 年息县解放后，张西挺隐瞒自首真相，捏造狱中情况，被重新恢复党籍。1949 年与刘结挺结婚。1950—1961 年历任宜宾县委宣传部部长、江安县委组织部部长、宜宾地委办公室主任、宜宾市委（县级市）第一书记。

刘结挺、张西挺在宜宾地区工作期间严重违法乱纪，打击陷害同志。宜宾地区的干部多次向中共中央和中共四川省委检举揭发刘结挺、张西挺的问题。1962 年，四川省委决定停止他们的职务，成立专案小组进行审查。刘结挺、张西挺坚持错误，不断以杀人或自杀相威胁。1963 年 3 月，四川省委专案小组作出《关于审查刘结挺、张西挺严重违法乱纪问题的报告》。四川省委根据这个报告，报请中共中央批准，撤销了刘结挺、张西挺的职务，把他们从宜宾调到成都，适当限制自由，继续接受审查。

1964 年 6 月 18 日，中共四川省委监察委员会作出《关于刘结挺、张西挺严重违法乱纪、打击陷害同志的调查报告》。调查报告指出：

> 刘结挺、张西挺自 1955 年担任地、市委书记以来，由极端严重的资产阶级个人主义，发展到夫妻合谋，滥用职权，严重破坏党纪国法的地步。在他们领导的地区，实行顺我者昌、逆我者亡的统治。对敢于坚持原则，在工作中提出不同意见，或者批评、揭发了他们的错误，或者被他们怀疑为揭发了他们错误的同志，都视为"眼中钉"，怀恨在心，利用政治运动及其他机会，采用制造舆论、捏造材料、蒙上欺下的阴谋手段，进行打击陷害，以巩固他们独断专行、为所欲为的个人地位。经查实，刘结挺、张西挺共制造了李鹏案件、郭一案件、黄新寿案件、张家璧案件、刘纯洁案件、胡绍钦案件、陈玉清案件、"内部侦察"案件、吕逢权"反党集团"案件、罗念宝案件、傅德忠案件、蒋尔清案件、廖测宽案件共 13 起冤、假、错案。

四川省委监委的处理意见是：刘结挺、张西挺的行为是严重违法乱纪，打击陷害同志，其手段毒辣、后果严重，有人命有民愤，在反省期间又长期对抗组织，实属不可救药，本应开除党籍，受到一定的刑事处分，但鉴于他们参加革命，为党做过一些工作，为了有利于争取改造他们，故建议给予刘结挺、张西挺开除党籍，免予刑事处分。1964 年 8 月 21 日，四川省委向中共中央西南局和中共中央报送了《关于刘结挺、张西挺所犯严重违法乱纪、打击陷害同志错误的处理请示报告》。1965 年 2 月 23 日，中央监察委员会批复，同意四川省委对刘结挺、张西挺的处理意见。[1]

"文化大革命"开始后，刘结挺、张西挺嗅到了转机。1966 年 8 月，他俩跑到北京，通过北京航空学院的造反派，向江青、康生、陈伯达等人报送大量材料，诬告刘少奇、邓小平、李井泉和四川省委、成都军区的领导人，为自己喊冤叫屈。为了支持刘结挺、张西挺夺取四川省委领导权，江青要中央监委给刘结挺、张西挺平反。钱瑛了解这个案件的来龙去脉，知道四川省监委调查核实此案前后用了近 3 年时间，案件事实清楚、证据确凿，坚持不予平反。江青见钱瑛居然不买自己的账，不禁恼羞成怒，咬牙切齿地说："什么检查、监察，竟搞到老子头上来了。"[2] 12 月底，钱瑛领导的中央监委文化革命委员会被批判执行了所谓"刘邓资产阶级反动路线"，钱瑛被"隔离审查"。

12 月 30 日，"中央文革小组"成员王力在北京接见刘结挺、张西挺，听了他们的汇报后，当即表示："你们这个案子是个大案子，李井泉就这个案子就够了。你们的案子一定是那些坏家伙搞的。批这个案子的不是安子文就是彭真，最高不过邓小平。从他们中挑不出一个好人来。刘少奇、邓小平是要打倒的。"当晚，王力给江青写报告，肯定刘结挺、张西挺的诬告"是有重要作用的"。12 月 31 日，王力再次向江青报告：刘、张案件是邓小平批的。1967 年 1 月 1 日，江青将王力的报告批给陈伯达："此事应议一下。"并要陈伯达与她一起去林彪处讨论刘、张所诬告的问题。[3]

1967 年 1 月以后，康生、曹轶欧（康生的妻子、康生办公室主任）直接指挥中央监委的运动。1 月 25 日，中央监委被全面夺权，中央监委常务委员、处级领导干部被全部解除职务，随即成立中央监委机关革命委员会。3 月 27 日，康生、王力、关锋等人接见刘结挺、张西挺。康生说："宜宾的问题不单是宜宾问题，是四川问题；四川问题不单是四川的问题，四川是刘少奇、邓小平、贺龙、彭真'黑司令部'的大后方。"4 月 4 日，江青、康生等人仅凭刘结挺、张西挺的申诉，在没有进行任何复查的情况下，由王力、关锋起草，康生修改的中国共产党中央委员会《关于四川省宜宾地区刘结挺等平反的通知》正式下发。[4]

因为有江青、康生撑腰，刘结挺、张西挺窜到中央监委五楼会议室，当着众多干部的面，气势汹汹地诬蔑钱瑛和中央监委领导人。北京大学"东方红战斗团"跑到中央监委，贴出《钱瑛——刘少奇的马前卒》的大字报，鼓吹打倒钱瑛。戚本禹秉承江青、康生的旨意，到中央监委召集机关干部大会，公开诬蔑"钱瑛没有毛泽东思想""四级干部的水平，不如二十四级干部"，竭力煽动打倒钱瑛。

中央监委机关造反派夺权后，抛出钱瑛"反对毛泽东思想，推行反革命修正主义路线的罪状"，把钱瑛组织的甄别平反诬蔑为"大刮翻案风"；把钱瑛说过的安徽搞责任田有利于恢复农业生产的话，上纲为"大吹单干风"；把钱瑛在中国共产党第八次全国代表大会上的发言丑化为"反对突出政治的活标本"；把钱瑛与刘少奇之间正常的工作关系，诬陷为"忠于刘少奇""共同反对毛主席"等，并扣上"叛徒、内奸、特务"的帽子。钱瑛一生视名誉重于生命，蒙受如此奇耻大辱，委屈、愤懑、忧虑、痛苦，在她的心里烧灼煎熬着，像一块巨石压在心上，她突然老了很多。

刘结挺、张西挺被"平反"后，成为"文革"期间的风云人物，夫妇俩同时担任四川省革命委员会筹备小组副主任和四川省革命委员会副主任，参加中国共产党第九次全国代表大会，分别当选为中央委员和候补中央

1967 年 4 月 4 日，《中国共产党中央委员会关于四川省宜宾地区刘结挺等平反的通知》。

委员。他们利用窃取的权力，拉帮结派，挑动武斗，残酷镇压群众，发动"反复旧运动"，使四川乱上加乱。"文革"结束后，1978 年两人被依法逮捕；1982 年刘结挺被判处 20 年有期徒刑，张西挺被判处 17 年有期徒刑。这些当然都是后话。[5]

二、在北京卫戍区被关押五年

"文化大革命"开始以后，包括刘少奇在内的许多中央领导人被打倒。为了审查他们的问题，陆续成立了10多个中央专案组，下设第一、第二、第三办公室。需要对谁立案审查，由谁来分管，如何选派工作人员等，都要经过"中央文革小组"碰头会研究。

钱瑛被"隔离审查"后，案子挂在中央专案组第一办公室安子文专案组里面。专案组给钱瑛戴了"黑线人物""反革命修正主义分子""叛变自首""特嫌"4顶大帽子，逼着她交代种种莫须有的罪名。

1968年4月4日，安子文专案组向康生、谢富治、汪东兴报告：钱瑛"畏罪服毒自杀，是一种反革命行为"。[6]两天后，"中央文革小组"决定对钱瑛实行"隔离监管"，将她关押在北京卫戍区的一所军营里，房间安装了铁门和铁窗，屋里放了一张三屉桌和一只凳子，还有一张单人床，床上铺着一块草垫，放了一套战士用的被褥。专案组从部队抽调20多名官兵，专门负责看管钱瑛。在这样的临时监狱里，钱瑛度过了她人生最后的5年零3个月。

为了尽快给被审查对象"定罪"，"中央文革小组"碰头会每半个月在人民大会堂东大厅召开一次专案组全体会议，参会的有四五百人，每个专案组依次汇报工作，会议常常从头天晚上的9点钟开到第二天拂晓。各个专案组根据会议要求，有重点地开展工作。

钱瑛在历史上曾经被捕，专案组企图从中打开缺口。1933年4月，中共江苏省委妇女部部长周超英被捕叛变后，带领国民党特工总部上海行动区的特务抓捕了钱瑛。虽经叛徒指证、劝降和刑讯，钱瑛始终没有出卖组织和他人。7月12日，钱瑛被判处15年有期徒刑，先后在江苏第一监狱和首都反省院服刑。她拒不"反省""悔过"，拒不向国民党党旗敬礼，拒不唱国民党党歌，是狱中 4 次绝食斗争的主要领导人之一。1937 年 9 月，钱瑛经周恩来、叶剑英营救获释。专案组为了把钱瑛打成叛徒，多次派出外调人员，跑了很多地方，千方百计搜集钱瑛的"叛徒罪证"，没想到调查了解到的都是钱瑛的光荣历史。江青气急败坏地骂道："叫你们去调查钱瑛的叛徒材料，谁叫你们去搜集她的英雄事迹？"[7]

无奈之下，专案组找到了一名当年在国民党法院经办钱瑛案子的在押犯，把他押解到北京，要他证明钱瑛的叛变行为。但是，这名在押犯在口供和笔供中都一再强调："当年彭友姑（钱瑛的化名）没有叛变，而且在法庭上和法官辩论的英雄气概实在了不起，我不能在这里说假话，再给自己增添新的罪名。"折腾两个多月没有达到目的，他们只好又把这名在押犯送回监狱。[8]

江青和康生把持的"中央文革小组"在残酷迫害钱瑛的同时，还把中央监委作为攻击的重要目标之一，全面否定党的纪检监察工作。1968 年，中共中央组织部业务组负责人郭玉峰向毛泽东、林彪、"中央文革小组"报告，诬称："从今年 3 月起，中监委群众搞清理阶级队伍，揭发出叛徒、特务、反革命修正主义分子、国民党、三青团等共 56 人，其他还有 24 人的问题正在审查（有特嫌分子 6 人、叛徒 2 人、反革命修正主义分子 7 人、黑帮黑线 9 人），总共 80 人（当时中央监委机关干部总数为 152 人）。"报告还说："旧中央监委的委员、候补委员共 60 人，其中书记、副书记 6 人，常委、候补常委 9 人，委员 23 人，候补委员 22 人。'文革'以来，经群众揭发出叛徒 25 人，特务 3 人，反革命修正主义分子 10 人，有严重问题性质未定的 10 人，叛党自杀的 1 人，共 49 人，占全体委员数的 81.5%。另外，情况不明的 6 人，没有问题的 5 人。"中央监委的副书记、常委、候补常委和专职委员都遭到诬陷迫害、残酷斗争，其中有 8 人被迫害致死或含冤逝世。[9]

1969 年 1 月 31 日，中共中央组织部业务组向中共中央写了《关于撤销中央监察委员会机关的建议》，诬称："中央监委长期以来被刘少奇的代理人王从吾、钱瑛等叛徒所把持，是保护坏人、打击好人的黑据点。"2 月，中共中央组织部业务组又向中共中央写了《关于中组部中监委机关人员下放劳动的报告》。3 月 20 日，中央监委机关干部除个别人留守外，其他干部全部下放到吉林省白城子地区干校劳动。

1969 年 4 月，中国共产党第九次全国代表大会通过的《中国共产党章程》，取消了党的监察机关的条款，撤销了中央监察委员会，党的纪检监察工作遭受到前所未有的浩劫。

钱瑛曾经在国民党的监狱里服刑 4 年多，身体受到极大摧残。1951 年，苏联医学专家在给钱瑛的身体做全面检查后，认为她的健康严重受损，寿命只有几年了。钱瑛坦然面对专家的结论，长期带病坚持工作，严重透支了健康。"文化大革命"中无故蒙冤，忧愤成疾，她的健康状况急剧下降。被隔离监管后，钱瑛一直感到胸闷气喘，呼吸困难，不能平卧，咳嗽痰中带血，却无法得到及时有效的治疗，导致病情越来越重。1972 年 4 月 12 日，经专案组批准，她被送到北京日坛医院住院治疗，被诊断患有肺癌。钱瑛的病历未经本人同意，由他人代填，化名为"陈平"。入院时，钱瑛身体十分虚弱，但神情镇定、目光坚毅、仪表整洁。

即使是对这样一位身患绝症的老人，专案组也丝毫没有放松监管。钱瑛的病房不允许外人随便出入，窗户连同纱窗都被钉死，随意走动或凭窗眺望也被禁止，最令她感到屈辱的是，连如厕和更衣也不允许关门回避，由 6 名身强力壮的军人两人一班轮流看守。[10]

钱瑛被隔离监管后，她的战友们时刻牵挂着她的安危。董必武与钱瑛相识 40 多年，又长期担任钱瑛的直接领导，对钱瑛的情况了如指掌，他流着眼泪对夫人何莲芝说："我怎么也不相信钱瑛是叛徒，是特务！"

中组部副部长帅孟奇与钱瑛一道在江苏第一监狱服刑，目睹了钱瑛的铮铮铁骨，她抚摸着自己与钱瑛的合影照片喃喃地说："钱大姐，你到底有什么错？你怎么成了叛徒，成了特务啊？"钱瑛的秘书顾方正不解地问熊天荆："钱大姐政治历史上究竟有没有什么问题？"熊天荆斩钉截铁地回答："钱瑛没有任何问题！她和我坐同一个牢房，是同一个案子。我们一起与敌人斗争，钱瑛勇敢机敏，是好样的！"他们联名给中共中央写信要求见钱瑛，结果都是石沉大海。

董必武

北京日坛医院党委书记兼副院长李冰，出于对老一辈革命家的感情，肩负着众多老同志的嘱托，借查房之机把病房里的看守设法支开，走到钱瑛的床前轻声地说："钱阿姨，我是李克农的女儿，很多同志在关心你呀！你要好好吃东西，把病治好。"钱瑛静静地听着，安详地吐出四个字："我朝前看！"李冰走后，钱瑛潸然泪下，彻夜难眠，她想到了在南京雨花台英勇就义的丈夫谭寿林，想到了在莫斯科保育院夭折的女儿，想到了自己在江苏第一监狱坐牢的日日夜夜……看守们发现这一异常情况后马上逐级汇报，李冰为此受到警告和批评。在北京日坛医院院长、全国著名肿瘤学家吴桓兴和李冰以及医务人员的精心治疗下，钱瑛的病情一度有所好转。专案组打着治疗要服从审查的旗号，不允许钱瑛留在医院继续治疗。1972年11月29日，钱瑛被押回原来的监管地点。

钱瑛是身患癌症的重症病人，由于得不到起码的治疗和护理，病情迅速恶化。1973年5月2日，钱瑛第二次住进北京日坛医院，已经处于半昏迷状态。尽管如此，监管仍然如临大敌，病房窗户再次被钉死，一百瓦的灯泡通宵照射在她的脸上，彪形大汉轮流值班看守，不允许任何人探视，就连用轮椅将她推出病房去接受化疗时，还要用一块布把她的脸盖上，生怕人们看到钱瑛的真实面貌。[11]

钱瑛弥留之际，身边没有一个亲人。李冰轻声问道："钱阿姨，您还有什么要求吗？"钱瑛艰难地说出最后一句话："我不需要治疗了。"1973年7月26日深夜，钱瑛在北京日坛医院含冤逝世，终年70岁。

三、胡耀邦平反冤案

邓小平

1976 年 10 月粉碎"四人帮"后，给"文化大革命"中的冤假错案平反，为大批无辜遭受迫害的人恢复名誉和落实政策，成为一项重要而紧迫的任务。当时领导干部的冤假错案均由直系亲属提出申诉，中共中央批准后再进行复查。钱瑛没有丈夫、没有子女，谁来为她申诉呢？曾经担任过钱瑛秘书的刘克境挺身而出。1977 年 11 月 30 日，刘克境给叶剑英和邓小平写信，请求中央复查钱瑛的案件。此信几经周折，被送到胡耀邦手中。胡耀邦很快转呈邓小平，邓小平亲自批示同意复查钱瑛的案件。

1977 年 12 月，胡耀邦出任中央组织部部长。他遵照党的实事求是、有错必纠的原则，大力推动平反冤假错案、落实党的政策。胡耀邦指出："落实干部政策的标准，一是没有结论的，应尽快作出结论；结论不正确的，要实事求是地改正过来。二是没有分配工作的，要分配适当的工作，年老体弱不能坚持正常工作的，妥善安排。三是去世的，要作出实事求是的结论，把善后工作做好。四是

胡耀邦

受株连的家属、子女问题要解决好。"钱瑛案件的复查终于迎来重大转机。

在多种力量的推动下，中央专案组第一办公室于 1978 年 1 月 19 日作出《关于钱瑛同志问题的审查结论》，并报中共中央批准。结论肯定钱瑛当年被捕后"没有供人、供组织，并和敌人进行斗争"，"拒绝反省，没有向敌人屈服，表现是好的"。

1978 年 3 月 23 日，经中共中央批准，钱瑛的骨灰安放仪式在北京举行，邓颖超亲自主持，廖承志致悼词：

同志们：

今天，我们怀着十分沉痛的心情，举行钱瑛同志的骨灰安放仪式，悼念钱瑛同志。

钱瑛同志是中国共产党第八届中央委员会委员，中央监察委员会副书记，因受林彪、"四人帮"反革命修正主义路线摧残、迫害致病，于一九七三年七月二十六日含冤逝世，终年七十岁。

钱瑛同志是湖北省咸宁县人，早在湖北女师读书时，就参加五卅运动，一九二七年三月加入中国共产主义青年团，同年五月转入中国共产党，在汉口劳动代表训练班学习，后到九江市总工会做组织工作。同年秋天，到广东做兵运工作和在广东省委宣传部工作。一九二八年任全国总工会秘书。一九二九年春到莫斯科中国共产主义劳动大学学习。一九三一年回国后，历任湘鄂西中央分局职工委员会委员、工会常委兼秘书长、县委组织部长、县委书记、省委巡视员，参加了洪湖地区革命根据地的领导工作。一九三三年任江苏省妇委秘书，同年四月因叛徒出卖被捕，一九三七年九月经我党与国民党交涉释放出狱。出狱后，历任湖北省委组织部长、代理省委书记、鄂中区党委书记、湘鄂边区党委书记。一九四〇年任南方局驻川康代表、西南工委书记、南方局党务研究室主任。一九四三年到延安中央党校学习。一九四五年参加党的第七次代表大会。解放战争时期，历任重庆局组织部长、南京局组织部长、上海局委员。全国解放后，历任华中局委员、组织部副部长，中南局常委、组织部长兼妇委书记、妇联主任、纪律检查委员会副书记、中南军政委员会人事部长，中央纪律检查委员会副书记兼政务院监察委员会副主任，监察部党组书记、部长，内务部党组书记、部长，中央监察委员会副书记等职。在党的第八次代表大会上被选为中央委员会委员。先后当选为全国人民代表大会第一、二届代表、第三届常务委员会委员。

钱瑛同志是中国共产党的优秀党员，是坚强的无产阶级革命战士，是我党一位有威望的女干部。几十年来，她忠于党、忠于人民。她在毛主席、党中央的领导下，努力学习马克思主义、列宁主义、毛泽东思想，坚决贯彻执行毛主席的无产阶级革命路线。在国内革命战争、抗日战争和解放战争时期，长期坚持武装斗争和地下党的工作，英勇奋斗，努力工作，克服种种困难，同敌人进行了顽强的斗争。她被捕后，英勇顽强，坚贞不屈，领导难友同敌人进行针锋相对的斗争，表现出一个共产党员崇高的革命气节。在社会主义革命和社会主义建设时期，她坚持继续革命，继承了党的优良传统作风，发扬了革命战争年代那么一股革命热情，那么一股革命精神，为党为人民做出了新的贡献。钱瑛同志在长期革命斗争中，对党忠诚，立场坚定，爱憎分明，作风正派，光明磊落，严肃认真，坚持原则，顾全大局，谦虚谨慎，团结同志，密切联系群众，艰苦朴素，勤勤恳恳地为人民服务。为中国人民的解放事业和共产主义事业，无私地贡献了自己的一生。

钱瑛同志的逝世，使我们失去了一位老同志、好战友，是我党的一个损失。我们悼念钱瑛同志，要学习她的革命精神和高尚品质，化悲痛为力量，紧密地团结在党中央周围，高举毛主席的伟大旗帜，坚持无产阶级专政下的继续革命，坚决贯彻执行党的十一大路线，把揭批"四人帮"的伟大斗争进行到底，为实现抓纲治国的战略决策，巩固无产阶级专政，把我国建设成为伟大的社会主义现代化强国而努力奋斗。团结起来，争取更大的胜利。[12]

由于中央专案组在给钱瑛的审查结论中对她在"文化大革命"中所遭受的诬陷迫害只字未提，1978年12月11日，刘克境等人再次联名上书胡耀邦，要求给钱瑛彻底平反，恢复名誉。

党的十一届三中全会后，江苏省委原常务副书记刘顺元当选为中央纪委副书记，与黄克诚、王鹤寿、王从吾、张启龙被指定为中央纪委5人核心小组成员，负责中央纪委日常工作，提审林彪、"四人帮"反革命集团主犯必须经过刘顺元批准。刘顺元也多次呼吁为钱瑛彻底平反。

于是，胡耀邦决定由中共中央

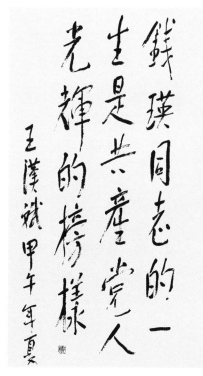

2014年6月，王汉斌给钱瑛题词。

组织部直接进行复查。1979 年 10 月 15 日，中央组织部作出《关于钱瑛同志被捕问题的复查结论》。该结论指出：

> 钱瑛同志，一九二七年三月加入中国共产主义青年团，同年五月转党，曾任八届中央委员、中央监察委员会副书记。"文化大革命"运动中，钱瑛同志遭受林彪、康生和"四人帮"的摧残迫害，一九六八年四月六日被监护（关押于北京卫戍区），一九七三年七月二十六日蒙冤逝世。原中央专案审查小组第一办公室一九七八年一月十九日作出《关于钱瑛同志问题的审查结论》，并经中央批准。结论肯定钱瑛同志一九三三年被捕后"没有供人、供组织，并和敌人进行斗争"，"拒绝反省，没有向敌人屈服，表现是好的"。但对钱瑛同志遭受诬陷迫害，未予平反昭雪。现重新结论如下：

> 钱瑛同志一九三三年四月在上海任中共江苏省委妇女部秘书时，因其领导人妇女部长周超英叛变、出卖，被国民党特工总部上海行动区逮捕，先后关押于敌江苏省第一监狱和首都反省院。一九三七年九月，经我党代表团交涉获释。

> 钱瑛同志被捕后，虽经叛徒指证、劝降和刑讯，但始终表现了中国共产党人坚贞不屈、英勇顽强的革命气节。在敌人法庭上钱瑛同志就抗日等问题，公开和敌人进行辩论，痛斥敌人"杀人"。在监狱和反省院期间，钱瑛同志带头并发动同监的难友拒不"反省""悔过"，拒不向国民党旗敬礼，拒不唱国民党歌，是狱中几次绝食斗争的领导人之一。

> 钱瑛同志几十年来在各个革命历史时期，忠于党、忠于人民，英勇斗争，努力工作，对革命有重大贡献。在林彪、"四人帮"横行时期，钱瑛同志被诬为"黑线人物""反革命修正

主义分子"、叛变自首和"特嫌"，长期关押于北京卫戍区，直至蒙冤逝世，纯系林彪、康生和"四人帮"制造的一起冤案。原中专一办安子文专案组于一九六八年四月四日向康生、谢富治和汪东兴同志报称：钱瑛"畏罪服毒自杀，是一种反革命的行为"，实属诬陷不实之词，应予推倒。为钱瑛同志彻底平反昭雪，恢复名誉。撤销原中专一办一九七八年一月十九日对钱瑛同志所作的结论。[13]

中共中央组织部

一九七九年十月十五日

1978 年 3 月 23 日，钱瑛同志骨灰安放仪式在北京举行。

走笔至此，全书已经结束。笔者苦思一直没有想到满意的结束语，一遍遍地收听彭丽媛演唱的歌剧《江姐》，忽然有了灵感，主题曲《红梅赞》就是对钱瑛革命初心和家国情怀的最好诠释：

◎ 中共一枝梅──钱瑛

红岩上红梅开，

千里冰霜脚下踩，

三九严寒何所惧，

一片丹心向阳开，向阳开。

红梅花儿开，

朵朵放光彩，

昂首怒放花万朵，

香飘云天外，

唤醒百花齐开放，

高歌欢庆新春来，新春来。

附　录

湖北工作情况的报告

重庆局：

数月来我因总在各处奔走，省委同志亦无法全部集中，故无报告给你们，兹因蔡同志之便特将湖北各区工作近况及今后布置报告如下，请给以指示：

一、武汉失陷后我们的布置

我们自去年十一月初由武汉退到宜昌时，鄂中正在纷乱之中，情况非常不明，鄂西鄂北异常薄弱，而宜昌襄樊亦十分危急，我们深感无立足之点，故即开始布〈置〉荆、当、远三县工作，作为暂时工作点。后战局相对稳定，襄樊工作环境好转，但宜昌仍无多事可作〔做〕，故即决定暂时以襄为中心。如襄樊失守后，省委移至鄂中，将鄂西北成立特委，或省委随第五战区到均县，鄂中仍为特委，江南成立一中心县委、一工作委员会，由驻宜代表团领导。如宜失后再分别划出。

二、重新分区的经过

当我们工作分工布置后，我即由襄到鄂中，及刚至鄂中即姜□□由宜来电，讲中央另有决定，要我即回宜，但当我走至荆门时又闻中原局来急电数次，令我即去河南，于是我即转回襄赴豫，在豫商讨结果决定如下：

1. 鄂中鄂北先分开，鄂中成立鄂豫边区区党委，鄂北与鄂西一部分（江北）合并成立鄂西北区党委，江南分别划归湖南及四川。

2. 原来省委取消，人亦分开，令我暂主持鄂豫边区工作，王翰主持西北。

3.鄂豫边区及鄂西北两区委均由中原局领导，可能时重庆局亦可指示。

决定后我首先回襄樊与王翰商讨，对鄂西北工作初步布置，并准备一扩大干部会。我即来鄂中，已于廿四日召集鄂中的扩大会，成立了边区区委。

三、鄂西北工作近况及今后布置

1.工作范围共十五县，东抵汉水，西临四川边境，南至长江，北以襄□为界。现以襄阳宜昌为政治中心（主要是襄阳），将来襄宜如失守后即以均县为中心。

2.工作环境近有坏转之势。一方由文化工作委员的合作，另方省政府□省党部有重新注意鄂西北的表现，各文化栈[站]工作已全部停顿，各群众团体又开始更多的限制。

3.党员人数除枣阳及襄一部分(河东)划归鄂中外，现约有九百人，主要基础在荆门当阳两县（共五百余人，武汉退出时仅十六人）。

4.武装尚很少基础，仅在宜昌附近县存有些零碎关系。

5.群众团体以战时教育工作团为好（已有八百余团员，最近成立区团部）。但现在闻已发生坏的变化，即要将区团部改组，名称改换，工作内容亦受限制。乡促自迁襄后数月并无工作，近二月来将有些基础及工作表现，即引起□方注意，闻省党部已下密令防止活动并勒令总迁宜。

针对以上情形，我们对于今后作了如下布置：

1.以推动五战区省政府的进步、动员民众参加抗战、帮助正规军阻止敌人进攻、争取相持局面到来为工作总方针。

2.主要任务是：

a.扩大与建立下层统一战基础，应以国民党为合作主要对象，更多与军队合作。

b.大量发展党强大党的基础，即刻成立均、房、鄂中心县委及荆当远中心县委、光谷联县委、南漳宜城工作委员会，健全各级党的机构。

c.争取已有团体的合法存在，参加各县公开合法的群众组织，以开展群众运动。

d.在荆当、南宜、光谷三处准备建立游击地点，以配合大洪山及桐柏山的游战。

e.在房县保康一带后方，建立生产事业以帮助抗战及改善人民生活。

3.区委人选。王翰、王致中、曹荻秋三人为正式委员，张执一、安天纵为候补。

详细情形由鄂西北区委直接报告，谅已接到。

四、鄂豫边区工作概况

I.工作环境。

鄂豫边区共十三县（最近洪湖数县亦划□但不属边区行政系统），是大多数县□均已沦陷，现仅钟祥、随县一部分及枣阳、襄东南未被敌人占领，但最〈近〉几天敌人正猛烈进攻钟祥与随县。因此一般说来，摩擦较其他区域为少，然而工作上也还有许多限制。

边区工作委员会自去年十二月成立来，中央始终未承认，且曾电示取消，李未执行。省府始终也不赞同边区，亦向李提议过取消。石专员与李凡［范］一先生当中常有隔阂，最近李司令对李凡［范］一态度亦颇不好，各县区行政均属专员系统，因此工作委员会并无军政实权。

……

应山武装情形，我们在半月前有：①杨大队人枪四百余，后广西军要成立中队，现尚未完全确定，余一中队将编入新四军。②独立大队人三百余，枪一百九十九，无合法名义，活动于应山孝感之间。

II.工作近况。

1.武装力量。过去在特委领导下所发动的武装，约有两千余，主要是在京山应城，其次则在应山。最近有了很大变化。应城之汉流八百余人已完全瓦解，矿工挺进大队亦有些淘汰，□□武装则完全化为乌有。应山方面有一大队现为县长勒令改编，广西正规军某部尚未完全解决。因此目前可以把握的武装为应城矿工挺进队一百一十人，京山有一中队，共计五百余人枪□□。在应山方面除未完全解决的三中队也许还能把握外，尚有一独立大队能受我们指挥（为八路军回家战士所组成）。

此外，尚未发动的在枣阳有二三百枝，在钟祥及襄阳以东的亦有很少数目可以支配，合计也不过七八百条，而基础并未巩固。

2.党的组织状况。自武汉退出时，鄂中党仅四百人，当时主基础只在京山、应城、钟祥几县，最近统计约增至九百余人。一个中心县委（天汉），三个县委即京应、钟祥、应山，一个区委（安陆），党内教育及日常工作都很差。

3.政治机构除了应城可为适合抗日政权外，其余只在工作委员附近进行了一部分的下层的改革，其他都无所改善。

4.群众工作过去没有，自政治指导成立后，民运科在一个地方组织了农民救区会，在枣阳及随北组织了青年团体，其余的县份尚未能进行，主要是环境的限制，同时也由主观力量的不够所致。

Ⅲ.过去工作经验教训。

1.过去鄂中工作中最大缺点，是对环境认识不清，把主客观形势与主观力量都估计得太好，因此犯了过火与过急的错误。

2.工作作风表面多于实际，鼓吹多于苦干，如对于边区鼓吹吸引外人的注意，随意公开特委及县委的同志，一般公开工作人都□出浓厚的色彩，有些地方表现自己不沉着等等，同时对于工作中心抓得不牢。

3.统一战线工作比在汤池时有了很多进步，其基础较亦广泛得多，但仍只能与较进步份［分］子合作，未能争取可靠份［分］子，更不善孤立最顽固份［分］子，不善调解对方主要的矛盾，不懂得掩护同情我们的人。

4.武装问题。鄂中的党过去一向抓得紧，用尽一切力量为着争取武装，因此在很短期内确能建立很大部队。然而由于贪多，且观察不深，只注意发展而未能切实把握一部份［分］最可靠的使之成为真正坚强基干部队，以为已是接受我们领导的都不成问题，结果在实际行动中才证明，许多都是乌合之众，如汗［汉］流……

5.党的工作虽较前有了一些进步和发展，但非常不够，主要因为公开工作机会很多，大部份［分］主要干部都兼公工作，结果妨碍党内工作进行，使得各级党都没有集中领导，也没有固定机关，更没有经常工作。

IV.今后工作布置。

这次接受了中原局的指示，我们曾召集一扩大会，把过去工作作了一番深刻的检讨，并决定彻底改变过去作风，重布置今后工作，大概内容如下。

1.工作总方针，推动进步力量并争取可以进步的份［分］子，争取边区存在发动游击战争，创造抗日根据地，万一边区工作委员不幸短命，亦应而且可能为抗日根据的目的而奋斗。

2.工作重心应放在已沦陷区，主要为京应、应山等。

3.要实行这一总的任务，必须改变浮而不实、过于吹嘘及太露峯［锋］芒的作风。（这里提出许多具体□□）

4.要完成总的任务必须切实执行当前三大□的具体任务，即：

a.建立基干部队，首先完成大洪山、桐柏□两个大队，大洪山以京应现有可靠部队扩大而充实之，桐柏山以应山现有步［部］队，如在枣组织新的武装为骨干。派最坚强干部在此处基干部作［做］军事指挥员及政治工作者，加强政治工作，建立强大党的支部。

除培养已有武装为基干部队外，并决定在钟祥、枣、安陆发动新的武装力量，准备建立新的基干部队。

b.恢复沦陷政权及健全现有政权，使基区会抗战，争取参加政府工作的机会，和争取较开明的下层政权局面。

c.加强党的组织发展与巩固。加紧党内工作，决定党的发展主要方向为已沦陷区，从现在起到五月止，要完成鄂豫边区党有六千党员，现已有二千八九百人。健全各级党的领导机构，使党的负责人不参加公开工作，建立经常工作制度和上下级的密切联系。

在会议后即□区布置工作并将干部重新调整一次，除加强原来几个县委外，另成立四个县委，即襄宜县委、枣北县委、枣南县委（此三县委人数最多，襄宜六百、枣〈北〉五百、枣南九百、均由鄂北到来）及安陆县委，另又成立三个区委为开辟基础，如随北、随南，及工作委员会近郊。

为了提拔和培养大批党的工作干部，决定经常开办训练班，第一期本月廿号开办，目的培养区委，人数四十，时间一月。

关于群众工作。我们顾到目前环境及主观力量不可能大规模的[地]开展或求得统一的组织形式，因此□暂时放□次要位置，并根据各地具体环境去组织各种不同形式的群众组织，主要求得公开合法及能包括广泛群众的组织。

V.我们的要求：

1.希望给我们以指示，以后亦尽可能的指示我们，特别是关于政治方面。

2.希给我们一副电台，因以后交通不便非此不行，前虽从河南领来一架，但不能作用，因其为土造，且为二瓦五，电力不足，千万请给我们设法弄一架好的——由中原局解决。

3.给我们各种新的书籍和刊物，解放区各三十份，其他廿份。

4.请新调来几个干部，特别是军事干部及内部工作的干部——由中原局解决。

Ⅵ. 现在边区党委人选经过扩大通过，有如下名单，请审查，我们另外报告中原局。

钱瑛、陶铸、杨学诚（以上三人为常委，陶为军事，杨任组织），左觉农（宣传兼秘书长），姜纪常（任随北工作），李先念、黄盛荣（以上二人为河南信阳特委），此外候补委员二人即杨焕明老红军干部河南派来，郑岩平（你们知道的）。

左同志系一月底出狱，与我同来此。

陈□□同志（即陈□）由中原局派此工作，现因有病请求来渝〈休〉养一时期，即与蔡同志□回此工作，特此介绍你们与之发生关系，并请令其必回，回时可给以工作指示。

蔡□□同志来渝为工作委员及我们募捐，希予以可能范围帮助为感。

钱　瑛

三月五日

武汉失守后湖北各区工作报告

一、武汉失守后各区情形

武汉失守前湖北共分五个区，即鄂东、南、西、北、中，在武汉危急已决定将鄂东、南两个特委划出，当时鄂东有 1300 党员，鄂南有 700 余人，湖北省委所领导只鄂中、西、北三区。当时三区情形于后：

（一）鄂中特委，共有党员 300 余人，所属单位为应城、京山、钟祥县委，天门、汉川两区委，汉阳工作委员会，其他应山、安陆、云梦、孝感、随县均无基础。武装方面仅有应城、京山两个常备中队及应城米厂四十条枪枝［支］。群众工作完全没有。当时鄂中政治环境相当变坏，省政府已注意汤池合作社系统为共产党，陶铸同志被驱逐出鄂中，李范一①到建始（鄂西）表示消极，其次有的人已与我们发生裂痕，米厂 40 条武装拖到刁汉湖。

（二）鄂北中心县委，当时仅有枣阳特委和襄东区委及个别零星党员关系，其他 10 余县均为一片空白，群众团体仅有从武汉移去的一个乡村促进会。因县委与党团发生纠纷，使工作完全停顿。统一战线工作不但没有开始，反之在下层方面还在继续打土豪的斗争。如襄东、枣阳同志杀害地主，秘密打土豪找经费，因此阶级对立非常严重。在 400 余党员中混有不少叛徒、自首分子，以至［致］混入县区委机关中来。总之，在当时鄂北真正党的基础尚未建立，县委本身又不健全，互相闹无原则纠纷比任何区严重。

（三）鄂西中心县委所领导只有沙市区委、宜昌区委、公安区委及

---

① 李范一系李凡一，应城人，时为湖北省建设厅厅长。

石首特支，另外在宜昌附近有些零碎关系，恩施各县有 20 余同志（合作社的），荆门 12 人，当阳 4 人，共计党员 390 余人。群众团体有武汉移来之抗教及宜昌本市一个剧团，但都未合法，不能活动。

在以上情形之下，又加之省委从武汉退出来的只有我和王翰两人，其他如郑位三、方静吉、何彬、刘青等都分到鄂东南，郭树勋（即郭述申）去陕北，杨学诚在鄂中，同时沙市、宜昌都非常恐慌，民众都逃跑一空，我们几乎没有立足之处，经过再三考虑结果，决定创造荆、当、远据点，以便建立省委机关，领导鄂西、北、中各区组织，并派王、杨到鄂北巡视，另派干部到江南方面建立基础。

二、各区形势的变化及我们工作的重新布置

（一）鄂中由于战争一度紧急以后，应县、京山、钟祥县长都需我们的援助，态度相当好转。李凡一部下亦重与我们合作，同时第五战区已决定在鄂中建立鄂豫边区工作委员会，李凡一重返鄂中。在武装方面又有了一些新的发展，如应城成立了一个挺进大队，争取了一股汉流武装有 800 余人枪，成立一支队，另外在应山自发的有部分武装为两个大队都为同志所领导，在天门、汉川亦有两个自发的大队。

（二）鄂北，第五战区文化工作委员会已开始工作，鄂北日报已出版，各地文化站正在建立，需要我们工作的配合，以后环境似有好转之势。

（三）鄂西的省政府、省党部均往恩施迁移，别动队亦撤退。因此抗教与剧团在此时都争取了合法，但宜昌人口及团体继续疏散，似乎无多的工作可做，在此种情势下我们工作有以下布置：

1. 鉴于在武汉省委疏忽了外县工作，加重了我们退出武汉时工作上的困难，所以决定今后工作主要转向农村，放松城市工作（实际城市确无多的工作）。

2. 政治中心我们认为应是襄樊，因为省政府虽在鄂西，但已跑至恩施，我们不愿随之而去，而襄樊为第五战区中心，有许多工作可做，且能够做。同时襄樊到鄂中的交通比较从宜昌去方便，因此决定省委移至襄樊，并可加强鄂中领导。

3.决定召集一次全省扩大会议总结各区工作经验教训，特别是鄂中与鄂北，并具体布置今后工作。

4.省委移鄂北以前，派数青年干部到恩施成立工作委员会，主要做学生工作与省政府的统一战线关系，组织松、枝、宜三县工作委员会，准备发动群众武装，另成立公安、石首两个县委及沿江工作委员会，留王致中同志领导，王翰往鄂北，我去鄂中后再回鄂北。

在以上布置以前我曾到重庆一次，与凯丰同志谈话后，并按照凯丰同志指示，回去即开始执行。及我刚到鄂中数日，即按姜纪常由渝回宜去信云另有新的决定，令我速回宜，因此即由鄂中返鄂西，至荆门又接由河南来电，调我去中原局，同时他们已电催鄂北负责人去豫，于是又折回鄂北并又接电一定要我去河南，因此我即去河南。

三、中原局的决定

（一）取消湖北省委，鄂中、鄂北各独立成区党委，鄂西江北方面与鄂北合并，江南方面分别划归四川、湖南(恩施各县划四川，松、枝、宜及公安、石首划给湖南)。

（二）决定我去主持鄂中，王翰主持鄂西北，并特别加强鄂中工作，多调干部去。

（三）鄂中、鄂北两区委均由中原局直接领导。

在河南回鄂后我即根据中原局指示，先将鄂西北工作作一初步布置，并决定他们召开扩大会成立区党委，布置即到鄂中，在鄂中召集一次扩大会，详细检讨过去工作经验教训，并将目前形势及具体工作环境作一比较深刻估计，根据当时形势决定鄂中党的工作总方针为争取工作委员会存在，加强统一战线，发动游击战，建立抗日根据地。在这一总方针下提出三个迫切任务：1.建立基干部队，发动新的武装；2.恢复沦陷区政权，健全现有政权；3.大量发展党的组织，加强党内工作。决定工作重心放在沦陷区，主要是应山、京应。为要实现这些任务要彻底转变过去华丽不实、大吹大擂工作作风为埋头苦干、实事求是。这些问题都有详细的讨论和具体规定。

四、各区最近的变化及工作发展的状况

（一）鄂中最近又有一些相当大的变化，首先是边区工作委员会已被取消，其主要原因是由于总的政治进步迟缓和对我们的限制，在工作委员会成立时，中央即来电第五战区司令长官不承认边区存在，以后省政府也一再提议取消，五战区均未理。其次是石玉龄和李凡一之间的冲突——势力及意见的冲突，同时我们的工作方式的过火也是促使工委会短命的原因之一，如党的公开及许多同志的暴露，空洞和过左口号的提出，大吹大擂的铺张与不必要的宣传，硬生生地抄袭冀察晋边区的许多办法等……结果使主任委员石玉龄亦非常不满自动提出取消，加之最近中央又来电，严立山到襄樊一定要取消，于是边区工委会就被取消了。其次，在原有武装当中一部分已瓦解，如汉流支队完全自动消［解］散，挺进大队亦有部分被淘汰。在应山三个中队已被济光同志错误的决定编给正规军了。

在以上这些变化中，当然给了鄂中创造游击根据地一些困难，但是好的条件仍然有：第一，这个区域差不多完全成为沦陷区（有一个半月未沦陷），政治上摩擦就比其他区域较好；第二，附近的正规军队都为较进步的友军，与我关系相当好；第三，我们主观力量又有了一些新的生长。详情如下：

1.武装力量我们能把握的有一千五六百枝［支］，在应城最近已成立一个支队约500人枪，武器颇好，现正在补充新的成分进去。应山亦准备成立一支队，亦有500余数量，战斗力较应城强，此两支队均以县政府名义，县长很好。此外在钟祥，由于这次敌人进攻国军退出，我们发动各支部游击小组拾到百余条，已编一个中队，尚无正式名义，在枣阳我们的各支同志手中尚有 150 枝［支］枪，因枣阳未沦陷尚未出现。以上这些武装力量，都可成为基干部队，我们正在健全它们巩固它们。在天、汉、川三县已有三四百人枪，一为汉川县自卫大队实际是游击队，其次汉阳县政府亦准备成立一大队（系我退出武汉前在汉阳近郊布置游击小组所组成的），再其次在天门有一大队现取得金一五别动队的名义，但这个部队还不很坚强，因为里面领导干部太弱。在武昌方面，我们退出武汉前亦布置了几个游击小组，留下几个工人干部成立一工作委员会，现他们已发展 1000 多枪枝，与汉阳取得联系，但无给养及得力干部，我们亦无法去领导。

2.党的组织基础已较前强大，共计党员有 3400 余人（最近大概还有发展），有 10 个单位，即天汉中心县委、京应、钟祥、枣南、枣北、襄宜、应山、安陆等县委，随北、随南区委，最大基础在枣南、枣北、襄宜三县委（由鄂北划出，共 2000 人），其次是钟祥 500 人，天、汉共 500 人，京应 200 余人，应山 100 余人，安陆、随县薄弱，各仅数十人。

3.政权方面我们所能推动领导的还很少，只有应城、京山我们可以直接领导，汉川、汉阳、安陆的可以推动工作，其他均与我们相当对立。

4.群众基础较以前亦有相当扩大，主要是枣阳、襄宜（由鄂北组织的乡促会），其次是钟祥，其他如随县经过边区工作委员一度工作后已有相当群众。

5.干部方面，在湖北看来鄂中现比任何一区都多，这党委 9 人都相当强，如杨学诚书记，陶铸军委书记，左觉忠原任宣传兼秘书长，现我走后，小杨任书记，要他□组织。杨焕明军事干部颇强，郑岩平亦为军事人材，顾大椿、刘慈煌、雍文涛均相当强，此外，各县中下层军事干部均还强。

组织如农救、青救、妇救，但现在这些组织形式均不能存在，但群众基础仍可保留。

（二）鄂西北最近工作环境亦有少许变化。由于文化委的合并（实际等于取消），各地20余文化站的取消，别动队、三青团重新北上活动，使地方空气似乎忽变沉闷。但工作条件仍较江南恩施各县为好，因为第五战区一般说来究较一九战区进步，同时文化站虽取消，但改编了10个政治工作大队在各地开展民运，在主观力量数月来已有大的发展：

1.党的组织已由400余人发展到将近3000人，现除划归鄂中2000（枣阳、襄宜）外还有同志900余人。区党委领导下有4个单位，即荆、当、远中心县委（16人发展到500余人），均州中心县委由几个外来同志发展100余人，包括均县、郧县、郧西、竹山、竹溪，但基础都在均县，其他县份只有个别关系还在开辟。光、谷联县县委有六七十人，南漳工作委员会基础薄弱，党员10余人，但前途颇大，因统一战线关系较好。

2.群众基础这几月来已建立了一些而且有了相当大的数量，首先是战时教育促进团，由一个支团发展几个区团，总数已包括二三千人，开始只是进步青年，现已渐渐吸收很大农民成分，其次是乡村促进会得一时的恢复发展组织一二千农民群众，但最近已被停止下层活动，但群众基础依然存在。第三，妇女工作团亦空的机关，建立了下层基础，有两三百个妇女群众（此在光化与襄阳），在荆门组织了将近几十人的妇女生产合作社。第四，是由于实际反汉奸斗争中产生一个有威信有力量的五六百人的锄奸团。

3.武装力量在鄂西北现在还非常薄弱，同时我们认为在鄂西北游击战的前途并不大，以战争形势及地形来讲，都不能创造游击根据地，因此仅布置两个游击据点，一为荆当，以南漳为后方，一为光谷，此两处现有很少数武装可以把握，在光化约200条枪我们可以领导，在当阳有几十条，但据鄂中的经验，只要有组织基础，武装的得到不困难，特别在荆门方面战争如再发展武装是不成问题可以有的，所缺的鄂西并无军事干部，区党委亦无有相当经验的人。

（三）鄂南的沿江及江南方面情形。政治上在这方面无大的变化，同时工作的发展亦缓慢。由于这边的干部太少，当然也因为此处环境较鄂中鄂北都艰难。党的组织现在共计不过 500 人，以宜昌为中心，沿江工作委员会下有两个区委，一为巴东北岸及秭归、宜昌附近的上游共有七八十人，一为宜昌附近的下游及松、枝、宜北岸共同志 60 余人，石首县委下 80 余人，公安县委有 3 个区共 180 人，恩施 7 县共只 60 余（发展最慢），主要为联中学生及机关职员。松、枝、宜三县的江南面成立一工作委员会共同志 40 余人。群众组织在这里并没统一和强大的群众团体，在沿江方面仅一个移动剧团及两个教工队各有数十人，领导人及一部分队员为同志，工作方式相当好。在枝江有一青年训练班包括两百余人，毕业后准备组织工作队，省动员委员会视察主办，我们干部去帮助训练。在恩施由武汉移去之抗教活动很少，现在闻已成问题。此外在石首及宜昌附近各地均有社训班，系我们同志帮助区长或联保主任创办。江南的民众武装闻相当多，但都在地主、绅士手中，我们现尚无基础，关于这方情形，因我离颇久不甚详悉。

总结我们数月来的经验教训：

成绩方面：从武退出后至今将近 4 个月，我们各区的工作有了以下一些成绩：

（一）党的组织从 1200 余人发展到 5000 人，成立了 3 个中心县委、7 个县委、4 个工作委员会、2 个直属区委，开辟一些新的基础。党员质量方面亦渐渐改善，特别将鄂北许多叛徒自首分子从党内洗刷出去，党的组织在向健全方面走，提拔了几十个作县委工作的干部及将近 100 人的区委干部。

（二）组织 1000 余人武装部队和已开始了武装斗争，使领导机关及中下层干部相当吸收了和学习了发动游击战的经验，和提高了他们对于游击战的兴趣及积极性。

（三）建立了几个较大的群众团体，组织几千个散漫的群众实际参加过抗战工作，如劳军、募捐献金及作担架运输等。并经过统一战线的方式开办几次青年群众干部训练班，培养一些群众干部，如鄂中以工作委员会训练部办过一次两月之久200人的军政干部训练班在鄂北领导乡促党团举办一次80人半月的农民工作训练班及几次短训青年训练班(每期数天)，在鄂西的江南最近也举办一次一月200余人的训练班。

（四）统一战线方面：第一，吸收了一些新的经验教训；第二，使下层较进一步的了解统一战线重要和内容，特别纠正鄂北过去在打土豪的错误；第三，统一战线的基础这几月来相当的扩大和深入下层。首先以动员群众帮助军队与各方军队建立一些好的关系，如荆门我们建立供给部及军民合作饭店，帮助张自忠军队与他们建立了很好的统一战线关系，在枣阳我们以乡促名义动员几百个运输队建立起军民办事处，使各部军队对我们发生非常好感，以致使县长态度不得不表面好转。在随县我们派宣传队及工作队去劳军也使一三七师再三要求我们派干部去参加他们的政治部工作。

其次在行政机构我们争取了个别县长、区长、联保主任及少数的保甲长，与他们建立较密切关系，使他们能采纳我们的意见，而且争取了一些较开明绅士、商人等。

（五）领导工作方式。这一时期进步的一点是比较深入下层，原有省委的同志，我及王翰都亲自跑到个别的县区以至支部中去过，因此对部分地方下层情形了解得较详。对于干部的团结有了相当改进，与无原则的党内纠纷作过很艰苦的斗争和说服工作。

然而在一时期中，我们有了不少缺点和错误，亦曾摆出来。

第一，在武装方面我们还把握得不牢，没有切实的建立一个或几个最坚强最有战斗力的基干部队，在发展期没有求得巩固及到想巩固时一部分已不能控制，这由于过去没有具体讨论基干部队应具有的条件，没有把最坚强的干部派去领导部队，没有在队伍中建立起强大党的基础并加紧党的工作及一般的政治工作，这一缺点到现在尚未完全克服。

第二，党的组织发展还远赶不上客观需要，许多县尚无基础，党内工作还非常不够，特别是鄂中由于把许多党的主要干部都兼公开工作，使党的机关不能建立，更不能有经常党的工作。支部小组生活一直到现在还未能健全，特别在沦陷区内及游击队中由于各种教育材料的没有，领导干部亦无从教育同志。对于政治完全隔膜。

第三，统一战线不但做得不够，而且有了许多错误，主要是由于对客观形势和主观力量估计过高，特别在鄂中和鄂北，以致做出过左的事。其次，不善掩护进步分子，往往把他们的环境弄坏，使他们受人排斥，如鄂中工作委员会的取消，李凡一受打击，鄂北文化委员会合并等。第三，不会也不愿意去推动可以改变分子使他们进步，也不善孤立顽固分子，反之使他们联合起来孤立我们。第四，不注意学习□党的一些形式，不讲求小节，往往给人以借口，如许多公开工作同志不会读遗嘱，不唱□党的歌，开会不挂党旗，写标语不注意字句，写文章不研究旧的词藻，都被人认出为共党。

第四，群众基础不够强大，没有把落后的群众组织起来，还只吸收了一部分进步群众，而且群众组织往往一半为同志，特别是战教指名为革命青年组织，现已在纠正。对于一般群众教育和群众切身需要还不能相当注意。还不善于参加所有公开合法的公开的团体。群众工作中最大缺点是没有能在鄂西鄂北联合中学中建立相当基础，在这两处有几万青年学生现在尚无组织。

第五，领导方式的缺点主要是前一时期省委和现在的两个区委尚未能建立集体制度，尤其因为我在这数月中大部分时间都耗费到路上，给了工作上不少损失。其次我们对于决定的中心工作尚抓得不牢，在鄂中过去时期工作爱铺张虚浮，没有真正做到埋头苦干。对于各县地方党的领导还不够密切和普遍深入，以致下层所发生的错误不能及时纠正。

关于妇女工作：

一、各地妇女组织形式。

武汉失守后，鄂中、鄂西、鄂北妇女工作毫无基础，唯由武汉移到襄阳的一个三八歌咏队，实际上只有一个人，下面无一群众，设一空机关，另外襄阳本地有一妇女工作团，由于敌机狂炸只剩下一所机关和两个干部，后从鄂西调去两个妇女干部，以三八和工作团合办了一次妇女训练班，有50余妇女受训，三星期毕业后将这些受训妇女吸收〈进〉妇女工作团及三八，并决定她们回乡去组织妇女分团，于是在襄阳附近农村及枣阳建立起两个分团，在襄阳的有60余人，在枣阳40余人，继续又在光化之老河口组织一分团有80余，也开办一次妇女训练班30余人。同时由几个逃难到均县去的在那里也组织一些妇女，这一团体原为襄阳县政府，后改为直属第五战区，此为鄂北的最大的一个妇女团体。其次现五战区取消了三八改为妇女工作促进会，实际为三八几个干部，下面空虚。第三种妇女组织是妇女识字班。在枣南熊家集的妇女识字班团结了50余个群众，她们的组织生活相当好，放年假年前后都经过考试，假期还温习课程。在随县之长岗一个妇女识字班30多人，经常出去慰问游击队和作地方宣传工作。第四种形式是妇女生产合作社，这是荆门的独创，包括几十上百的妇女群众。另外在应城（真正敌后）组织了一个妇女服务团20余人。以上这些妇女组织所有的成分百分之八十以上都是农妇，少数小学生和家庭妇女。

二、各种妇女组织的工作内容：

（一）妇女工作团及促进会主要是发动妇女帮助前线战士，在去年12月和今年元旦时她们曾作过一次募寒衣、献金、义卖及劳军运动，成绩都相当好，募到1000余元，做了一二千棉衣及许多鞋子，并派出20余名代表到前线劳军。

（二）妇女识字班主要教妇女识字及唱歌，在每运动时也参加些宣传和募捐等工作。

（三）妇女生产合作社主要是为各军队作衣服鞋袜，工毕后即读书识字。

（四）应城的妇女服务队是随着游击为游击服务，如慰劳、缝衣袜等，同时随游击出发，也作一些地方群众工作。

三、工作的缺点及困难。

在这一时期的湖北各区妇女工作的最大缺点是整个党从上而下没有注意妇女工作，也无专门负〈责〉妇女工作的人，所有的县委只有一县有一妇女干事，其他各县均无妇委。对于妇女工作的忽视是普遍的现象（甚至于枣阳党有很大基础，不愿发展女党员，他们害怕女人靠不住，以后经指出才改正），因此工作计划和会议议程上也很少讨论妇女工作，鄂中是完全没有讨论过。同时也没有派得力干部到妇女工作中去，有几十个女干部（除在妇女团体以外）没有一人愿作妇女工作。其次已有的妇女组织发展非常慢，对于妇女群众的生活与要求还不能深刻了解，再其次是没有相当好的教育妇女群众及干部的材料，作妇女工作的人也没有能研究妇运工作方式，对于女学生的工作完全未做。

这些缺点的产生除了主观上忽视妇女工作所致，客观上也有一些困难。第一，在战区和沦陷区内我们的党整天忙于战争和武装的把握等工作，同时妇女群众的逃往后方或恐惧敌人，因为我们武装力量还不够保护她们，同时战区与敌后的知识妇女完全逃走，当地干部不易产生，在后方的女校内统制非常严，至今尚无线索可寻。较进步的女学生都参加各军服务团或宣传队工作。

钱　瑛

四月七日

忆寿林同志

钱　瑛

谭寿林同志，又名谭树立，笔名曼殊，广西梧州人，北大文学系毕业。一九二四年在北大入团，一九二五年转党。一九二七年任广西特委及桂林《民国日报》总编辑。后被捕，在狱百余日，经家庭保出，旋到武汉出席全国第四次劳动代表会。武汉政变后转沪，由全国总工会派赴香港巡视，一九二八年回沪做全总秘书。在工作之余，写成一本小说名《狱中生活》，因内容尖锐地暴露了统治阶级的残酷与黑暗，致不能出版。后又写一本名《俘虏的生还》，次年春在泰东书局出版。

这两本小说中，已可看到他在被捕前、法庭上以及监狱里英勇斗争的情形了。次年秋他患肋膜炎，既不请假，又不肯告人，更未花钱诊治，直到一个月之后发高烧卧床，才找一个同乡医生看了一次，但仍照常工作。病后又不肯花钱调养，仍将生活费一半节省下来供给穷的同志吃饭，而自己每月伙食则以三元为限，至烧饭、洗衣琐事亲自料理，从未雇人更［未］赖其他同志帮助，且在他的工作完［成］后，总是帮助我们。他每天必写日记，多为描写社会现状的短篇小说。

下面是章夷白同志叙述他牺牲的经过：

寿林同志被捕的原因是：全总秘书处作［做］技术工作的黄大霖（化名华文卿）叛变，将寿林同志居住处告密。由国民党上海公安总局会同老闸捕房于一九三一年四月二十二日清晨将寿林同志逮捕，搜出全总工会组织系统表，附注明书一份，以及包东西的红布一块，国民党证之为我党红旗，以此作为寿林同志犯罪证据。先押于老闸捕房拘留所，备受饥寒与打骂。后引渡至公安总局，二十七日，公安局侦缉队审讯，始而欺骗利诱，继而施用严刑，将寿林同志"反上吊"两小时直至痛极死去方解下。一小时后始得回生。因第一次审讯无结果，三十日上午，敌人更改用"老虎凳"刑具，寿林同志又是死而复生。但寿林同志始终坚持"头可断，血可流，党的利益终不能损害"的大无畏的革命精神，阶级敌人刑讯又一次在英勇的寿林同志面前失败了。最后敌人乃无耻效尤日本帝国主义的法术，向寿林同志说："在菩萨面前还敢不讲真话吗？"（公安局的法庭设在土地庙内——夷白注）自然，这种杳渺的神术，在辩证唯物论者——寿林同志的面前是毫无效果的，所以寿林同志很诙谐地回答说："我在菩萨面前不讲假话，以上所讲均属事实。"

公安局在刑讯寿林同志时曾电南京中央党部请示处理办法，在国民党中央党部未覆示以前，于五月二十六日下午二时左右将寿林同志囚解上海龙华警备司令部，约两小时又解回公安局，这时寿林同志已知其案情更趋严重，如解往南京，死不可免，然寿林同志仍从容不迫，视死如归。时寿林同志为求得死前一乐，欲痛饮三杯；但以身上少得可怜的一点生活费，均被警狗们搜刮尽净，欲饮而不可得，后得其他遇难同志的帮助，始获一醉。

五月二十三日，寿林同志解赴南京宪兵司令部，虽经再三审讯，但寿林同志始终坚贞不屈，旋被判决枪毙。遂于一九三一年五月三十日我们的寿林同志慷慨就义了。

在临刑之前，监狱当局询问有无家庭有无朋友需要通讯，他怕连累党的组织及其他同志，拒绝了写最后通讯。

寿林同志在公安局时知道他所熟悉的某同志亦被捕到公安局，他带着极大的危险托人带信来安慰他、鼓励他。当他〔被〕第二次提审时还和某同志在一起，因在候审室里被敌人严密监视，彼此不能交谈，这时他第一次受刑的伤痕未愈，仍不忘对同志的教育，即用脚在地上偷偷写一个"不"字。虽然是一个简单的"不"字，里面却包含着极深刻的内容：这就是告诉某同志："在阶级敌人面前，不要恐惧，不要承认不利于党的口供，要至死不屈的坚持党的立场！"这种危难中的教育精神是如何的重要与伟大啊！*

---

* 经南京雨花台烈士纪念馆确认，谭寿林同志系1922年加入中国社会主义青年团，1924年加入中国共产党，1925年12月担任中共梧州地委书记。

在中国共产党第八次全国代表大会上的发言

钱　瑛

我完全拥护毛主席的开幕词，完全同意刘少奇、周恩来和邓小平同志的报告。

这些报告肯定了我们党从七次代表大会到八次代表大会这十一年的期间，领导着全国人民在革命中所获得的伟大胜利和社会主义建设中所获得的辉煌成就；同时这些报告中都强调地指出来，目前在我们党和国家机关工作中间，滋长着官僚主义的倾向，给我们的事业带来许多危害，这是应该引起我们深刻警惕的。从我们检查工作中间所了解的情况来看，各级国家机关绝大多数领导干部是忠于社会主义事业，注意调查研究，联系群众，坚决贯彻党的方针政策，努力完成党和国家所给予的任务的；但也要看到国家机关许多工作中存在着不同程度的官僚主义，造成了国家财力、物力、人力的严重浪费和政治上的不良影响。各级国家监察机关今年检查了许多中央和地方国营厂矿企业的产品质量，发现有些单位产品质量达不到国家指标，有些反比去年下降，如通化矿务局今年第一季度原煤平均实际灰分高达百分之三十三点九八，为一九五四年的百分之一百二十二点九。鸡西矿务局小恒山煤矿一九五五年十一月份和十二月份发给哈尔滨煤建公司二万五千吨煤中，平均含矸率达到百分之四十，有一车煤里竟有百分之八十是石头。由于有些单位煤炭的含矸多、灰分高、水分大，不仅造成煤炭产量的虚假现象，而且浪费了国家的运输力，同时由于供应冶金企业的洗精煤不合格，也影响冶金生产。有些企业工作人员对产品质量低劣的现象，不但不积极采取措施去改进提高，反而采取投机取巧、弄虚作假的方法欺骗用户。如大冶钢厂平炉车间，今年一月份生产任务只完成百分之九十八点八，在月底时技术科长和车间主任经过厂的个别领导人员同意，从去年十二月生产的七十多吨废钢中，挑选了三十多吨入库顶任务，上报完成计划百分之一百点一。本溪水泥厂今年一月至三月出厂一千八百零七吨不合格的水泥，其中有许多是在化验上采取涂改原始记录等方法混充合格品出厂的。

几年来，各省、自治区、直辖市监察机关多次检查了粮食仓储保管工作，每年都发现大量的虫粮、潮粮，以及由于霉烂、失火、贪污盗窃、鼠雀损耗等而造成的损失，也是相当严重的。但年年检查，年年存在不少问题。如今年上半年安徽、内蒙古、上海等二十个省、自治区、直辖市监察机关联合有关部门普查粮食共四百二十六亿多斤（包括油料），发现潮粮一百三十一亿多斤，由于霉变而造成的损失三十三万多斤，有的仓库虫粮甚至达到存粮的百分之八十至九十，虫的密度个别的一公斤达三万头。普查中，处理了不安全粮七十九亿多斤，消灭鼠雀二百六十四万多只，清除垃圾一千九百七十六万五千斤。商业部门有些单位由于经营管理混乱，流转费用很大以及仓库保管不善造成国家资财的损失也是很大的。有些地区兴修农田水利、推广良种、改变耕作方法中，不根据当地实际情况，不与群众商量，只凭主观愿望下达命令，而下面干部强迫群众推行，致造成严重减产，浪费劳动力，引起群众不满。

上述这些严重情况，有种种客观原因，如设备与任务不相适应、经验不足、技术水平不高等，但也由于有些工作人员不负责任，有些领导不深入下层检查工作，不了解情况。有的虽然发现了问题但又未积极采取措施，加以改进。这都证明刘少奇同志报告中所指出的开展反对官僚主义的斗争，是完全必要的和正确的，这对于改进我们的工作，加速社会主义建设，具有重大意义。

官僚主义在我们国家中，有其深厚的社会根源，要克服这种现象，将需要长期不懈的斗争。首先是要各级党委加强对国家机关、企业的领导，在一定时期内采取整风的方法，使官僚主义的作风受到深刻的揭发和批判，党委有关部门要经常地通过检查党的决议政策在国家机关、企业中贯彻执行的情况，来全面地了解干部的政治思想和工作情况。加强对国家机关、企业及农村党的基层组织领导，使它能够保证党的政策决议的贯彻，成为反官僚主义斗争的坚强堡垒。使它善于运用批评与自我批评的武器，切实保护党员和人民群众的民主权利，充分发挥他们对领导机关和干部的监督作用。必须防止降低党的工作水平，对一些严重失职和违法乱纪的党员干部采取迁就姑息的态度；或者对一些在工作中犯一般性错误和缺点的党员干部，不耐心教育和帮助他们纠正缺点、错误，而只予以纪律制裁。

国家行政机构庞大、重叠，是官僚主义滋长的温床。因此，应该随着国家机关的行政体制的改进，随着许多工作的下放，根据各部门各地区的具体情况，认真地精简一些庞大的行政和事业机构，有计划地下放一批干部，加强企业单位和农村工作骨干力量。这样就可以使各级国家机关的领导干部，能够经常深入下层，检查自己对下级布置的任务及所发布的决议、命令、计划的执行情况，并从检查中考察这些决议、命令、计划是否正确；这样也便于一些领导干部有充分的时间，直接听取所属下级的工作汇报，研究工作中存在的问题和困难，认真地总结经验教训，采取有效的措施，纠正缺点错误，改进工作。

官僚主义不能得到有效的克服，国家监察机关也有一定的责任。几年来，各级国家监察机关在中央和各级党委的统一领导下，在反对官僚主义方面也做了不少工作，起到一些作用。但由于我们也同样存在着脱离群众脱离实际的主观主义、官僚主义作风，对党的方针政策钻研不深，对各方面的情况了解很差，对经济建设的各种知识钻研和学习不够，因而在检查工作中，不容易发现问题产生的根本原因，打不中要害。也由于我们向官僚主义斗争的勇气不足，原则性不强，在工作中一遇到困难或被检查单位有不同意见的时候，缺乏积极主动的精神与他们耐心研究，严肃地展开争论，分清是非，坚持真理，致使许多问题得不到解决，影响监察工作效果。

为了充分发挥国家监察机关在反对官僚主义斗争中应有的作用，希望各级党委和各部门党组织加强对国家监察机关的领导，定期讨论和检查他们的工作，纠正他们工作中的缺点，支持他们正确的意见，逐步地健全监察工作的机构，提高监察干部的质量。各级国家监察机关的党组织必须及时地向党委反映情况，请示报告工作，必须坚决贯彻党的群众路线，紧紧依靠党的组织和广大人民群众作［做］好监察工作，必须要与有关部门建立密切联系，取得各方面的配合与支持。同时各级国家监察机关和所有监察人员，也必须经常在党和广大群众的监督之下，勤勤恳恳，谦虚谨慎，克服工作中的缺点，努力地提高监察工作的质量，帮助被检查部门纠正缺点错误，改进工作，更好地完成党赋予我们的职责，使国家监察机关成为各级党委和政府检查政策决议、反对官僚主义的有力武器。

我相信在党的坚强领导和广大人民群众的密切监督之下，我们国家机关的干部思想水平一定可以不断地提高，官僚主义一定可以逐渐地克服，我们的社会主义建设一定可以从胜利走向胜利。

（原载《人民日报》1956 年 9 月 30 日）

注　释

第一章

[1] 刘明恒:《红色教授——钱亦石》,黄河出版社 2015 年版,第 3—6 页。

[2]《中共党史人物传》第 30 卷,陕西人民出版社 1986 年版,第 243—244 页。

[3]《雨花魂》,中共党史出版社 2015 年版,第 43—46 页。

[4] 张泽宇:《留学与革命——20 世纪 20 年代留学苏联热潮研究》,人民出版社 2009 年版,第 118 页。

[5] 刘克境、王钧、李捷:《钱瑛传》,中国方正出版社 2004 年版,第 155—156 页。

[6] 叶菲莫夫:《中国劳动者共产主义大学校史》,《远东问题》1977 年第 2 期。

[7] 张泽宇:《留学与革命——20 世纪 20 年代留学苏联热潮研究》,人民出版社 2009 年版,第 128—129 页。

[8] 张泽宇:《留学与革命——20 世纪 20 年代留学苏联热潮研究》,人民出版社 2009 年版,第 133—134 页。

[9]《中共党史人物传》第 30 卷,陕西人民出版社 1986 年版,第 246 页。

第二章

[1]《中国共产党江苏省组织史资料》,中共党史出版社 2014 年版,

第 81 页。

[2]《中国共产党江苏省组织史资料》，中共党史出版社 2014 年版，第 83 页。

[3]《雨花魂》，中共党史出版社 2015 年版，第 73—77 页。

[4]《雨花魂》，中共党史出版社 2015 年版，第 427—428 页。

[5] 王晓华：《南京"首都反省院"之历史》，《炎黄春秋》2017 年第 12 期。

[6] 王晓华：《南京"首都反省院"之历史》，《炎黄春秋》2017 年第 12 期。

[7] 童小鹏：《风雨四十年》第一部，中央文献出版社 1995 年版，第 122 页。

第三章

[1]《中共党史人物传》第 30 卷，陕西人民出版社 1986 年版，第 252 页。

[2]《中国共产党湖北历史》第 1 卷，湖北人民出版社 1999 年版，第 537—538 页。

[3]《中国共产党四川历史》第 1 卷，中央文献出版社 2009 年报，第 336—337 页。

[4]《毛泽东选集》第一卷，人民出版社 1991 年版，第 756 页。

[5] 郑伯克：《白区工作的回顾与探讨——郑伯克回忆录》，中共党史出版社 1999 年版，第 131—132 页。

[6]《中国共产党湖南历史》第 1 卷，湖南人民出版社 2008 年版，第 505—506 页。

[7]《中国共产党贵州历史》第 1 卷，贵州人民出版社 2011 年版，第 277—300 页。

[8]《国立西南联合大学校史》，北京大学出版社 2006 年版，第 2 页。

[9]《中共党史人物传》第 30 卷，陕西人民出版社 1986 年版，第 256 页。

[10]《中国共产党重庆历史》第 1 卷，重庆出版社 2011 年版，第 466—467 页。

第四章

[1]《毛泽东选集》第四卷，人民出版社 1991 年版，第 1170 页。

[2] 刘克境、王钧、李捷：《钱瑛传》，中国方正出版社 2004 年版，第 63—64 页。

[3]《蒋介石日记》（手稿），1945 年 12 月 5 日，斯坦福大学胡佛研究所档案馆藏。

[4]《蒋介石日记》（手稿），1945 年 12 月 6 日，斯坦福大学胡佛研究所档案馆藏。

[5]《蒋介石日记》（手稿），1945 年 12 月 7 日，斯坦福大学胡佛研究所档案馆藏。

[6]《蒋介石日记》（手稿），1945 年 12 月 8 日，斯坦福大学胡佛研究所档案馆藏。

[7] 蒋介石致朱家骅电，即"府军（信）字第 1201 号"（1945 年 12 月 18 日），朱家骅档案。

[8]《毛泽东选集》第四卷，人民出版社 1991 年版，第 1177 页。

[9]《解放日报》1945 年 12 月 10 日。

[10]《中共中央南京局》，中央党史出版社 1990 年版，第 302—303 页。

[11]《中国共产党历史》第 1 卷（下册），中共党史出版社 2002 年版，第 920 页。

[12]《中国共产党历史》第 1 卷（下册），中共党史出版社 2002 年版，第 913 页。

[13]《国民党政府政治制度档案史料选编》上册，安徽教育出版社 1994 年版，第 612 页。

[14] 董：董必武，吴：吴玉章，张：张曙时，剑英：叶剑英，方：方方，林：尹林平。

[15]《解放战争时期第二条战线（学生运动卷）》上册，中共党史出版社 1997 年版，第 26 页。

[16]《北平学委抗暴运动总结》，载北京市档案馆编：《解放战争时期北平学生运动》，光明日报出版社 1991 年版，第 69 页。

[17] 蒋介石自 1940 年起便授意幕僚人员编纂《事略稿本》。侍从室秘书模仿《春秋》体例，以事系日、以日系月、以月系年，以蒋介石日记为经纬，参阅他历年函电、公牍、讲演等编成大事长编，年限为 1927 年到 1949 年，共计 287 册。

[18]《事略稿本》，台北国史馆藏，蒋中正总统档案·文物图书，档号：060100，第 219 卷。

[19]《事略稿本》，台北国史馆藏，蒋中正总统档案·文物图书，档号：060100，第 219 卷。

[20]《北平市政府有关沈崇事件来往函电选编》，《北京档案史料》1994 年第 1 期。

[21]《事略稿本》，台北国史馆藏，蒋中正总统档案·文物图书，档号：060100，第 220 卷。

[22]《事略稿本》，台北国史馆藏，蒋中正总统档案·文物图书，档号：060100，第 220 卷。

[23]《事略稿本》，台北国史馆藏，蒋中正总统档案·文物图书，档号：060100，第 220 卷。

［24］董、叶、吴、张，即董必武、叶剑英、吴玉章、张友渔。方、林，即方方、尹林平。

［25］《解放战争时期第二条战线（学生运动卷）》上册，中共党史出版社 1997 年版，第 42 页。

［26］这是中共中央发给董必武、吴玉章、张友渔、叶剑英、徐冰、刘晓（并转钱瑛、张明）、方方、尹林平、潘汉年的电报。

［27］《中共中央南京局》，中共党史出版社 1990 年版，第 220—221 页。

［28］《大公报》（天津）1947 年 3 月 4 日。

［29］《毛泽东选集》第四卷，人民出版社 1991 年版，第 1211—1217 页。

［30］《毛泽东文集》第四卷，人民出版社 1996 年版，第 220 页。

［31］《解放战争时期第二条战线中的上海学生运动史料选编》（上），上海社会科学院出版社 2017 年版，第 13—14 页。吴，指吴玉章；张，指张友渔。

［32］《建党以来重要文献选编（1921—1949)》第 24 册，中央文献出版社 2011 年版，第 107—108 页。

［33］《解放战争时期第二条战线中的上海学生运动史料选编》（上），上海社会科学院出版社 2017 年版，第 14—15 页。

［34］叶，指叶剑英；罗，指罗迈，即李维汉；长胜，指刘长胜；方，指方方；林，指尹林平。

［35］《解放战争时期第二条战线中的上海学生运动史料选编》（上），上海社会科学院出版社 2017 年版，第 18 页。

［36］《第三次全国文物普查不可移动文物登记》，国家文物局制，编号：310105—0002。

［37］《解放战争时期第二条战线中的上海学生运动史料选编》（上），

上海社会科学院出版社 2017 年版，第 19—20 页。

[38]《毛泽东选集》第四卷，人民出版社 1991 年版，第 1224—1225 页。

[39]《毛泽东选集》第四卷，人民出版社 1991 年版，第 1212 页。

[40]《中共党史人物传》第 30 卷，陕西人民出版社 1986 年版，第 259—260 页。

[41] 刘克境、王钧、李捷:《钱瑛传》，中国方正出版社 2004 年版，第 79 页。

[42]《周恩来选集》上卷，人民出版社 1980 年版，第 272—282 页。

[43]《中国共产党重庆历史》第 1 卷，重庆出版社 2011 年版，第 500 页。

[44]《中国共产党湖南历史》第 1 卷，湖南人民出版社 2008 年版，第 543—544 页。

[45]《中国共产党湖北历史》第 1 卷，湖北人民出版社 1999 年版，第 744—749 页。

[46]《中国共产党湖北历史》第 1 卷，湖北人民出版社 1999 年版，第 777—778 页。

[47]《中国共产党重庆历史》第 1 卷，重庆出版社 2011 年版，第 500—502 页。

[48]《中国共产党云南历史》第 1 卷，云南人民出版社 2016 年版，第 351—352 页。

[49]《中国共产党重庆历史》第 1 卷，重庆出版社 2011 年版，第 514—517 页。

[50]《中国共产党湖南历史》第 1 卷，湖南人民出版社 2008 年版，第 565—566 页。

[51]《中国共产党湖北历史》第 1 卷，湖北人民出版社 1999 年版，

第 785—786 页。

[52]《白区工作的回顾与探讨——郑伯克回忆录》，中共党史出版社 1999 年版，第 481—487 页。

[53]《中国共产党重庆历史》第 1 卷，重庆出版社 2011 年版，第 518—519 页。

[54]《中国共产党湖南历史》第 1 卷，湖南人民出版社 2008 年版，第 598—600 页。

第五章

[1]《长江日报》1951 年 7 月 1 日。

[2]《长江日报》1952 年 8 月 11 日。

[3]《忆钱瑛》，解放军出版社 1986 年版，第 210—215 页。

[4]《长江日报》1952 年 7 月 18 日。

[5] 刘克境、王均、李捷：《钱瑛传》，中国方正出版社 2004 年版，第 91 页。

[6]《建国以来毛泽东文稿》第四册，中央文献出版社 1990 年版，第 193—194 页。

[7]《建国以来毛泽东文稿》第八册，中央文献出版社 1993 年版，第 226 页。

[8]《中国共产党历史》第 2 卷，中共党史出版社 2002 年版，第 375 页。

[9]《王从吾传》，中国方正出版社 1999 年版，第 221—222 页。

[10]《中国共产党安徽历史》第 2 卷，中共党史出版社 2014 年版，第 236—237 页。

[11]《中国共产党安徽历史》第 2 卷，中共党史出版社 2014 年版，第 239—240 页。

[12]《中国共产党安徽历史》第 2 卷，中共党史出版社 2014 年版，第 239—240 页。

[13]李维汉：《回忆与研究》下册，中共党史资料出版社 1986 年版，第 840 页。

[14]《中国共产党安徽历史》第 2 卷，中共党史出版社 2014 年版，第 291 页。

[15]《中国共产党安徽历史》第 2 卷，中共党史出版社 2014 年版，第 283—286 页。

[16]《张恺帆回忆录》，安徽人民出版社 2004 年版，第 387—388 页。

[17]《刘少奇选集》下卷，人民出版社 1985 年版，第 421 页。

[18]《刘少奇选集》下卷，人民出版社 1985 年版，第 421 页。

[19]《刘少奇选集》下卷，人民出版社 1985 年版，第 432 页。

[20]《刘少奇选集》下卷，人民出版社 1985 年版，第 439 页。

[21]《党的文献》1991 年第 1 期，毛泽东 1962 年 1 月 29 日在扩大的中央工作会议上的讲话。

[22]《党的文献》1991 年第 1 期，毛泽东 1962 年 1 月 29 日在扩大的中央工作会议上的讲话。

[23]《毛泽东文集》第八卷，人民出版社 1999 年版，第 295—296 页。

[24]《中国共产党安徽历史》第 2 卷，中共党史出版社 2014 年版，第 321 页。

[25]《王从吾传》，中国方正出版社 1999 年版，第 221—222 页。

第六章

[1]《当代四川要事实录》第 2 辑，四川人民出版社 2008 年版，第

191—192 页。

[2] 刘克境、王钧、李捷：《钱瑛传》，中国方正出版社 2004 年版，第 108 页。

[3]《当代四川要事实录》第 2 辑，四川人民出版社 2008 年版，第 195—196 页。

[4]《当代四川要事实录》第 2 辑，四川人民出版社 2008 年版，第 197 页。

[5]《当代四川要事实录》第 2 辑，四川人民出版社 2008 年版，第 215—216 页。

[6] 刘克境、王钧、李捷：《钱瑛传》，中国方正出版社 2004 年版，第 117—118 页。

[7] 刘克境、王钧、李捷：《钱瑛传》，中国方正出版社 2004 年版，第 109 页。

[8] 刘克境、王钧、李捷：《钱瑛传》，中国方正出版社 2004 年版，第 109 页。

[9] 刘克境、王钧、李捷：《钱瑛传》，中国方正出版社 2004 年版，第 109 页。

[10] 刘克境、王钧、李捷：《钱瑛传》，中国方正出版社 2004 年版，第 110 页。

[11] 刘克境、王钧、李捷：《钱瑛传》，中国方正出版社 2004 年版，第 111 页。

主要参考文献

一、相关著作

1.《中国共产党历史》第 1 卷，中共党史出版社 2002 年版。

2.《中国共产党重庆历史》第 1 卷，重庆出版社 2011 年版。

3.《中国共产党贵州历史》第 1 卷，贵州人民出版社 2006 年版。

4.《中国共产党湖南历史》第 1 卷，湖南人民出版社 2008 年版。

5.《中国共产党湖北历史》第 1 卷，湖北人民出版社 1999 年版。

6.《中国共产党云南历史》第 1 卷，云南人民出版社 2016 年版。

7.《中国共产党四川历史》第 1 卷，中央文献出版社 2009 年版。

8.《中国共产党上海史（1920—1949）》，上海人民出版社 1999 年版。

9.《中国共产党北京历史》第 1 卷，北京出版集团公司 2011 年报。

10.《中国共产党安徽历史》第 2 卷，中共党史出版社 2014 年版。

11.《中共江苏地方史》第 1 卷，江苏人民出版社 2012 年版。

12.《中国共产党江苏省组织史资料》，中共党史出版社 2014 年版。

13.《南方局党史资料大事记》，重庆出版社 1986 年版。

14.《中共中央南京局》，中共党史出版社 1990 年版。

15.《中共中央上海局成立前后大事记》，中共上海市委党史资料征集委员会办公室。

16. 中共湖南省委党史委编：《湖南人民革命史：新民主主义革命时期》，湖南出版社 1991 年版。

17.《中共党史人物传》第 30 卷，陕西人民出版社 1986 年版。

二、文集、传记、回忆录

1.《毛泽东选集》第二卷，人民出版社 1991 年版。

2.《毛泽东选集》第四卷，人民出版社 1991 年版。

3.《周恩来选集》上卷，人民出版社 1980 年版。

4.《周恩来传》，中央文献出版社 1998 年版。

5.《刘少奇选集》下卷，人民出版社 1985 年版。

6. 刘克境、王钧、李捷：《钱瑛传》，中国方正出版社 2004 年版。

7.《王从吾传》，中国方正出版社 1999 年版。

8.《当代四川要事实录》第 1 辑，四川人民出版社 2008 年版。

9.《雨花魂》，中共党史出版社 2015 年版。

10. 刘明恒：《红色教授——钱亦石》，黄河出版社 2015 年版。

11. 杨奎松：《民国人物过眼录》，广东人民出版社 2009 年版。

12. 刘爱琴：《我的父亲刘少奇》，辽宁人民出版社 2001 年版。

13. 李维汉：《回忆与研究》下册，中共党史资料出版社 1986 年版。

14.《白区工作的回顾与探讨——郑伯克回忆录》，中共党史出版社 1999 年版。

15. 童小鹏：《风雨四十年》第 1 部，中央文献出版社 1995 年版。

16. 童小鹏：《在周恩来身边四十年》，华文出版社 2015 年版。

17. 仇学宝、于炳坤：《魂系上海——刘晓传》，上海文艺出版社 1996 年版。

18. 逄先知、金冲及：《毛泽东传（1949—1976）》下册，中央文献出版社 2003 年版。

19.《李宗黄回忆录》，中国地方自治学会 1972 年排印本。

20. 章学新：《"第二条战线"的闯将袁永熙的传奇人生》，《炎黄春秋》1996 年第 11 期。

21. 李凌：《追忆袁永熙》，《纵横》2005年第2期。

22. 张黎群：《我在红岩受政治审查的经历》，《红岩春秋》2001年第1期。

23. 《马识途文集》，四川文艺出版社2005年版。

24. 吴基民：《一场惊动世界的大营救》，《世纪》2014年第2期。

25. 童式一：《我知道的武汉地下市委书记曾惇》，《武汉文史资料》2009年第7期。

26. 杨奎松：《蒋介石与战后国民党的"政府暴力"——以蒋介石日记为中心的分析》，《近代史研究》2011年第4期。

27. 《不朽的丰碑：一二·一运动六十周年纪念文集》，云南科技出版社2005年版。

三、文献、档案资料

1. 钱瑛：《湖北工作情况的报告》，1939年3月5日。

2. 钱瑛：《武汉失守后湖北各区工作报告》，1939年4月7日。

3. 钱瑛：《两年来党的纪律检查工作的基本总结和今后工作的意见》，1953年11月11日。

4. 中共中央组织部：《关于钱瑛同志被捕问题的复查结论》。

四、报纸、杂志

1. 孟国祥：《十年内战中的南京监狱》，《民国春秋》1994年第3期。

2. 王晓华：《南京"首都反省院"之历史》，《炎黄春秋》2017年第12期。

3. 《黔山红迹》2017年第4期。

4. 《湖北日报》1962年11月22日。

5. 《中央日报》1945年12月7日。

6. 《长江日报》1951年7月1日。

7. 《长江日报》1952年8月11日。

后　记

　　《中共一枝梅——钱瑛》即将付梓出版，我的心情却久久不能平静。原中共中央监察委员会副书记钱瑛是中国共产党的优秀党员、久经考验的忠诚的无产阶级革命家，她一生为民族独立、人民解放和国家富强作出了重要贡献，是深受广大干部群众爱戴与景仰的时代楷模。我致力于钱瑛生平研究十余年，先后发表了《钱瑛与第二条战线的开辟》、《中央监委副书记钱瑛的传奇人生》（六期连载）和《红骨埋在雨花台》等文章，引起人民出版社总编辑辛广伟的重视，他建议我进一步充实内容，撰写一本钱瑛的传记。

　　搜集钱瑛各个历史时期的重要史料，是撰写本书过程中遇到的最大困难。钱瑛的革命经历发生在50—90多年前。通常为老一辈无产阶级革命家写传时，其后人会提供一些重要情况，但是钱瑛的情况非常特殊。她1928年与中华全国总工会秘书长谭寿林结婚，两人唯一的女儿在莫斯科保育院夭折。1931年5月，谭寿林在南京雨花台英勇就义，钱瑛终身没有再婚。这给创作带来了很大的困难。为了厘清钱瑛的主要革命经历，我先后查阅一千多万字的文史资料，数十次赴钱瑛曾经生活、战斗和工作过的湖北、湖南、四川、云南、贵州、上海、北京、南京、重庆、延安、合肥等地考察和调研，为撰写本书打下了坚实的基础。

　　全国人大常委会原副委员长王汉斌在解放战争期间曾任中共西南联合大学地下党第一支部负责人和中共北平（南系）学委负责人，在时任中共中央南方局（后改为中共中央南京局、中共中央上海局）组织部部长钱瑛的直接领导下从事学生运动，曾多次向她汇报昆明一二·一运动、北平抗议美军暴行运动、北平"反饥饿、反内战、反迫害"运动等情况，得到她的悉心指导与亲切关怀。王老直言"钱瑛同志是最受我尊敬的两位女性之一"。辛广伟和我提出请王老给本书作序后，王老不仅欣然答应，而且和夫人彭珮云副委员长亲自撰写序言，并给钱瑛题词"铮铮铁骨，耿耿丹心"，崇敬之情、思念之情、缅怀之情溢于言表。

本书在征集史料的过程中，得到中共中央党史和文献研究院、江苏、安徽、湖北、湖南、四川、重庆、云南、贵州、上海等省市党史研究室的大力支持。因为找不到《中国共产党湖北历史》第 1 卷，中共湖北省委党史研究室的胡爱娟把全书扫描后，再一页页发给我；中共上海市委党史研究室给我提供了《中国共产党上海史》第 1 卷电子版；南京市雨花台烈士纪念馆、南京市梅园新村纪念馆、南京市档案馆、南京市方志馆、重庆红岩革命历史博物馆、云南师范大学西南联大博物馆、上海市文物局、湖北省档案局、延安革命纪念馆、咸宁市文广新局、咸宁市博物馆提供了钱瑛的相关史料和部分照片。

1929 年至 1931 年，钱瑛曾留学莫斯科中山大学，这段历史过去因为缺乏史料一直语焉不详。当我了解到俄罗斯国家社会政治历史档案馆可能藏有钱瑛的学籍档案时，先后多次请人到该馆帮助查找。功夫不负有心人。在我的老同学、国家旅游局驻纽约旅游办事处副主任何力以及中俄文化交流协会主席李宗伦的鼎力支持下，终于在浩如烟海的 3600 余名中国留学生和当年赴苏人员的档案中，查到了钱瑛 90 年前的学籍档案，搞清了她的入校时间、学生证号、俄文名字，以及各个学期的学习成绩和在反托洛茨基斗争中的政治表现等。这批重要档案系国内首次发现，是研究钱瑛生平的重要突破。

中共安徽省委宣传部副部长李兵、《党史纵览》副总编辑吴玫、巢湖市政协信息研究室主任尹东对全书的文字工作提供了重要帮助。原中共中央文献研究室副秘书长龙平平、原中共中央文献研究室第一编研部副主任张素华给予重要帮助和指导。南京城人之美文化传媒有限公司总经理王勇安排姜羽桐作为我的助手，姜羽桐在 3 年多的时间里帮助查找和核实大量史料，并负责书稿的整理和编纂等工作。中共安徽省委党史研究室第七研究室副主任鲁敏和钟洪亮、孙芬等多次帮助查找和核对重要史料。江苏译林出版社冯一兵帮助翻译了钱瑛的学籍档案。全书收录了 115 张珍贵照片和重要史料影印件，每一张照片背后都有一段感人的故事。原中共云南省工委书记郑伯克因长期从事地下工作，在新中国成立前没有照过一张照片。书中需要收录一张郑伯克的照片，郑伯克年近80 岁的女儿郑为群，带着新中国成立后的全家福，坐着轮椅到文印社去扫描，再从中截出她父亲的照片。在此一并表示最衷心的感谢！

在搜集史料的过程中也有意外收获。我在孔夫子旧书网和京东网上淘到李竹勋编纂的《江苏第一监狱报告》，中共江苏省委党史工作委员会、中共南京市委党史资料征集编研委员会等编纂的《中共中央南京局》，中共上海市委党史资料征集委员会办公室编纂的《中共中央上海局成立前后大事记》（第三稿）等，都是一些很珍贵的史料。

本书附录的钱瑛在 1939 年 3 月 5 日和 4 月 7 日写给中共中央南方局《湖北工作情况的报告》《武汉失守后湖北各区工作报告》，是由钟洪亮、姜羽桐根据湖北省档案局提供的影印件整理的，仅对原文中的错别字用〔 〕号订正；缺漏字用〈 〉号增补；漏字或模糊字用□号代替；并校正不规范的标点符号。

文章千古事，得失寸心知。由于笔者水平有限，而且与钱瑛生平有关的重要档案尚未解密，本书难免有疏漏和不到之处，敬请读者批评指正。

2019 年 10 月 15 日于南京

责任编辑：王世勇

图书在版编目（CIP）数据

中共一枝梅：钱瑛／杨力仁 著 . — 北京：人民出版社,2020.6（2021.4 重印）

ISBN 978－7－01－021851－9

I. ①中… II. ①杨… III. ①钱瑛（1903—1973）- 传记 IV. ① F827=7

中国版本图书馆 CIP 数据核字（2020）第 016148 号

中共一枝梅——钱瑛
ZHONGGONG YIZHIMEI QIAN YING

杨力仁 著

人民出版社 出版发行

（100706 北京市东城区隆福寺街 99 号）

中煤（北京）印务有限公司印刷 新华书店经销

2020 年 6 月第 1 版 2021 年 4 月北京第 2 次印刷
开本：710 毫米 ×1000 毫米 1/16 印张：20.25 插页：2
字数：272 千字

ISBN 978－7－01－021851－9 定价：88.00 元

邮购地址 100706 北京市东城区隆福寺街 99 号
人民东方图书销售中心 电话（010）65250042 65289539